杜甫十讲

莫砺锋

著

Ten
Lectures
about
Tu Fu

北京联合出版公司
Beijing United Publishing Co.,Ltd.

只 为 优 质 阅 读

好
读
———
Goodreads

目录

我与杜甫的六次结缘

朋友一进我家，就能察觉我对杜甫的热爱。客厅书架的顶端安放着一尊杜甫瓷像，那是来自诗圣故里的赠品。瓷像的造型独具匠心：愁容满面的杜甫不是俯瞰大地，而是举头望天，基座上刻着"月是故乡明"五字。客厅墙上有一幅题着"清秋燕子故飞飞"的杜甫诗意画，是老友林继中的手笔。我与继中兄结交的初因，就是双方都热爱杜诗。走进书房，便看到高文先生的墨宝，上书其诗一首："杨王卢骆当时体，稷契夔皋一辈人。自掣鲸鱼来碧海，少陵野老更无伦。"靠近书桌的书架上，整整两排都是各种杜集，其中的《杜诗详注》已是"韦编三绝"。我与杜甫须臾不离，我的一生与杜甫结下了不解之缘。

我在苏州中学读书时，便爱上了杜诗。循循善诱的马文豪老师在语文课上引导我们走进了李白、杜甫的世界，当时我对李、杜都很喜欢，更不敢妄言李杜优劣。但是下乡插队以后，李、杜在我心中的天平逐渐倾斜起来。我开始觉得天才横溢的李白固然可敬，可他常常"驾鸿凌紫冥"，虽然在云端里"俯视洛阳川"，毕竟与我相去甚远。杜甫却时时在我身边，而且以"寒驴破帽"的潦倒模样混杂在我辈中间。1973年深秋，我正在地里用镰刀割稻，一阵狂风从天而降，刮破了那座为我遮蔽了五年风雨的茅屋。我奔回屋里一看，狂风竟然"卷我屋上全部茅"！屋顶上只剩梁、椽，蓝天白云历历在目。生产队长赶来察看一番，答应等稻子割完就帮我重铺屋顶，让我先在破屋子里坚持几天。当天夜里，我缩在被窝里仰望着满天星斗，寒气逼人，难以入睡。我们村子还没通电，定量供应的煤油早已被我点灯用完，四周漆黑一片。忽然，一个温和、苍老的声音从黑暗中传来："安得广厦千万间，大庇天下寒士俱欢颜，风雨不动安如山！"我顿时热泪盈眶，杜甫关心天下苍生的伟大情怀穿透时空来到我身边了！从那个时刻起，杜甫在我心中的分量超过了李白。想起此前一位身居高位的名人肆意贬低《茅屋为秋风所破歌》，还追问凭什么称杜甫为"人民诗人"，我激动万分。我想大声地说：杜甫是当之无愧的人民诗人！在这件事情上，千千万万像我一样住在茅屋里的普通人最有发言权！

1979年，我考取南京大学研究生，在导师程千帆教授的指导下攻读古典文学。白发苍苍的程先生亲自登上讲坛，为我们开讲两门课程，其中一门就是杜诗。程先生的杜诗课不是作品选读，而是专题研究。他开课的目的不是介绍有关杜诗的知识，而是传授研究杜诗的方法。在程先生讲授内容的基础上，由他与我及师弟张宏生三人合作，写成了一本杜诗研究论文集——《被开拓的诗世界》。我和张宏生在该书的后记里说："在千帆师亲自给我们讲授的课程中，杜诗是一门重点课。除了课堂上的讲授之外，平时也常与我们讨论杜诗。在讲课和讨论的过程中，我们固然常有经过点拨顿开茅塞之感，千帆师也偶有'起予者商也'之叹。渐渐地，海阔天空的漫谈变成了集中的话题，若有所会的感受变成了明晰的语言。收在这个集子中的十一篇文章，都是在这个教学过程中产生的。我们现在把它们呈献给广大读者，既作为我们师生共同研读杜诗的一份心得，也作为千帆师指导我们学习的一份教学成绩汇报。"《被开拓的诗世界》这本书对我的重要意义是，我的身份从杜诗读者逐渐成长为杜诗研究者。

1991年，南京大学中国思想家研究中心约请我撰写《杜甫评传》。当时至少有三种同名的著作早已问世，其中陈贻焮教授所著的一种是长达百万字的皇皇巨著，其细密程度已经无以复加。那么，我为什么同意另外撰写一本《杜甫评传》呢？从表面上看，这是学校交下来的任务，作为《中国思想家评传丛书》的一种，它的写法必然会与其他杜甫评传有所不同。因为这本书在把杜甫当作一位伟大的文学家来进行评述的同时，必须着重阐明他在思想方面的建树，必须对杜甫与传统思想文化的关系予以特别的关注，这正是其他杜甫评传可能不够关注的地方。换句话说，由于这本评传的特殊性质，我仍有可能找到继续拓展的学术空间。然而从骨子里看，我之所以会接受这个任务，是因为我热爱杜甫，我愿意借撰写评传的机会向诗圣献上一瓣心香。当我动笔撰写《杜甫评传》时，虽然时时提醒自己应以严谨的学术态度来叙述杜甫的生平和思想，并恰如其分地评价杜甫在思想史上的贡献，但内心的激情仍然不由自主地流淌到字里行间。我希望通过撰写此书向杜甫致敬，并把我的崇敬之情传达给广大的读者。撰写《杜甫评传》的过程将近一年，我与杜甫朝夕相对，有一夜我竟然在梦中见到了他。他清癯，憔悴，愁容满面，就像是蒋兆和所画的像，又像是黄庭坚所咏的"醉里眉攒万国愁"。他甚至还与我说了几句话，操着浓重的河南口音，可惜我没有记住他究竟说了些什么。1993年，我的《杜甫评传》由南京大学出版社出版。此书评传结合而侧重于评，并且寓评于传。我从两方面论述杜甫的思想：一是其哲学思想、政治思想等，也即一般意义上属于"思想史"范畴的内容；二是其文学思想和美学思想，尤其是他在诗学方面的真知灼见。正是这些内容形成了本书区别于其他杜甫评传的主要特色。

程先生退休后，我开始接他的班，为研究生讲授"杜诗研究"这门课。"薪尽火传"，这是程先生经常说起的一句话，是他对学术事业后继有人的殷切希望，也是鼓励我讲好杜诗课的座右铭。我所讲的内容中有一小部分与程先生重合，大部分内容则有所不同，倒不是我有意要标新立异，而是我觉得程先生所讲的许多内容已经写进《被开拓的诗世界》那本书，同学们可以自己阅读，不用我来重复。与程先生一样，我也希望多讲授一些研究方法。我讲到了如何运用目录学知识来选择杜集善本，如何进行杜诗的文本校勘、作品系年和杜甫生平考证，如何"以杜证杜"，等等。我也与同学们一起逐字逐句地细读《北征》《自京赴奉先县咏怀五百字》《秋兴八首》等重要作品，希望引导同学通过细读来掌握文本分析的要领。我规定选修这门课的同学要写一篇杜诗研究的小论文，历年来已有20来篇学生作业经我推荐发表于《杜甫研究学刊》等刊物。

2005年，广西师范大学出版社的编辑前来约稿，请我把杜诗课的讲稿收进该社的《大学名师讲课实录》系列。盛情难却，我就请武国权同学帮我记录2006年春季学期所讲的内容。我讲课一向不写教案，武国权的记录完全是根据我讲课的现场录音而整理的。他整理得非常仔细，绝对忠实于录音带上的原文，结果发生了一个有趣的插曲。我在讲杜甫的咏物诗时提到王安石的《北陂杏花》，结果我发现武国权的整理稿中说王诗咏的是长在南京"中山北路"上的杏花。我大吃一惊，北宋时哪儿来什么中山北路呢？现在的南京倒是有一条中山北路的。经过仔细回想，我恍然大悟，原来我说的是"钟山北麓"。这当然不能怪我的普通话说得不好，因为两个名词的读音是完全一样的。由此可见，武国权整理时多么忠实于原文，这也说明本书确确实实是一本根据口授记录的讲演录。

2012年是杜甫诞辰1300周年，学术界准备进行一些纪念活动。但是那年春天，社会上倒抢先关注杜甫了。4月，媒体上爆出一个事件，叫作"杜甫很忙"。原来中学某年级的《语文》课本上有一幅杜甫的肖像画，有些中学生对它进行涂鸦。事件发生后，南京《扬子晚报》的记者打电话给我，请我对此发表看法。我看了记者传来的材料，看到中学生们对杜甫画像涂鸦得很厉害，画成了杜甫飙摩托车，杜甫唱卡拉OK，还有更加不堪的，我有点不高兴，就没有接受采访。到了9月，杜甫草堂博物馆在成都举办杜甫诞辰1300周年纪念大会，邀请我到草堂去做题为"诗圣杜甫"的演讲。我当时人在国外，没能成行。到了12月，国家图书馆请我去做同样题目的演讲，我就向听众解释为什么"杜甫很忙"事件使我不高兴。我知道涂鸦已成为当代西方艺术的一个流派，我在纽约的一家现代艺术博物馆亲眼看到一幅涂鸦《蒙娜丽莎》的作品。但是我们在任何现代艺术博物馆里都看不到涂鸦圣母玛利亚像的作品，因为西方人认为圣母像是神圣不可侵犯的。同理，我们不能涂鸦杜甫像。杜甫是中华民族的诗圣，诗圣就是诗国中的圣人。儒家主张个人应该修行进德，争取超凡入圣，孟子说"人皆可以为尧舜"，王阳明的弟子说"满街都是圣人"，杜甫就是从布衣中产生的一位圣贤，我们应该对他怀有敬畏之心。2016年9月，我又应邀到杜甫草堂，在"仰止堂"里做"诗圣杜甫"的演讲。我当场对成都人民表示感谢，因为当年的杜甫草堂仅是几间穿风漏雨的破草房，如今却成为亭台整洁、环境幽雅的文化圣地，这是历代成都人民为杜甫"落实知识分子政策"的结果。近年来我在各地的大学或图书馆做过20多场关于杜甫的讲座，我愿意为弘扬杜甫精神贡献绵薄之力。

2014年，商务印书馆约请我编写一本《杜甫诗选》，我邀请弟子童强教授与我合作。此时有多种杜诗选本早已问世，其中山东大学中文系古典文学教研室选注的《杜甫诗选》和邓魁英、聂石樵选注的《杜甫选集》，选目数量适中，注释简明扼要，对一般的读者很有帮助，也是我们常置案头的杜诗读本。既然如此，我们为何同意重新编选一本杜诗选本呢？最主要的原因是我们热爱杜甫，我们希望通过编选本书向杜甫致敬。一座庙宇可以接纳众多的香客，无论他们是先来还是后到，也无论他们贡献的香火是多是少，都有资格在神像前顶礼膜拜。同理，无论别人已经编选了多么优秀的杜诗选本，都不会妨碍我们的重新编选，况且我们对杜甫和杜诗持有自己的观点，我们的编选工作不是跟着前辈亦步亦趋。比如选目，本书与上述两种杜诗选本有较大的差异：删削率达四分之一，新增率则达十分之三。总之，本书所选的190题、255首杜诗，就是我们心目中的杜诗代表作。其中有些作品因思想倾向的因素长期不被现代选家重视，如《投赠哥舒开府翰二十韵》《哀王孙》；有些作品因诗体、风格的因素而被忽视，如七排《题郑十八著作丈》、五古《火》，现在一并选入本书，希望它们得到读者的重视。本书的注释参酌各家旧注，择善而从，力求简洁。偶有己见，仅注出处，不做辨析。如《喜达行在所》"雾树行相引"句，旧注未及出处，本书引《国语·周语》"列树以表道"。又如《风疾舟中伏枕书怀三十六韵奉呈湖南亲友》中"鼓迎非祭鬼"句，旧注仅引《岳阳风土记》，本书增引《论语·为政》："非其鬼而祭之，谄也。"本书中每首诗都有"评赏"，文字或长或短，内容不拘一格，或串讲题旨，或分析诗艺，或介绍前人的重要评论，希望对读者理解杜诗有所帮助。这本《杜甫诗选》已于今年4月出版，衷心希望读者朋友喜爱它，也衷心希望大家对它的错误和缺点予以指正。

（原载《光明日报》2018年8月5日第5版）

旅食
京华

慈恩寺塔上的抒怀

今天我们来读杜甫的《同诸公登慈恩寺塔》，同时还要读高适和岑参的两首诗。

同诸公登慈恩寺塔

杜甫

高标跨苍穹，烈风无时休。自非旷士怀，登兹翻百忧。方知象教力，足可追冥搜。仰穿龙蛇窟，始出枝撑幽。七星在北户，河汉声西流。羲和鞭白日，少昊行清秋。秦山忽破碎，泾渭不可求。俯视但一气，焉能辨皇州。回首叫虞舜，苍梧云正愁。惜哉瑶池饮，日晏昆仑丘。黄鹄去不息，哀鸣何所投。君看随阳雁，各有稻粱谋。

同诸公登慈恩寺浮图

高适

香界泯群有，浮图岂诸相。登临骇孤高，披拂欣大壮。

言是羽翼生，迥出虚空上。顿疑身世别，乃觉形神王。宫阙皆户前，山河尽檐向。秋风昨夜至，秦塞多清旷。千里何苍苍，五陵郁相望。盛时惭阮步，末宦知周防。输效独无因，斯焉可游放。

与高适薛据登慈恩寺浮图

岑参

塔势如涌出，孤高耸天宫。登临出世界，磴道盘虚空。突兀压神州，峥嵘如鬼工。四角碍白日，七层摩苍穹。下窥指高鸟，俯听闻惊风。连山若波涛，奔凑似朝东。青槐夹驰道，宫馆何玲珑。秋色从西来，苍然满关中。五陵北原上，万古青蒙蒙。净理了可悟，胜因夙所宗。誓将挂冠去，觉道资无穷。

大家看一下，三首诗的标题基本上是一样的，稍微有出入，主题都是登慈恩寺塔。有人把塔叫作浮屠，浮屠也就是塔。这一组诗本来还有一首，是储光羲的，但储光羲那首诗我觉得写得比较差，比这三首诗低一个层次，就没有列在这里。现在我们面对的就是这样一组文本，一共四首诗，题目是一样的，写作时间也是一样的，是四个人同时写的同题目的一组作品。我们通过读这组作品来分析一下杜诗的特点。

几个诗人在同时同地就同一个题目来写诗，这在古代叫"同题共作"。中国古代社会诗歌非常盛行，全社会，尤其是有文化的知识分子，都会写诗，都喜欢写诗，所以同题共作的情况比较多。那么"同题共作"现象对我们今天的文学史研究有什么意义呢？它的意义就在于为我们分析古代作家、作品提供了一种特殊的视角。因为他们的写作背景肯定是一样的，是同时写的嘛；写作题目和题材也是一样的；同时写作的诗人之间彼此有交往。他们在一起写同样的题目，这就有点像我们今天的作文大奖赛，必然在艺术上争奇斗艳。所以通过这样一组作品的分析，很可能看清楚这些作家的不同，认识他们共性中的个性以及他们的个性是如何表现的。这组作品因而成为一个很好的文本。

同题共作，从现在流传下来的文本来看，当然不是从杜甫、高适、岑参他们开始的，而在这以前早就有了。这种风气可以说从汉代以后，具体地说，在魏晋南北朝时期就比较盛行了。"建安七子"就经常用同一个题目来写诗作赋，我们现在来读"建安七子"的作品或建安作家的作品，诗也好，赋也好，很多标题都是一样的，很多作品就是在同一个场景之下写的。发展到南朝，随着诗歌技术的普及，这种风气就更加繁盛了。诗歌研究中经常讲到"险韵"，所谓险韵，就是这个韵部里收的字比较少，所押的韵脚又不是常用的字，押起来比较艰难。我们说押险韵有两个典型的历史文本，有两个代名词。一个叫作"尖叉韵"。"尖叉韵"是苏东坡在山东密州做官时咏雪时用的，他看到下雪了，就写了两首七言律诗来咏雪，所押的韵脚一个是"尖"韵，一个是"叉"韵。这显然是比较难押的，这两个字不是常用字。第二个叫"竞病诗"，用的韵脚是"竞"和"病"。显然，这两个字作为韵脚用在一个句子的末尾也是有相当难度的。

第二个例子恰恰就是"同题共作"时出现的一种情况。这首诗的作者不是有名的文人，他叫曹景宗。曹景宗是南朝梁代的一员大将，梁武帝时代的将军，他不是一个读书人，不是士大夫，不是文官，而是个喜爱骑马打猎，当上大官后坐在轿子里觉得气闷欲绝的大老粗。当时朝廷里一有机会，比如举行宴会、庆祝会啊之类的，都要写诗。曹景宗有一次也参加了这样一个宴会，这个宴会就是为他庆祝胜利的，因为他带领梁朝的军队跟北朝的军队打仗，正好打了一次胜仗，而南朝跟北朝作战是败仗居多，他打了一次胜仗就很了不起了。得胜回朝，梁武帝很高兴，朝廷为他庆功，大摆宴席，并且叫文官都来写诗庆祝。当时文官的首领叫沈约，大家知道，就是提倡"四声八病"的那个人。那么这种场景下的诗怎么写呢？大家写同样的题材，都写曹景宗打胜仗，歌颂胜利，又要在艺术上争奇斗巧，这不是很为难吗？争奇斗巧的一个表现就是分韵，就是规定韵部，今天大家写诗都押同一个韵部，然后把这个韵部里所有的字分给大家，每人分几个字，分到哪几个字你就押这几个字。沈约就给大家分了，当然是分给文官了，每人分两个字，两个字就是写四句诗，因为是隔行押韵，两行押一个韵。

这本来没有曹景宗什么事，因为写诗是文官的事，曹景宗本来可以不参加的，他本人是这次庆功的主角，打了胜仗，只管喝酒就行了。但曹景宗打了胜仗，梁武帝又表扬他，他很高兴，一兴奋起来就多喝了几杯，多喝了几杯举动就不寻常了，就说他也要写诗。梁武帝就劝他，说你不要写了，这是他们文官的事情，"士有百能"，你会打仗，何必跟沈约他们去比写诗呢？让他们去写吧。若是在寻常情况下曹景宗也就算了，问题是这位老兄喝醉了——我们说中国古代的诗歌很多是被酒催出来的——酒精发生作用了，他非要写诗：我也要写，我也要写！于是梁武帝就说你去写吧，叫沈约再分两个韵给他。沈约这次分韵是让大家认领的，你认这两个字，他认那两个字。这时候大家把好押的字都分掉了，只剩两个字，哪两个字呢？"竞"字和"病"字。曹景宗一看给他一个"竞"字，还有一个"病"字，他就写诗了，写了四句。这首诗见于《南史·曹景宗传》，四句诗是："去时儿女悲，归来笳鼓竞。借问行路人，何如霍去病？"他是以一个大将的身份写的：我率领军队出发的时候，很多士兵的亲人都来送行，因为打仗总是凶多吉少嘛，所以都哭哭啼啼的。打了胜仗归来的时候，一路上敲锣打鼓的，非常热闹。我作为主将骑在马上，问路旁的行人：我跟汉代的大将霍去病相比如何？"竞"就是各种乐器都在那里演奏，比哪个的分贝更高。大家看一看，这里"竞""病"两个字应该说押得相当好。所以当时一写出来，沈约这些人都呆了：这个老粗写得这么好！比我们写得还好！这种写诗的方式就是"同题共作"，在同样的场景下，大家就同一个题目当场写诗。

如果说曹景宗写"竞病诗"还带有偶然性的话，那么这种"同题共作"的风气到了唐代就进一步发展为经常性的活动了，尤其是在武则天时代。武则天时代有几个著名诗人，像宋之问、沈佺期等，经常参加这种活动，甚至在皇帝面前比赛写诗。唐代的笔记中有很多这样的记载。有一次，武则天在宫里举行写诗比赛，她高高在上，坐在一个高台上面。当时诗的好坏不是由武则天决定的，而是由她的一个女官上官婉儿帮她判断的，上官婉儿当评委会主任。大家每人写了一首诗交上去，过了一会儿，纸片像雪片一样飘落下来，写得不好的诗全给扔下来了。百官就纷纷上前去认领。一看是张三的，张三就收起来，因为落选了；李四的也收起来了。最后只有两个人的还没扔下来，一个是沈佺期的，另一个是宋之问的，大家都在下面等，看他们两个决赛，用今天的话说就是PK，像超女一样PK。又过了一会儿，一张纸片飘下来了，大家一看是沈佺期的。这样宋之问就是第一名了，宋之问夺魁。上官婉儿还要解释一番：沈佺期与宋之问的诗前面都写得差不多，势均力敌，但是尾句是宋之问写得好，宋之问的结尾余意不绝。

又有一次，武则天在洛阳龙门举行诗歌大奖赛。一个叫东方虬的人首先交稿，交得早，而且写得也好，武则天看了很喜欢，就赐他一袭锦袍。东方虬当着众人的面把这个锦袍穿在身上，非常荣耀。但是又过了一会儿，武则天、上官婉儿她们看到宋之问的诗了，说宋之问的诗写得更好，武则天就下令把东方虬身上的锦袍剥下来，穿在宋之问身上。在这种场合下，唐代的诗人为什么要努力写诗？要玩命地写诗？因为写诗能给他们带来极大的荣耀。

尽管这一类的"同题共作"在历史上有很多的例子，却不是我刚才所说的进行研究的好的文本。为什么呢？因为这些人在帝王面前写诗，由帝王或达官贵人出一个题目来写诗，往往不能真实地抒情述志，这时候写的诗往往以歌颂为主，他们写不出最好的诗来，不能施展出真正的诗歌才能。因此，那样的文本分析起来意义不大。《谢灵运集》中有一组诗，叫作《拟魏太子邺中集诗》，这是一个拟古的作品，不是建安时代的诗人写的，而是晋宋之际的谢灵运模仿建安诗人来写的一组诗，假设大家是在魏太子曹丕的面前来写诗。这组诗的序言说得很清楚：凡是在帝王面前进行同题共作，"雄猜多忌，岂获晤言之适"。就是帝王都是"雄猜多忌"的，你在帝王面前写诗，是不敢充分表达自己真实的情感、真实的想法，你会担心，万一说得不好就得罪皇帝了。所以这个时候诗人不能真实地发挥才能，也就是说，这些诗不是真正意义上的抒情诗，也就不可能是最好的作品。谢灵运把这一点说得非常清楚。

当然，假如你在一个嫉贤妒能的帝王面前写诗，这个帝王本人也是有才华的，他又喜欢跟臣子比试，你要写出好诗的话，那你就完蛋了，你的脑袋都保不住。南朝梁武帝时代有很多这样的情况。有一次，沈约跟梁武帝比赛典故，比谁记的典故多。比什么典故呢？比栗子的典故，因为正好有人进贡了很大的栗子，这个栗子直径达到一寸，梁武帝看到这个栗子很好，就说我们来比栗子的典故，看谁记得多。大家你说几个，我说几个，比到最后大家都没有了，梁武帝还有两条，大家都说梁武帝学问好，不得了。比赛结束以后，沈约对别人说：我是让这个老头子的，我还有三条没说出来，怕他恼羞成怒。后来梁武帝还是知道了，果然大怒，差点把沈约杀了。隋炀帝也是个小有才华又嫉贤妒能的皇帝，诗人薛道衡被杀以后，隋炀帝幸灾乐祸地说：这下你还能写"空梁落燕泥"吗？可见他早就对薛道衡的诗才妒火中烧了。因此在帝王面前比赛写诗，诗人不能充分发挥自己的才能，所以写出来的文本不是我们今天做文本分析的最好的对象。

今天我们想要分析什么文本呢？我刚才说了，就是杜甫、高适、岑参他们登慈恩寺塔所写的一组诗。这一组文本没有刚才说的那种写作背景，不是帝王命题的。这几位诗人在这一年秋天一起登上长安的慈恩寺塔，眺望景色，抒发情感，从而写出了这样一组诗。所以这是一种自由状态下的"同题共作"，是可以自由抒发他们的真实情感的，也是可以充分表现他们的艺术才华的。这才有文本分析的价值。

首先我们来看这组诗的写作背景。这组诗的描写对象，也就是诗人们登览的对象，是长安的慈恩寺塔。这个塔现在还在，就是大雁塔，当然后代重修过。塔高七层，在长安，也就是现在西安市的南郊。我记得我第一次到西安，大概下午一点到达旅馆，两点的时候我已经登上了慈恩寺塔（大雁塔）。我一到西安，首先想的就是去登这个塔，登上去以后很激动：这是杜甫登过的塔啊！杜甫当年就是在这里写下《同诸公登慈恩寺塔》这首诗的！

那么这是一个怎样的塔呢？根据《长安志》中的记载，慈恩寺本来就是一个寺庙，是隋代无漏寺的故地。到了唐代，唐高宗做太子的时候，为纪念母亲长孙皇后的恩德建了一座庙，所以这座庙叫慈恩寺，父严母慈嘛。那时候庙里还没有塔。慈恩寺建于贞观二十一年，也就是647年。到了永徽三年，也就是652年，唐玄奘（唐僧）从印度取了很多经书回来，在这里翻译佛经，这才造了一座塔。因为是建在慈恩寺中，所以叫慈恩寺塔。这座塔在唐代曾经过几次重建，所以大家看唐人写慈恩寺塔的诗，有时候会发现矛盾，有人说它是五层，有人说它是七层，还有人说它是十层。其实都是同一座塔，因为它重建过，本来是五层，长安年间（武则天）改为七层，到大历年间（唐代宗）又改为十层，后来又毁坏了，变成七层，所以它是变来变去的。杜甫他们登临的时候是七层。

这个慈恩寺塔有皇家建筑的意义在里面，因为这是唐高宗建的。除了这个意义以外，它对于唐代的士大夫来说还有一个特殊的意义。唐代的科举制度有一个习俗——这不是国家的正式规定，是一个习俗——凡是去考进士的人，都要在慈恩寺塔下面题名，把自己的名字题在那里，说"进士某某某题名"。大家要注意哦，假如你看唐代的材料，看到"进士某某某题名"，不要以为他已经考上进士了，唐代考生自称进士，我来参加进士考试我就自称进士，其实这时还没考上呢。真正考上以后呢，再在那个题名前加一个"前"字，成为"前进士"，就是我以前是考生，现在考上了，不再是考生了。我们在现存的慈恩寺塔的题名中还可以找到李商隐的题名。这是我亲眼看到的，李商隐的题名还刻在那里，我看见的时候好激动哦！考进士经常要在那里题名，所以慈恩寺塔是唐代士大夫非常关注的一个塔，大家都要到那里去的。当然这也是一个游览胜地，因为它是当时长安城里最高的建筑，站在上面可以远眺四面的风景。当然塔里有很多珍贵的文物，比如有两个碑，这两个碑现在还在，可能是复制品了，是唐太宗亲撰的《三藏圣教序》、唐高宗亲撰的《述圣记》，都是当时的大书法家褚遂良亲笔写的，然后刻石的。慈恩寺塔就是这么一个有名的游览胜地。

天宝十一载（752）秋天，一批诗人到这里来登塔。这一批诗人中，杜甫、岑参、高适我就不用介绍了，大家都知道，他们是整个唐诗史、文学史上的著名诗人。还有两位，一个是储光羲，另一个是薛据，这两位在后代文学史上的声名也许不是太大，但在当时也是非常有名的诗人。《河岳英灵集》是一部诗选，一共选了24个人，230多首诗，其中储光羲、薛据都入选了，储光羲入选了12首，薛据入选了10首，倒是杜甫的诗没有入选。这就说明储光羲、薛据那时的诗名非常大，甚至比杜甫还要有名，是著名诗人。

752年秋天，五位著名的诗人一起登上慈恩寺塔，一起写诗咏登塔的经过，这确实是文学史上的一件大事。假如登塔的是一群平庸的诗人，即使他们写了很多诗，即使文本还在，意义也不大。作为反例，我们来看一下东晋永和九年（353）浙江兰亭的那次文人集会，也就是王羲之写《兰亭集序》的那次集会，那一次有很多人写诗，我们查一下现在的文献，发现还有5个人的诗完整地保存下来了，21个人的诗不完整地保存下来了，可是我们不愿拿那一组文本来分析，那一组文本的水平差不多，都比较平庸，分析不出什么有意义的结论来。所以反过来说，登慈恩寺塔的这一组诗是非常有意义的一组文本分析对象。也正因如此，一千年以后，到了清代王渔洋的时候，他想起这个情景就非常仰慕。王士禛在《池北偶谈》中说："每思高、岑、杜辈同登慈恩塔，高、李、杜辈同登吹台，一时大敌，旗鼓相当，恨不厕身其间，为执鞭弭之役。"他说每次想到历史上发生过的这样的事情，那些大诗人在一起就同样的题目写诗、比赛，旗鼓相当，他就只恨不能参加那样一个场面，哪怕帮他们递递东西也好，或者做他们的仆人也好。当然王渔洋这个话是故作谦虚了，他实际的意思是说：我也想去参加比赛，也去写一首诗才好。"吹台"也叫"繁台"，这个"繁"字念pó，在河南开封，那是李白、杜甫、高适三个人同时登过的，也写了诗的。这样的机会是千载难逢的，几位著名诗人在一起同题共作，所以这组文本是比较有分析价值的。

下面我们就来分析这一组诗。这一组诗当然不是今天才进入人们的研究视野的，因为王渔洋已经说过这组诗了。这么杰出的几位诗人同时同地就同一题材来写诗，很多人都注意过。所以后人也有一些言论，把这几首诗进行比较。这五位诗人的诗，其中薛据的诗早就亡佚了，编《全唐诗》的时候就已经没有了，所以我们看不到了。其他四首诗都完整地流传下来，后人能够对它们进行比较。

我们首先注意到沈德潜，沈德潜在他的《唐诗别裁集》中说："（岑参）登慈恩塔诗，少陵下应推此作。"这句话的意思就是：这一组诗中，杜甫第一，岑参第二。"高达夫、储太祝皆不及也。"高达夫就是高适，储太祝就是储光羲，说他们两个不及杜、岑。沈德潜把这四首诗分成两个层次：第一个层次是岑参与杜甫，杜甫第一，岑参第二；第二个层次是高适与储光羲。

到了近代，清末民初，高步瀛在他的《唐宋诗举要》中说：岑参的诗"气象阔大，几与少陵一篇并列千古"。就是说岑参这首诗非常好，"气象阔大"，很雄壮，比较接近杜诗的水平了。

我们再看《杜诗镜铨》引的李因笃的话，《杜诗镜铨》引作李子德，李因笃字子德，清代人。他把岑参的诗跟杜甫的诗做了比较，说"岑作高，公作大"，这个"公"就是杜甫，因为是做杜诗的注解，所以称杜甫就省掉名字了。又说"岑作秀，公作奇"，就是岑参的诗秀，杜甫的诗奇。"岑作如浩然洞庭"，岑诗像孟浩然咏洞庭湖的诗。孟浩然在岳阳楼上写过咏洞庭湖的诗，非常有名，其中有"气蒸云梦泽，波撼岳阳城"的名句。但是"终以公诗'吴楚东南坼，乾坤日夜浮'为大"，就是杜诗的境界更大、更壮阔。李因笃也认为岑参的诗很好，但还是比杜诗稍微差一点。这是我比较认同的一种看法，就是这四首诗中杜诗第一，岑诗第二。

当然也有不同的议论。明代胡震亨在《唐音癸签》中提出了一个观点，他不是专门评这一组诗，他是在谈另外一个观点时顺便谈到了，他说："诗家拈教乘中题，当即用教乘中语义。""教乘"就是佛教，佛教有大乘、小乘之分嘛，诗人把佛教的事物作为题材来写诗的话，就应该用佛教的词语，应该用佛教的意义。又说："唐诸家教乘中诗，合作者多，独老杜殊出入，不可为法。"就是唐代诸家写有关佛教的诗，符合这个规律的作品很多，写得好的也很多。只有杜甫写佛教的诗不专用佛教的词语，也不大写佛教的意义，这是不符合法则的。下面胡震亨就说到我们今天要分析的文本了，他说："如慈恩塔一诗，高、岑终篇皆彼教语。"高适、岑参的慈恩寺塔诗，整篇都是用佛教中的意思，用佛教中的词句。"彼教"就是那个宗教，古代即使相信佛教的人也认为佛教是外来的宗教，儒教才是我们本土的宗教，所以称佛教为彼教。又说："杜则杂以望陵寝、叹稻粱等事，与法门事全不涉。"只有杜甫的慈恩寺塔诗里面夹杂着"望陵寝"（眺望唐太宗的昭陵）、"叹稻粱"（叹息个人生计、个人遭遇）等事情，与佛教一点关系都没有。言下之意是说杜甫这首诗写得不成功，因为这首诗本来应该写佛教的，怎么偏离了佛教的主题，写起自己的身世来了，写起自己对国家大事的看法来了？这是不对的。所以胡震亨认为杜甫这首诗写得不好。我不同意胡震亨的这个看法。下面我们来看一看，这一组诗到底是什么情况，我们今天应该怎样比较这一组诗。

首先我们应该注意一下这一组诗写作的时代背景。这组诗作于天宝十一载秋天，这是没有疑义的。但是这个编年是怎么编出来的呢？是谁编出来的呢？是闻一多先生。闻一多先生在《少陵先生年谱会笺》中为这组诗进行了编年。他用的是排除法，这五个人同时登塔作诗必须有一个先决条件，就是这个时候五个人都在长安，如果那一年秋天其中有一个人不在长安，就不可能发生在这一年。排除下来的结果，只可能是天宝十一载。这个具体的过程大家可以去看闻一多先生的书，做得很细致的。所以，做古代文学研究，即使像闻一多这样的才子，才气纵横，还是要非常仔细，坐得住冷板凳，要靠材料说话，不能天马行空，天马行空就没有根据。我建议大家去看一看闻一多的书。

虽然写作年代已经确定为天宝十一载（752）秋天，但是它的时代背景不能说就是这个秋天，我们不妨稍微扩大一些，看看那一段历史时期、那前后的几年间是个什么情况。我们现在把目光稍微往前推几年，推到天宝五载（746），就是杜甫进入长安的那一年，从那时候开始看起。大家要想知道跟唐代文学有关的历史事件，最简便的方法就是看周勋初先生主编的《唐诗大辞典》，后面附录有一个大事年表，那是我做的表，我把唐代的历史事件与诗人们的事迹对应排列成一个年代表。

天宝五载，张九龄、李适之罢相，这是两个比较贤能的宰相，都因受李林甫排挤而被罢相。李林甫这个人不学无术，文化水平很低，据《新唐书》与《旧唐书》记载，他经常认白字，写白字，这种记载有好几条。但这个不学无术的人偏偏创造了一个成语。我们知道要创造一个成语是很难的，不相信的话大家创造一个成语出来看看。我们说韩愈了不起，他一篇《进学解》就创造了十几个成语，非常了不起。创造一个成语谈何容易，但李林甫文化水准低，却创造了一个成语，当然他不是用笔墨写下来的，他是用身体写作，这个成语叫"口蜜腹剑"。口蜜腹剑是李林甫的表现。

这样一个口蜜腹剑的人当了宰相以后，就拼命地排斥贤能，把朝廷里贤能的人排挤出去，把还没有进入政界而又有可能进入政界的贤能的人挡在外面。所以，天宝六载就发生了两件事情。一件是所谓的"野无遗贤"。那一年举行制科考试，李林甫怕考生中又有人才进入政府，所以他在暗中做手脚，使所有考生全部落榜，一个都不录取。那一年落榜的人中有谁呢？一个就是我们的杜甫，还有一个也是我们认识的，就是元结元次山，唐代著名诗人、古文家，也是一个著名的政治家。考生全部落榜之后，李林甫就向皇帝上贺表，祝贺皇帝说："野无遗贤。"朝廷外面已经没有贤能了，所有的贤能我们都已经网罗来了。你看全部考生没有一个考上的，已经没有有才能的人了。另一件事情是李邕和裴敦复被朝廷"杖死"，就是判处死刑以后用乱棒打死。李邕和裴敦复是什么人呢？是当时知识分子中两个领袖式的人物，士林领袖，最有声望的两个读书人，当然也做了大官的。这件事情把知识分子的士气从整体上摧残了。我们看一下这件事在当时的影响。这件事发生后不久，李白就在诗歌中做出了反应，请看李白的《答王十二寒夜独酌有怀》："君不见李北海，英风豪气今何在？君不见裴尚书，土坟三尺蒿棘居。""李北海"就是李邕，"裴尚书"就是裴敦复，这两个士林领袖被朝廷打死以后，整个知识分子的士气受到摧残，所以李白就在这首诗里表示他要远离政治了，政治已不可为了。

到了天宝七载（748），高力士当上了骠骑大将军，掌兵权，介入军队了。也就是在这一年，朝廷赐给安禄山一份铁券。所谓铁券，就是你犯了罪可以赦免，犯了死罪也免你一死，保证你的安全。有了铁券以后，安禄山就放心地准备造反了。所以，后来安禄山造反攻陷长安，唐玄宗逃走，发生"马嵬坡事变"，杨贵妃被缢死，这一系列的事情都是唐玄宗咎由自取。安禄山在招兵买马、准备造反的时候，不停地有人向朝廷告发，唐玄宗一概不信。到后来只要有人来告发安禄山要造反，唐玄宗就把这个人捆起来送到渔阳让安禄山处置。当然人一送到渔阳，安禄山就把他们的舌头割了、心肝挖了，久而久之就没人敢去告发了，安禄山就可以从容造反了。也就是在748这一年，杨国忠"岁中领五十余使"，一年兼任的职务有50多个，一个人同时任50多个官职。与此同时，唐玄宗、杨贵妃这些人穷奢极欲、骄奢淫逸。你们感兴趣的话可以去看《资治通鉴》215卷、216卷。"织绣之工专供贵妃院者七百人"，有700个女工专门为杨贵妃这些人刺绣。"以进食相尚，一盘费中人十家之产"，这些王公大臣纷纷向唐玄宗献精美的食品，所献每一盘食品就要花费十个中产阶级家庭的财产。"中人"就是我们今天所说的中产阶级，十户中产阶级的财产只够一盘菜。"一堂之费，动逾千万"，建一所房子要花费千万，建成以后看到别人建得更好，马上把它拆掉重建，要比别人建得更好。当时攀比之风兴盛，京城里谓之"木妖"，就是土木之妖，不停地大兴土木，房地产业畸形发展。

从天宝八载（749）开始，唐玄宗轻信边将，轻启边衅，连连发动开边战争，而且屡战屡败，祸国殃民，给人民的和平生活造成极大的危害。尤其是天宝十载（751）讨伐南诏的战争，一连几次都几乎全军覆没。但杨国忠仍不肯罢休，兵力不足，就派人乱拉壮丁，抓来的壮丁用枷锁连成一串送入军队，再次南征。壮丁的家人前往送行，哭声震天，以致杜甫专门写了《兵车行》来对这种行径进行愤怒的谴责。

天宝十一载，当五位诗人登上慈恩寺塔写诗的时候，他们所面临的唐帝国的朝廷和社会基本上就是这样一幅图景。在这种情况下，诗人登上慈恩寺塔远眺风景，抒写情怀，假如他还有一点忧国忧民之心的话，他就不应该像胡震亨所说的那样：我写的诗只跟佛教有关，跟社会、政治毫无关系。除非他一点良心都没有，一点感觉都没有。俄国的别林斯基说过："诗人是社会的晴雨表。"社会的变化，任何细微的变化，应该在诗人笔下得到反映。你既然是一个好诗人，就必然是非常敏锐的；如果感觉很迟钝的话，你就做不了好诗人。

也许有人会说，大背景是相同的，大家都处于同一个时代、同样的社会，但个人的小背景，如个人遭遇、个人生活状况，也许不一样。那么，我们看看这五个人的小背景如何。

先看杜甫。天宝十载的时候，杜甫是怎样的情况呢？杜甫这一年向朝廷献了三大礼赋。他在《进三大礼赋表》中说自己生活非常困顿，他用了八个字："卖药都市，寄食友朋"。在都市里卖一点药草，收入还不够，就住在朋友家里，在朋友家混几顿饭吃，寄人篱下。他说："饥卧动即向一旬，敝衣何啻联百结。"意思是说他很饿，饿了就躺在床上，经常是十天都吃不饱饭。当然不是十天一点饭都没吃，那就饿死了，就没有我们的诗圣了。衣服也很破烂，布条子一根一根连接起来。

这个时候的杜甫，宋朝诗人陆游在诗中给他画了一张像，我觉得写得很生动。请看陆游的《题少陵画像》："长安落叶纷可扫，九陌北风吹马倒。"长安到了秋天，落叶纷纷，风很大，把马都吹倒了。"杜公四十不成名，袖里空余三赋草。"杜甫到了40岁还没有成名，袖子里白白藏着向朝廷献三赋的草稿——正文抄好后已经送给朝廷了嘛。"车声马声喧客枕，三百青铜市楼饮。"偶然得到三百个青铜钱，就跑到小酒馆里去喝一点酒。"杯残胏冷正悲辛，仗内斗鸡催赐锦。"日子艰难，吃的是残羹冷炙，而此时唐玄宗最喜欢看斗鸡，宫里正盛行斗鸡。杜甫自己在《奉赠韦左承丈二十二韵》中说自己是"朝扣富儿门，暮随肥马尘。残杯与冷炙，到处潜悲辛"，到处混一点饭吃，生活过得很辛酸。大家也许看过陈鸿的《东城老父传》，有一个孩子叫神鸡童，养斗鸡养得很好，受到朝廷很丰厚的赏赐。这在李白的诗中也有反映。"仗内斗鸡催赐锦"，就是唐玄宗在宫内正催着给这些斗鸡的人赐锦，真正的人才却在社会上流落着。

我们再来看一段杜甫自己的话，看下面这首《杜位宅守岁》：

守岁阿戎家，椒盘已颂花。盍簪喧枥马，列炬散林鸦。

四十明朝过，飞腾暮景斜。谁能更拘束，烂醉是生涯。

　　杜位是杜甫的一个远房侄儿，杜甫这一年在他家里过年，所以诗中有一句"四十明朝过"。这一年杜甫40岁，明天大年初一，他就要变成41岁了，他万分感慨。这句话表面上非常平淡，实际上非常沉痛。我们看仇兆鳌的注，"仇注"引《礼记·曲礼》："四十曰强，而仕。"40岁是壮年了，应该出来做官了，所以仇兆鳌认为"四十明朝过"是说杜甫到了40岁还没有做官，在那里感慨呢。我觉得"仇注"引《礼记·曲礼》当然也可以，但不是太好，不如引《论语》，引《论语》中孔子的话："四十、五十而无闻焉，斯亦不足畏也已。"就是一个人到了40岁、50岁还没有闻达，那么这个人也就没什么可怕的了。"闻达"就是在社会上有名声，也就是说这个人有所贡献、有所成就。这首诗写于天宝十载（751），杜甫这一年40岁，那么第二年是哪一年呢？就是登塔的752年。杜甫这个时期的心境就是如此，我想没有必要再仔细分析了。

　　我们往下看。高适这一年53岁，他比杜甫年纪大。高适在天宝八载（749）考中了"有道科"，大家注意，唐代的科举除了进士科——进士科是常科，还有一类叫制举或制科。制举就是非常科，进士是每年都考（到了宋代是三年一考），而制举是临时设置的，朝廷临时说今年要加一个什么科，就加一个科。高适在天宝八载考中的是"有道科"，这个"有道科"的考试有点荒唐，它怎么考呢？"道"就是品德、道德，"有道科"就是通过考试来检验一个人的道德品质。我想，怎么能够通过考试来测验一个人是不是"有道"呢？但唐代的制举就是这样，有许多今天看来比较荒唐的科目。我看到一个笔记里说，有一个人看到另一个人骑着马飞奔，要往长安去，好不容易停下来休息一下，立刻又要上马。路边的人问他：你这么急到长安去干什么？他说我去应制举。应什么制举呀？他说："怀才抱器不求闻达科。"不求闻达怎么还要去应考呢？不求闻达嘛，好好待在农村，待在家里就可以了。所以唐代的制举形形色色，有的很荒唐。高适这一年考上的是"有道科"，考上后朝廷就给他一个官做，这个官叫封丘尉，封丘的县尉。关于这事，高适留下了一首诗，就是《封丘县》。他被派到封丘县去做县尉，到了那里以后，做了很短的时间就不愿意做了，为什么呢？他说他弃官的原因是"拜迎官长心欲碎，鞭挞黎庶令人悲"。这是一个基层的小官，一方面要拜迎官长，上级一会儿来检查，一会儿来视察，高适就像陶渊明一样要束带向乡里小儿，他不能忍受；另一方面，基层的官吏要直接向老百姓收税，催他们缴租，所以要鞭挞老百姓，高适觉得于心不忍，很快就放弃了这个官职。天宝十一载秋天，高适无所事事——他虽然中过制举，但是已经辞官了——正在长安闲居，他要到明年才进入哥舒翰的幕府。这就是高适的情况。

下面再看岑参。岑参比较年轻，这一年36岁。岑参中进士比较早，他在天宝三载就及第了，28岁就中了进士，到了天宝八载，也就是749年，岑参进了大将高仙芝的幕府，跟着高仙芝出征西域，所以岑参有很多写西域风光的诗，写当地的大雪啊，写当地的热海啊、冰河啊。但到了天宝十载，就是登塔的前一年，高仙芝兵败回到长安，岑参也跟着回来了。此时的岑参心境不好，因为他跟随的主将打了败仗，他本人当然也无功劳可言。所以在天宝十载的时候，他写了一首诗，里面有这样的句子："白发悲明镜，青春换敝裘。"实际上他当时才35岁，却觉得自己已经垂暮了，白发都长出来了。这说明他这时候的心境不好。

我们对薛据与储光羲的情况不是非常清楚，但当时储光羲也正沉沦下僚，再说他俩既然跟杜甫他们这些落拓文人一起交游，一起登塔，估计这二人的心境也好不到哪里去。所以说，五个诗人登塔时的小背景也是相差不大的。

经过刚才的分析，我们可以看到天宝十一载的大背景是这样一种情况，就是明显地可以看出所谓的"开元盛世"已经快要消失了，社会正一步步走向动荡不安，越来越黑暗。这是盛世慢慢地要向乱世、向衰世转变的一个关头。而五位诗人个人的境况、个人的际遇也都不是很好，因为在李林甫、杨国忠、高力士这些人执掌朝政的时候，有才能的、品德高尚的人不可能在朝廷里得意，他们必然受到排斥。就是在这种情况下，五位诗人登上了慈恩寺塔。

胡震亨说，杜甫的登慈恩寺塔诗既然是写一个佛教的寺庙，就应该用佛教的语言来写佛教的教义，写佛教所引起的宗教情感。我们在考察这个结论对不对的时候，必须联系这种特殊的写作背景、特殊的大环境、特殊的小环境。我觉得胡震亨那一番话至少在分析这首杜诗的时候是不足为据的，我们不应该强调慈恩寺塔是佛教的建筑这一点。那应该怎么样呢？我们应该把这首诗看作抒情诗。杜甫到这个庙里来并不是为了礼佛，杜甫不是一个真正的佛教徒，他到这里来主要是为了凭眺，眺望风景的。有了这样一个认识，我们再来读这首杜诗，看看杜甫是怎么写的。

浦起龙的《读杜心解》对杜甫的写作心态、对杜诗所表达的情感倾向做了非常生动的解读。浦起龙对这首杜诗是怎么说的呢？浦起龙说："乱源已兆，忧患填胸，触境即动。"说这个时候啊，动乱的征兆已经表现出来了，像杜甫这样的诗人正忧心忡忡，一看到什么景象，一碰到什么外在的遭遇，心中的忧患就被触动了，触动以后就要表露出来。下面又说："一凭眺间，觉河山无恙，尘昏满目。"当他们登高眺远的时候，杜甫就会觉得虽然自然风光是不变的，但在人们心目中它已"尘昏满目"，一切都蒙上了一层灰暗的色彩，不再那么明媚，那么赏心悦目。这是浦起龙对杜甫写这首诗时的心态的一个解读，我觉得这几句话说得非常好。

当然我们也承认，这五个诗人游览的地方确实是一个佛教寺庙。诗人们也注意到了这一点，尤其是杜甫以外的其他几个人，高适也好，岑参也好，储光羲也好，都比较强调这是一个佛教的建筑，是一个寺庙里的建筑。在岑参的诗里，他用比较突出的语句和篇幅说明了这一点。请看岑参诗的第五到第八句："突兀压神州，峥嵘如鬼工。四角碍白日，七层摩苍穹。"这个塔非常高大，**巍巍耸立**，高入云天。岑参又写到登上塔顶后的时空感，就是下面这几句："秋色从西来，苍然满关中。五陵北原上，万古青蒙蒙。"空间非常广阔，时间非常悠远。在这样的一个时空背景中，岑参就领悟到："净理了可悟，胜因夙所宗。"对佛教的清净为本的道理我有了透彻的了解，我决心要皈依佛教。"净理""胜因"都是佛教中语，用胡震亨的话说就是"彼教"中语。下面又表示自己的态度："誓将挂冠去，觉道资无穷。"我既然有了这种觉悟，我就要辞官不做了，因为佛教是一个非常深厚的领域，我的身家性命全部皈依到佛教里面去了。"觉道"就是大觉之道，这个词出自《维摩经注》。很显然，当岑参登上慈恩寺塔远眺的时候，他主要感受到的是佛法的广大。既然登上的是佛教的建筑，他感受到的当然是佛法的强大、广大，所以他要皈依佛教。岑参表达的是这样一种宗教情感。当然，这仅仅是他登上慈恩寺塔的一时兴到之言，他以后并没有皈依佛教，他还是好好做他的官，做他的诗人，皈依佛教仅仅是在此时此刻的感受罢了。

高适的诗稍微有点不同。高适是一个用世之心比较强烈的诗人，他很希望在政治上有所作为，而后来他也是唐代真正的诗人中政治地位最高的，被封为渤海县侯。南宋的晁公武说："唐世工诗而宦达者唯高适。"所以高适的这首诗虽然也借歌咏宝塔来歌颂佛法之广大，但诗的最后说："盛时惭阮步，末宦知周防。"在这样一个盛世，我却像阮籍一样走投无路；做这样一个小官，就像东汉的周防一样。这里用的是晋人阮籍的典故和东汉周防的典故。大家知道，阮籍因为政治上没有出路，人生没有出路，就随意地到处乱走，走到无路可走了就痛哭一场。周防是东汉南阳地方的一个小官，由于精通经术，受到皇帝的欣赏，后来就做了比较大的官。高适的意思是说我现在做了一个很小的官，封丘尉嘛，就像当初的周防。"输效独无因，斯焉可游放。"我要效忠国家，但是报国无门，所以就暂时到这里来游览一番，逍遥一下。"输效"就是效忠。这首诗里有一些与时代发生关系的地方，但不是很明显，所表露的感情也不是很强烈。

杜诗就不一样了，杜诗跟刚才讲的两首诗都不一样，我们来做一些具体的分析。杜诗的第二句就推出"烈风无时休"，这当然可能是登塔时实际所见的景色，因为塔很高嘛，高处风很大，又是秋天，所以烈风刮个不停。但这首诗一开始就说"烈风无时休"，如果我们把它解读成诗人对当时唐朝局势的一种感受，对社会将要动荡不安、风雨飘摇的形势的感受，我觉得也是完全可以的。因为杜甫心里本来就充满着忧患，所以他一登上塔，就感到烈风吹个不停。如果登上特别高的建筑，而风又很大，你确实会有一种摇晃不定的感觉。我登过"9·11"中被撞毁的美国纽约的世界贸易大厦，那是1987年。这幢大厦是个钢筋混凝土的建筑，非常坚固，但是当你登上第110层的时候，就会觉得摇摇晃晃，因为太高了，风又很大。所以，我觉得杜甫在这首诗中写"烈风无时休"，虽然可能是他在塔上看到的实景，但他确实有一种暗示，他内心情感的一种暗示，他确切地感受到社会的动荡不安了。

再往下看："自非旷士怀，登兹翻百忧。"我没有旷达之士的那种胸怀，所以我登上这个高塔后，胸中充满了忧愁。第一句是反话，杜甫实际上是以此自豪的。但他表面上是谦虚：我比不上那些旷达之士，他们看得破，一切都不在意，很潇洒，对于将要动荡的时势没有任何忧虑；而我不能这样，我登上宝塔以后非常忧愁。忧国忧民从来都是杜甫认定的儒者应有的情怀。

再往下一段是写景的，我们暂且不管。我们看"秦山忽破碎，泾渭不可求。俯视但一气，焉能辨皇州"。登高望远，眼前的景物是一片灰蒙蒙的，这当然是杜甫可能看到的真实的景象。但这会不会是一个心里非常忧愁的诗人戴上有色眼镜以后，再来观景所产生的一种特殊的感受呢？也就是说，是不是景物已经蒙上了一层愁云惨雾呢？是不是诗人心中的忧愁投射到客观景物上了呢？我想我们完全有理由这样解读。

我们再往下看："回首叫虞舜，苍梧云正愁。"这两句从正面表达杜甫心中的忧愁。"虞舜"在这里肯定是指唐太宗的昭陵，因为从慈恩寺塔向西望可以看到昭陵。虽然李世民是唐朝的第二个皇帝，并不是开国皇帝，他的父亲李渊才是开国皇帝，但是唐朝的真正建立者是李世民，天下是李世民打的，因此李世民实际上是唐朝真正的开国之君。唐代有一个习俗，就是李世民以后，臣民们觉得有冤屈，觉得受到了不公正的待遇，对朝廷有意见要提，但又没有办法告到皇帝那儿去，臣民们可以"哭昭陵"。你只要到昭陵那里去哭，就表示你对朝廷的意见没法提，你有冤屈，你受到不公平的待遇了。昭陵是唐朝人公认的一个在政治上诉求公正的地方，李世民是他们公认的最贤明的君主。所以，当杜甫在塔上向西眺望昭陵——也许望不到，但他在朝昭陵的方向眺望——他就说"回首叫虞舜，苍梧云正愁"。我本来想向西眺望昭陵，心中有许多的话要向唐太宗诉说，可惜一片愁云惨雾，我根本看不清楚。为什么"叫虞舜"？尧、舜、禹是古代禅让的君主，尧、舜、禹三人之间的关系不是通过父子传位，也不是通过革命、通过暴力来夺取政权，他们是通过禅让。尧赏识舜，就主动把皇位传给舜，然后舜又传给禹。而李世民登上皇位也是他父亲主动禅让给他的，他父亲还没有退位，当然事实上是"玄武门事变"以后，唐高祖无可奈何之下才禅让的。所以唐朝人经常把唐太宗比喻为虞舜，这是唐朝人一个习惯的表达法，虞舜是禅让体系中的第二个君主嘛。苍梧是虞舜埋葬的地方，是九嶷山所在之地，传说虞舜南巡到那里，死在那里，葬在"苍梧之野"。所以，这两句的真正意思是杜甫要向唐太宗表达政治上的诉求，可是未能实现。

再往下读："惜哉瑶池饮，日晏昆仑丘。"这当然指的是骊山华清宫。"瑶池饮""昆仑丘"都是《穆天子传》中的传说：周穆王见到西王母，在昆仑山瑶池那个地方宴饮，一连几天几夜，非常奢华。那个时候，唐玄宗经常带着杨贵妃到骊山华清宫去。当然在杜甫他们登塔的时候，即天宝十一载秋天，唐玄宗并不在骊山。这一点陈寅恪先生研究得非常清楚，《资治通鉴》里也记载得非常清楚，唐玄宗与杨贵妃总是在一年中最寒冷的冬天才到骊山去避寒，因为那里有温泉，在天气还不是很寒冷的季节是不会去的。同样，我们在读白居易的《长恨歌》时，也应知道"七月七日长生殿，夜半无人私语时"肯定是不符合历史事实的，长生殿就在骊山，在华清宫里面，七月七日唐玄宗与杨贵妃不可能到那里去，他们到冬天才去。但是诗人完全可以进行想象，尽管此时此刻唐玄宗并不在骊山，但是他们经常到骊山去寻欢作乐，杜甫对此早有耳闻。诗人向东眺望，看到了骊山，就想起唐玄宗、杨贵妃不分日夜、没有休止地在那里享乐，不理朝政。"日宴昆仑丘"，天都晚了，太阳都下山了，他们还在那里举行宴会呢！

最后四句是："黄鹄去不息，哀鸣何所投。君看随阳雁，各有稻粱谋。"这里肯定有比喻的意义在里头。黄鹄是飞得非常高的鸟，现在的动物学家告诉我们，它可以飞一万米高，属于天鹅一类。这种鸟志向远大，但它哀叫着，没有归宿，这显然是说有才能的人在政治上没有出路。而有如"随阳雁"的一班趋炎附势的小人纷纷占据了高位，反而各自得到了一份俸禄。

杜甫的这首诗，它是不是跟佛教一点关系都没有呢？也不是的。第五、第六句"方知象教力，足可追冥搜"就顺便歌颂了一下佛教。"象教"就是佛教，因为佛教的传教方式是"施象立教"，它有塑像、画像等，借形象来传教，所以称为"象教"。杜甫承认佛教的法力非常深厚，非常广大，这样一个非常高的塔"足可追冥搜"。"冥搜"就是进入非常幽远的境界。杜甫对这一层意思，就是所登临的是佛教的建筑这一层意思，点到为止，诗的主要篇幅都用来抒发内心的真实感受，包括他对社会、对政治以及对个人遭遇的感受。我觉得这才是真正的抒情诗，因为这样的感受才是最真实的，才具有最激动人心的力量。而高适也好，岑参也好，尤其是岑参诗中那种想要皈依佛教的感受，尽管也可能是真诚的，但缺乏感动人心的力量，因为我们读诗时并不想接受一种宗教的宣扬。所以，这几首诗从思想内容的角度来说是有差别的，杜诗是写得最好的。

在分析这首诗的时候，我们也应该注意到这一组诗毕竟是写景诗，古人叫"登眺诗"或"登览诗"，就是登高眺景嘛。我们阅读、评价这样的诗，必须注意诗的写景的成分。诗里主要的内容是写景，我们必须评价一下它在写景方面做得怎么样。首先应该承认，这三首诗，还有储光羲的那首诗，在写景方面都写得很好，都是一流的。当然相比较而言，好里面还有最好、次好、较好这样的差别。为了说明这一点，我们可以把后人的同样题材的诗跟它们做一个对比。

中唐的一位诗人章八元，当时也很有名，他写了一首《题慈恩寺塔》，是一首七言律诗。章八元的《题慈恩寺塔》是这样写的："十层突兀在虚空，四十门开面面风。"大家注意哦，到了这个时候塔已经变成十层了，原来七层，又加三层上去了。开头这一联写得很平庸，写实是写实，但写得非常老实，太平庸了。大雁塔我去过了，它是个四面塔，四个面，每面都有一个门，共有十层，他算得很精确，一共四十个门，当然是"四十门开面面风"。次联描写塔之高，他用夸张的手法来写："却怪鸟飞平地上，自惊人语半天中。"这儿虽然运用了比喻，但也很平庸，很一般化。他说塔很高，看上去鸟不在天上飞，而是在平地上飞，我跟鸟一样高了。然后自己都觉得惊讶：我们怎么在半空中说话？再下面一联写得更加糟糕："回梯暗踏如穿洞，绝顶初攀似出笼。"就是说他一层层地爬上去，就像在黑洞里穿来穿去。"绝顶初攀"，就是最后爬到顶层了：哦，我好像是一下子从笼子里爬出来了。这两句写的也许是一个真实的过程，他爬上塔去的时候确实是这个样子。但这首诗既然要描写一座非常高大的塔，要抒发一种登高望远的情怀，怎么可以这样写？我们读了这一联诗，闭目一想，这个诗中的主人公形象是不是有几分猥琐？他描写的仿佛不是一位诗人在登塔，倒好像有一只老鼠爬上塔去了。你看，"穿洞""出笼"，在洞穴里面，在笼子里面，穿来穿去，这个形象太猥琐了。最后一联："落日凤城佳气合，满城春树雨蒙蒙。"这一联写景很细腻。但诗中形容这个塔很高，说是"鸟飞平地上""人语半天中"，而这最后两句又好像在平地上写景一样，把长安城里的景物看得清清楚楚，这不与前面自相矛盾吗？因此说，不论从哪个角度看，章八元的诗都不是一首好诗，拿这一首诗来跟我们刚才读的那一组诗，包括那首储光羲的诗，做一个对比，用金圣叹的话说，简直就是"金屎之别"。

很奇怪的是，唐代有人记载说，元稹和白居易对章八元的这首诗喜欢得不得了，说元、白看到这首诗后"吟咏尽日不厌，悉令除去诸家牌，唯留章诗"，把刻在慈恩寺塔的其他的诗都除掉，专门把章八元的留在那里。这元稹跟白居易的眼光也太浅薄了一点，怎么喜欢这样的诗？所以后人都不以为然。宋朝的张戒在《岁寒堂诗话》中评价章八元的诗说："此乞儿口中语也。"这是叫花子写的诗，猥琐、寒酸，一点气魄都没有。清代王渔洋说它是"小儿号嘎耳"，是小孩子在那里胡说一通，哇哇乱叫。王渔洋还追问："不知元白何以心折如此？"所以我很怀疑《唐诗纪事》中关于元白特别喜欢章八元这首诗的记载的真实性。我觉得元白虽然"元轻白俗"，也不至于欣赏这样的诗。

举章八元的诗来和杜甫、岑参的相比，也许是"比拟不伦"，我们还可再读读张戒的《岁寒堂诗话》。《岁寒堂诗话》中除了贬斥章八元的诗以外，还同时举了苏东坡、王安石的登塔诗来跟杜甫他们这一组诗比较，比较的结果也是杜甫、岑参他们这一组诗更好。王安石、苏轼可是宋代的大诗人哦，你们看了那一段文字以后，就可以体会到就写景这一点来说，杜诗、岑诗、高诗以及储光羲的诗，确实是非常出色的。我们回顾前面提到的王渔洋说的"一时大敌，旗鼓相当"，确实不错。

尽管如此，我们还是要对杜诗和岑诗做一些具体的比较，做一些文本分析。高适的诗我们就不比了，因为就艺术性来说，还是杜甫与岑参的诗最好，高适的要差一些。

杜甫和岑参的诗都从两个角度来写景，一是形容宝塔之高，二是描写登塔后格外开阔的视野。这两方面岑参是写得很不错的，尤其是王渔洋所欣赏的那几句，如"连山若波涛，奔凑似朝东""秋色从西来，苍然满关中。五陵北原上，万古青蒙蒙"，写出了一个非常辽阔的视野，以至于只见青蒙蒙的一片，这写得非常好。但其他几句写景却不够好，比如"奔凑似朝东"下面两句："青槐夹驰道，宫馆何玲珑。"道路两旁都种着青青的槐树，宫殿啊、亭台楼阁啊，玲珑剔透，看得清清楚楚。这两句为什么不够好呢？你既然登上了一个非常高的高度，视野非常开阔，你看到远处都是青蒙蒙的一片，那么，你看地面的亭台楼阁就不应该是玲珑剔透，不应该看得如此清楚，否则你所在的高度就降低了。

我们回过头来看杜诗，杜诗就不一样。杜诗也形容这个塔非常高，当然，说实话，这个大雁塔并没有那么高，那是诗人的夸张之词。诗人都是夸张的，鲁迅先生写过一篇《文学的折扣》，说诗人总要夸张，李白说"白发三千丈，缘愁似个长"，鲁迅说，三千丈的白头发，盘在头上像一个大草囤一样，怎么可能呢？打它个一百折还差不多。但诗人就是要夸张，诗歌本来就要夸张，问题是你创设的诗歌意境是不是统一的，这才是重要的。杜诗一开始就是"高标跨苍穹"，说塔尖直越苍穹，"标"就是顶端。对这句话后人有议论，施鸿保说："塔虽高，岂可云跨过天上乎？盖亦倒字句，当云苍穹跨高标。"施鸿保认为，你不能说塔跨过天，只能说天跨过塔。这个施鸿保解诗实在是太老实了，读诗怎么能这样读呢？诗人就是要夸张，杜甫本来就是夸张说这个塔比天还高，已经高到天穹的上面去了，何必要从事实出发说天比塔高呢？"七星在北户，河汉声西流"，这两句非常值得注意，虽然从字面上看比较平易，一点都不雄奇，但实际上它是非常用力地在刻画。所谓"七星在北户"，就是从北窗里平视出去可以看到北斗七星。我们一般看星是仰头看的，朝上方看，但是杜甫不说往上看，他是平视着就看到七星了。所谓"河汉声西流"，就是银河哗啦啦的流水声从西边传过来。古人想象银河是一条河流嘛，河流当然应该有水声了。李贺在诗中说"银浦流云学水声"，想象银河的水会有水声。如果西方人读这个诗就不懂了，他们心目中的银河是"奶路"，就是the milky way。一条奶路怎么会有水声呢？但是我们认为银河是一条河。所以，这两句的意思是说：诗人此时登上了慈恩寺塔的最高顶，他已经跟日月星辰处在同一个高度了，北斗七星就在北窗外面，银河的声音不是从头顶上传来，而是从西边传来。应该说这种形容方法在诗歌中是比较常见的，杜甫其他的诗中也有，后来韩愈、孟郊的诗都有。但值得注意的是，韩愈、孟郊要是用这种方法来写诗的话，往往是用非常奇险的句子来写，用非常奇特的字眼来写，而杜甫却是用很平常的字眼、平易的句法。这个句子自身一点都不显得奇险，但是你仔细体会，他却是用大力气在刻画宝塔之高。

杜诗也写了视野之远，这一点跟岑诗的写法比较接近。"秦山忽破碎，泾渭不可求。"秦山指终南山，终南山本来是一座山脉，非常大，但是因为塔太高了，远远望去秦山好像是支离破碎的，是不连续的一堆碎片。因为太远了，景物就显得迷茫了，泾水、渭水都分不清楚。这两句跟岑诗的"五陵北原上，万古青蒙蒙"的境界比较接近。但在写地面建筑物的时候，岑参说"宫馆何玲珑"，杜甫说"俯视但一气，焉能辨皇州"。朝下俯瞰长安城里的建筑，蒙蒙一片，皇州在哪里啊？京城在哪里啊？看不清楚。太高了，所以看不清楚。现在有一种说法，说在宇宙飞船上可以看到人类的建筑，其中包括长城，实际上根本看不见，太高太远，地面上的建筑物是看不清的。长城都看不见，更不要说这些宫殿、亭台楼阁了。所以，当岑参、杜甫用类似的方法来写景，写在塔顶上视野之广阔的时候，两个人形容景物的功力和艺术效果比较接近。但具体写到长安城的建筑的时候，岑参有一点破绽，与他构造的那个"万古青蒙蒙"的境界不是很统一。而杜甫是完全统一的，他既然看到了"秦山忽破碎"，既然是"泾渭不可求"，那么他下瞰皇州的时候，当然是"俯视但一气"了。这个写法虽然不一定是真实的，但它是一种艺术的真实，他创造的艺术境界是统一的，是完整的。或者用古人的话说，这是意境浑融的。这种地方杜甫的诗就比岑参的诗更高一层，差别虽小，但毕竟技高一筹。

前面我们从思想情感以及写景这两方面对这一组诗进行了一些文本分析，主要是把岑诗跟杜诗进行了对比，但实际上，当我们读诗的时候，当我们涵泳诗歌的时候，当然不能说我先从思想内容、情感上读，再从写景、艺术方面来读，把它分开来。我们应该把它当成一个整体来读。一首好诗，它的景、它的情应该是融为一体的，这也正是古人常说的情景交融。那么我们再来看一看，从情景交融这个角度来比的话，这两首诗又如何？

这里我需要先引用王夫之的一段话。王夫之在《姜斋诗话》中说："情景名为二，而实不可离。"就是说情和景表面看来是两个东西，但实际上是不可分离的。"神于诗者，妙合无垠。"在写诗的造诣上达到了出神入化的程度的人，他写出来的情与景是融合在一起的，根本分不清楚。"无垠"就是没有界限，你不能说这是情，那是景，它们是不可分的。"巧者则有情中景、景中情。"情中有景，景中有情，这才是最好的情景交融，你不能说这首诗哪几句是抒情的，哪几句是写景的，然后生硬地把它们叠加在一起。这不是情景交融，这是情景叠加。情景交融就是情中有景，景中有情，二者已经浑然一体了。从这个角度来看，杜甫的诗也是写得最好的。接下来我们就读一下杜诗吧。

杜诗从第二句"烈风无时休"就带上了浓厚的感情色彩。"烈风无时休"，当然是在登上高塔时才可能看到的一种景物，但这既是写实，也是抒情，是抒发他内心一种独特的感受。三四两句就挑明了："自非旷士怀，登兹翻百忧。"然后一路下来都是带着一种抒情的笔触在那里写景，虽然是写景，但是景中有情。当然我们不能过分强调这一点，尤其不能追究每一句诗、每一个意象中有什么隐喻或含义。假如这样追究，我们就钻牛角尖了，这不是一种好的读诗方法。

这里介绍一个反面的文本，《苕溪渔隐丛话》前集卷十二，作者胡仔引他父亲的一段话。胡仔的父亲胡舜陟没有著作，他写的《三山老人语录》没有传下来。胡仔把父亲的话引在书里，大概是想借此传世，但是他引得不好，有时把他父亲说得欠好的话也引进去了。胡舜陟是怎么说的呢？他说这首杜诗是"讥天宝时事也"，他对主题的这种把握当然是对的，就说这首诗的主题不是写景，它跟时事有关。但胡舜陟认为杜诗的每一句都有微言大义，他说："山者，人君之象。"山是皇帝的象征。"秦山忽破碎，则人君失道矣。""秦山忽破碎"这句诗暗示着唐玄宗已经失道了，杜甫是用这句诗来讽刺皇帝的。"贤不肖混淆而清浊不分。"贤能的人跟不贤的人混在一起，清浊分不清楚，所以说"泾渭不可求"，因为在古代渭水清、泾水浊，泾水是渭水的支流，在泾水流入渭水的时候，在交汇的地方特别显出一清一浊。当然现在已经是一样的混浊，我去看过，已经分不清楚了，确实是"不可求"了，但在唐代渭水还是清的。所以胡舜陟就认为，"泾渭不可求"是讽刺当时朝政清浊不分，在用人方面贤愚不分。然后又说："天下无纲纪文章，而上都亦然。"天下要大乱了，礼义纲常都没有了，不成体统了，京城也是一样，所以杜甫说"俯视但一气，焉能辨皇州"，望出去蒙蒙一片，皇宫都分不清楚。这样的解读，用鲁迅先生的话说，就是"杀死诗美"，把诗歌的美都杀掉了。这样读诗，诗歌就不美了。认为诗歌的每一句都有直接的政治含义附加在上面，这是汉儒解读《诗经》的方法，这是一种杀死诗歌美的解读方式，我们当然不取。

那么我们不取胡舜陟的意见，是不是说杜诗中的这些写景没有隐喻意义在里面呢？没有感情的寄托、没有政治上的讽刺吗？不是的，它有感情上的寄托和政治上的讽刺，但它是一种整体性的投射，不是具体表现为山怎么样、皇宫怎么样。它整体性地反映了一个胸怀百忧的诗人在此时此刻登上慈恩寺塔，他眼中的景色都蒙上了一层忧愁的颜色。杜诗从总体效果上做到了这一点。施鸿保在《读杜诗说》中反驳了胡舜陟的话："通首皆作喻言，屑琐牵合。"施鸿保认为"前十六句，皆但写景"，前面十六句没有隐喻意义，就是写景。那么前面十六句是纯粹写景吗？施鸿保说得也不对。接着来看何焯《义门读书记》中的话，顺便介绍一下，何焯，号义门，他非常会读书，所著《义门读书记》相当著名。书里评了杜诗、李商隐诗等，记录了他读书的一些感想，尽管是三言两语，但非常精到、深刻。下面引的这段话在现在出版的《义门读书记》里没有，但是杨伦的《杜诗镜铨》中转引了，可能是后来重编的时候没有编进去。何义门评杜甫的《同诸公登慈恩寺塔》说得特别好，他说："以下意有所托，即所谓'登兹翻百忧'也。"就是说后面这一段杜甫是有所寄托的，其中的寄托就是第四句所写的"登兹翻百忧"，诗人登上慈恩寺塔以后，胸中各种忧愁都翻滚出来，涌上心头。他又说："身世之感，无所不包。却只是说塔前所见，别无痕迹，所以为风人之旨。"杜甫把当时的形势、自己的遭遇等内容都包括在诗里面了，但是杜甫只是在说他登塔时的所见所闻，他在写景、叙事中抒发了他的情感，而不是生硬的、外加的感情投射。所谓"风人"就是诗人，所谓"风人之旨"就是像"国风"那种传统，那种通过写景来抒情的传统。

我们来看看杜诗的最后四句："黄鹄去不息，哀鸣何所投。君看随阳雁，各有稻粱谋。"我们解读的时候，大家都会这样想：黄鹄是指杜甫自己以及像杜甫一样的贤能之士，这样的人受到排斥，得不到重用，所以没有归宿；"随阳雁"是指那班趋炎附势的小人，他们追逐富贵荣华，反倒纷纷得志。但是这一层意思不是生硬地叠加在这首诗中的。杜甫既然登上了一个非常高的塔顶，在塔顶眺望，完全可能看到很多鸟在高处飞翔。黄鹄也好，鸿雁也好，这完全是塔上可能看到的景象，当然杜甫不一定真的看到了，所以"只是说塔前所见"。何义门这个意见之所以说得好，因为他指出了重要的一点：杜甫这首诗要从字句上来分析的话，它从头到尾每一字每一句都是写登塔的过程，都是写登塔的所见所闻，但是其中包含着很深沉的感触。杜甫的感想尽管非常丰富，但是它都包含在对登塔的过程以及登塔所眺望到的景物的描写中，它们紧密地结合在一起，你没法把它们分开。像"黄鹄去不息"，你说它是单纯地抒情还是单纯地写景？它既是抒情，也是写景，包括前面的整个景物描写，也都是这样子。也就是说，杜诗真正做到了情景交融。在这方面，杜诗是这一组登慈恩寺塔诗中最为杰出的。

可以说，无论从哪个角度来解读、比较这一组诗，杜诗都是其中最为杰出的作品。我们以前在评价作家的时候，在谈论文学史现象的时候，总是过分强调时代背景的作用。为什么这个作家有这么大的成就？时代的原因，他处在那个时代。为什么这个作家贡献很小，写得不好？时代的原因，他处在那个时代。但是时代背景相同的情况下，不同的作家、不同的诗人，完全可能有不同的表现。时代背景固然重要，大背景、小背景、个人的遭遇都很重要，但是更重要的是这个作家的内心世界，是他的才情、他的胸怀、他的见识、他的思想，这些内在的因素也许比外在的因素更重要。

　　最后我们看一句清人沈德潜的话，沈德潜的《说诗晬语》中有一个判断："有第一等襟抱，第一等学识，斯有第一等真诗。"对一个诗人来说，你一定要有最好的一等怀抱，最好的一等见解。这个"学识"不但指学问，也包括见识，也就是你对事物要有洞彻的看法。这一切都是诗人内在的因素，有了这些内在的因素，才可能写出第一等的好诗。而不是说把一个平庸的诗人，缺乏这些内在素质的诗人放到一个时代洪流中去，放到一个容易出大作品的时代去，他就能出大作品。不是的，外在的因素毕竟是次要的，最重要的还是内在的因素。我们读这一组登慈恩寺塔诗，主要就是想要说明这样一个问题。

　　以上说的内容大部分都包含在程千帆先生和我合写的那一篇文章中，那篇文章就是读杜甫等人登慈恩寺塔诗的札记，标题叫作《他们并不站在同一高度上》，虽然他们登上宝塔的时候一起登到七层，但实际上，作为诗人来说，他们站的高度不一样。杜甫站的高度比其他诗人更上一层楼，所以唯独杜甫成为那个时代最伟大的诗人。

《自京赴奉先县咏怀五百字》：杜甫的心迹论

自京赴奉先县咏怀五百字

　　杜陵有布衣，老大意转拙。许身一何愚，窃比稷与契。居然成濩落，白首甘契阔。盖棺事则已，此志常觊豁。穷年忧黎元，叹息肠内热。取笑同学翁，浩歌弥激烈。非无江海志，潇洒送日月。生逢尧舜君，不忍便永诀。当今廊庙具，构厦岂云缺。葵藿倾太阳，物性固莫夺。顾惟蝼蚁辈，但自求其穴。胡为慕大鲸，辄拟偃溟渤。以兹悟生理，独耻事干谒。兀兀遂至今，忍为尘埃没！终愧巢与由，未能易其节。沉饮聊自遣，放歌破愁绝。岁暮百草零，疾风高冈裂。天衢阴峥嵘，客子中夜发。霜严衣带断，指直不得结。凌晨过骊山，御榻在嵽嵲。蚩尤塞寒空，蹴踏崖谷滑。瑶池气郁律，羽林相摩戛。君臣留欢娱，乐动殷胶葛。赐浴皆长缨，与宴非短褐。彤庭所分帛，本自寒女出。鞭挞其夫家，聚敛贡城阙。圣人筐篚恩，实欲邦国活。臣如忽至理，君岂弃此物。多士盈朝廷，仁者宜战栗。况闻内金盘，尽在卫霍室。中堂舞神仙，烟雾蒙玉质。暖客貂鼠裘，悲管逐清瑟。劝客驼蹄羹，霜橙压香橘。朱门酒肉臭，路有冻死骨。荣枯咫尺异，惆怅难再述。北辕就泾渭，官渡又改辙。群水从西下，极目高崒兀。疑是崆峒来，恐触天柱折。河梁幸未坼，枝撑声窸窣。行旅相攀援，川广不可越。老妻寄异县，十口隔风雪。谁能久不顾？庶往共饥渴。入门闻号咷，幼子饿已卒。吾宁舍一哀，里巷亦呜咽。所愧为人父，无食致夭折。岂知秋禾登，贫窭有仓卒。生常免租税，名不隶征伐。抚迹犹酸辛，平人固骚屑。默思失业徒，因念远戍卒。忧端齐终南，澒洞不可掇。

今天我们来读一首杜甫的长诗，就是《自京赴奉先县咏怀五百字》（以下简称《咏怀五百字》）。杜甫集中有两首长诗，最长的是《北征》，其次就是这一首。这首诗写于天宝十四载，也就是755年，这一年杜甫44岁。我们像以往一样，先来看一下这首诗的写作背景。

杜甫写这首诗的时候已经做官了。第一句说"杜陵有布衣"，这里的"布衣"两个字我们要交代一下。我们把时间往前推一年，推到天宝十三载，就是写这首诗的前一年。前一年发生了什么事情？关中地区遭受了涝灾，长安一带从八月到十月，接连下了六十多天雨。这一次水灾是非常严重的，关中地区基本上颗粒无收，庄稼都烂掉了。这时李林甫已经死了，李林甫在天宝十一载就死了，宰相换成了独揽大权的杨国忠——杨贵妃的堂兄。杨国忠不许地方官向朝廷报灾，哪个地方官向朝廷报告说当地受灾了，今年租税收不上来了，杨国忠就要治他的罪。比如，后来跟杜甫关系很好的房琯，就是在这时因报灾而被治罪的。唐玄宗当然也有一点关心这个天气，他发现连续下了六十多天雨，就问庄稼怎么样了。杨国忠就派人不知道从哪里搞来几个好的稻穗，献给唐玄宗，说雨虽然下得大、下得久，但是庄稼还没有受到损害，稻穗还好好的。于是朝廷也就下令不准减租。因此这一年的秋天，关中一带的灾情非常严重，朝廷也没有任何的救灾措施。即使是住在长安城里的杜甫，也深切地感受到了灾情。《秋雨叹》写在天宝十三载秋天，一共有三首，我这里主要引用第二首中的几句话。"禾头生耳黍穗黑，农夫田妇无消息。"不管是稻穗也好，还是小米的穗也好，因为长期浸泡在雨水里，都已经发芽了或是霉烂了。稻子也好，麦子也好，成熟以后如果碰上连天大雨，留在地里收不上来的话，它吸足了雨水是会提前发芽的，所谓"禾头生耳"就是长出细细的弯弯的芽，所谓"黍穗黑"就是黍穗腐烂了。杜甫非常关心乡村的人民，因为他一点都得不到他们的消息，不知道他们怎么样了而心焦。那么长安城里是什么样子呢？"城中斗米换衾裯，相许宁论两相值。"因为粮食收不上来，粮价就飞速上涨，一斗米就可以换来一床被子。这两者本来是不等价的，一斗米很便宜，一床被子很贵，但是粮价上涨，斗米就可以"换衾裯"了。而老百姓也不管它们等价不等价了，因为粮食已经很紧张了。在这种情况之下，本来经济状况就捉襟见肘的杜甫，家庭生活更是雪上加霜了。所以在天宝十三载的秋雨之后，杜甫感到长安城里没法生活了，就把妻儿都送到奉先县去了。奉先县是现在陕西省的蒲城，在渭河以北，杜甫妻子的一个远房舅舅在那里做官，所以杜甫就把妻子以及几个孩子都送到那里，本人则继续待在长安。

天宝十四载，杜甫在长安十年求官终于有了一个结果。之前，杜甫在长安通过种种方法求官，如向朝廷献赋、参加科举考试、向达官贵人献诗请他们推荐自己等，最后也不知道是哪个因素起了作用，朝廷终于授给他一个官职。那么给他的是个什么官呢？一开始给他一个河西尉："十四载，授河西尉。"河西尉就是河西县的县尉。县尉在我们今天看来还是一个不小的官，就是县里的局长这一类的官，但是古人看来是个芝麻官，从九品下，文官的最小一品，再下面就是吏了。古代的官跟吏是分开来的。朝廷授给杜甫这个河西尉以后，他竟然"不就"，"不就"就是不接受。唐朝还是有一点民主的，朝廷给你一个官做，你可以不接受，要求改派其他的官。杜甫拒绝了这个官职，朝廷就给了他另外一个官职，就是右卫率府兵曹参军。这个"率"不读shuài哦，"仇注"说这个字"音帅"，"元帅"的"帅"，这个注错了，应读成"效率"的"率"。右卫率府兵曹参军这个官是从八品下，比那个河西尉稍高了一点。那么这个官的具体职责是什么呢？杜甫当了这个官应该做什么事情呢？是不是安邦定国，替朝廷出谋划策？不是的，这个官的具体职责是负责东宫卫兵的相关事宜，管理东宫的马匹、兵器等东西，说白了，就是东宫里的一个后勤官或总务官。这个官杜甫接受了，但他到底做了多久，后来怎么又不做了，我们就不清楚了，反正当时他接受了这一官职。

这里就产生了一个问题，为什么朝廷当初派杜甫做河西县的县尉他没有接受，后来派他做这个兵曹参军他就接受？这本来是一件小事情，但是在大作家身上没有小事情，这也是大事情，我们也要搞清楚。就像鲁迅先生跟哪个作家一起吃过饭，现当代文学界也要研究的，而且杜甫辞官的事情还是比较有研究价值的。那么杜甫为什么没有接受河西尉一职？今人有种种解释，最主要的有两种。

一种是萧涤非先生提出的。萧涤非先生说杜甫之所以不愿做河西县的县尉，是因为县尉是直接向老百姓征收租税的官，要直接跟老百姓打交道。我们上次提到过，高适被封为封丘县的县尉以后，他作诗说："鞭挞黎庶令人悲。"做这个官一定要鞭打百姓，因为你要催租嘛，百姓的租收不上来，你要用种种手段逼迫百姓，所以这是一个令人痛苦的官职。萧涤非先生就说，杜甫之所以不愿做河西县的县尉，跟高适辞掉封丘县尉的理由是一样的，也是因为这个官"鞭挞黎庶令人悲"，而杜甫是关心百姓的，他不愿意"鞭挞黎庶"，所以不愿意做这个官。这个解释当然完全是出于维护杜甫的良好动机，把杜甫的一切行为都朝好的方向去解释，但这种解释不符合事实。

另一种解释是郭沫若提出的。郭沫若在他的《李白与杜甫》中也注意到了杜甫为什么不肯做河西县的县尉。郭沫若认为杜甫一心要在朝廷里做大官，不愿意到穷乡僻壤去接近百姓，所以不愿意做河西县的县尉。这个问题很有意思，同一件事情，就是杜甫不愿意做河西县县尉，在后代学者看来，其动机截然相反，一个说完全出于好的动机，另一个说完全出于不好的动机。

那么事实到底如何呢？我们要看杜甫自己怎么说。幸亏杜甫留下了一首诗《官定后戏赠》，杜甫说："不作河西尉，凄凉为折腰。"我为什么不去做河西县的县尉呢？我是怕"折腰"。"折腰"大家都知道，马上就想到陶渊明的典故，陶渊明做县令，上级的官要来了，旁边的吏就提醒他，必须"束带见之"，并向上级行礼，"折腰"就是行礼。陶渊明不愿意为五斗米向乡里小儿折腰，上级都是一些乡里小儿，陶渊明很看不起他们，现在反要向他们行礼，这很痛苦，他不愿意，所以就辞官不做了。杜甫明确交代他就是"凄凉为折腰"，三四两句又说："老夫怕趋走，率府且逍遥。"说我年纪已经大了——这个时候杜甫已经44岁了，古人44岁已经算比较老了，不像现在的教授五六十岁了还自称中年学者——还要"趋走"，去向上级折腰，所以情愿在率府当个闲差，比较逍遥自在一些。"趋"是小跑步，就是孔子的儿子孔鲤"趋而过庭"的"趋"字，是下级在上级面前应有的行走姿态，与"束带见之"属于同一类的动作。所以杜甫不愿意那样做。这是杜甫自己的解释，我们当然情愿相信杜甫本人的说法，而不愿意相信后代学者的解释。

这里还有一个问题，就是郭沫若为什么说杜甫不愿意到穷乡僻壤去接近百姓？他脑海里的这个河西县在什么地方？我们还要追问一下，这个河西到底在哪里？是不是远离长安的穷乡僻壤？

恰巧在这个问题上，历代的杜诗注家都没有注，至少是现有的杜诗注本对"河西"都没有注，没有说这个县在什么地方。最早关注河西到底在什么地方的人是闻一多先生。闻一多在他的《少陵先生年谱会笺》里首次追问河西到底在哪里。闻一多说，这个河西确实很遥远，在什么地方呢？在云南，在云南的宗州，宗州相当于现在云南的姚安，就是楚雄彝族自治州的姚安县。这确实离长安太远了，杜甫当然怕路途遥远。闻一多没有说杜甫不愿意到穷乡僻壤去接近百姓，他只说杜甫不愿意到那么远的地方去。可惜闻一多这个说法是完全错误的，在那个时候，宗州确实有一个河西县，它是属于剑南道的。唐代的省叫道，后来宋代的省叫路，元代以后才有"省"这个称呼。但是在天宝年间，准确地说是在天宝十四载，杜甫被任命为河西县县尉的时候，朝廷是不可能派地方官到宗州去的，因为那个地方已经属于南诏。当时云南一带属于南诏，南诏跟唐政府打仗，打了很多年。杜甫写"车辚辚，马萧萧"，"行人"征南，最后全军覆没，就是在那个地方。不光是云南，甚至连四川的一部分、湖南的一部分都被南诏占领了。那时双方正在打仗，朝廷怎么可能派人到那里去做地方官呢？这是让人匪夷所思的，所以杜甫不可能被派到那里去。

那么郭沫若说的穷乡僻壤的河西县又是在什么地方呢？郭沫若把闻一多的结论修正了一下，他说不在云南，在四川的宜宾附近，这里离中原近了一些，但还是相当遥远。问题是：宜宾附近有河西县吗？宜宾附近根本没有什么河西。那么郭沫若为什么说宜宾附近有一个河西县，而且那就是杜甫不愿意去的地方呢？原来郭沫若所说的河西事实上就是闻一多所说的，不过他一看到河西是属于剑南道的，剑南道的首府在宜宾那里，就模模糊糊地说河西县也在宜宾附近。实际上，河西县与宜宾相隔千里之遥，因为剑南道管辖的范围非常辽阔，一直管到云南一带，在南诏臣服于唐朝的时候，那里也属于唐朝管。事实上剑南道只有一个河西县，就是闻一多所说的现在云南姚安的那个河西县，天宝末年朝廷根本不可能派杜甫到那里去，也就不存在什么穷乡僻壤之类的问题。

闻一多说得不对，郭沫若也说得不对，这个河西县到底在什么地方？这就牵涉古代文学研究中的一类知识，叫历史地理。我们知道有历史学科，有地理学科，但还有一门交叉学科叫历史地理。复旦大学的这门学科很强，以前有谭其骧先生，《中国历史地图集》就是他主编的。从历史地理的角度来看，古代的地名、行政区划，不是一个永久不变的东西。在不同的历史阶段，某个地方叫什么地名、所管辖的范围有多大，都是会变化的。这种变化有一个专有名词，就叫"地理沿革"。所以我们要追问一下，在天宝十四载的时候，在什么地方有一个河西县属于唐政府管？我们一追问，结果马上就查出来了，因为就在《新唐书》《旧唐书》的"地理志"里面。《旧唐书》的《地理志一》中记载得非常清楚，天宝十四载在唐朝的疆域内有一个河西县，这个河西县并不像云南姚安那么遥远，它就在现在的陕西省，就在黄河边上，渭水北边，就是今天的合阳县。这个县当时属于同州。这个河西县是什么时候开始设的呢？是武德三年，就是唐高祖李渊统治的时候，也就是620年。这个县一共存在了140年的时间，到唐肃宗乾元三年，也就是760年，改叫夏阳。也就是说，从620年一直到760年的140年中，这个县就叫河西县，杜甫是755年被派到河西去做县尉的，他没有去的河西就是这个河西县。这个河西离长安不到两百里，可算是离长安较近的一个县，现代人看来它简直就是长安的一个郊县。这就是杜甫不愿意去做县尉的这个河西县。这样一来，郭沫若所谓的不愿到穷乡僻壤去接近百姓这句话就不攻自破了。

现在我们弄清楚了，杜甫不愿意去做河西尉，根本不是不愿到穷乡僻壤去接近百姓，也不是像萧涤非先生所说的那样是不愿意"鞭挞黎庶令人悲"，主要是因为"凄凉为折腰"，他不愿意去做地方上的小官，不愿意太委屈自己。做县尉要"束带向乡里小儿"，那样太委屈，他情愿在长安做一个闲官。

杜甫已经得到官职了。那么，为什么他写这首《咏怀五百字》依然自称"布衣"？从表面上看，我们也许可以这样理解，自称"布衣"是因为这个官很小，河西尉是从九品下，兵曹参军是从八品下，都是芝麻绿豆官，跟老百姓也差不了多少，所以自称"布衣"。然而更重要的是，杜甫一生中都有一种非常鲜明的"布衣"意识，他始终认为自己是老百姓中的一员，而不是统治阶级中的一员，即使后来他的官职稍微大了一点，他还是这样认为的。这一点与杜甫一生对朝廷所持的批判态度、与他本人所采取的民间立场关系很大。可以说，杜甫是不无骄傲地自称为"布衣"的。

这首《咏怀五百字》的系年比较准确，就在天宝十四载（755）十一月的上半月。为什么这样讲？因为我们有比较明确的证据，杜甫在这首诗里表示了他对唐帝国即将发生动乱的担忧，如果说他在天宝十一载写的《同诸公登慈恩寺塔》中的这种担忧还比较模糊的话，那么到了这首诗里，这种担忧就非常清晰、非常急迫了，他已经清楚地感受到"山雨欲来风满楼"了。但是"安史之乱"还没有爆发，至少"安史之乱"爆发的消息还没有传开来，大家还不知道。我们看一看《资治通鉴》，看一看《旧唐书》《新唐书》中的记载，我们对"安史之乱"爆发的过程是很清楚的。就在这一年的十一月九日，安禄山在范阳造反了。古代有快马报信，还有烽火台，造反的消息很快就传到长安了，估计是两三天之后吧。但消息刚传来的时候是很秘密的，而且唐玄宗接到这个报告后还不相信，因为唐玄宗深信安禄山不会造反，认为安禄山是忠心耿耿的，所以他认为这是误传。安禄山一起兵，马上大举南下。过了几天，沦陷的地方越来越多，不断地有急报传来，到了十一月十五日那天，朝廷就正式地来讨论如何抵御叛军的问题了。那么杜甫这首诗写于什么时间呢？就是写在安禄山即将造反或者已经造反，但造反的消息还没有传开来的那个时候，所以应该是在十一月上旬。为什么说不是更早呢？因为诗中写到的天气已经非常寒冷了，而且唐玄宗、杨贵妃以及整个朝廷的高官都已经到骊山华清宫去了。根据《资治通鉴》中的记载，那年十月唐玄宗带领文武百官到骊山避寒。所以这首诗应该是写在十一月上旬，当时安禄山造反的消息还没有传开，如果传开了，唐玄宗就不会再待在华清宫了。这就是这首诗的写作背景。

下面我们来逐字逐句地读一下这首诗。读杜甫的诗，我们绝对不能只读"两个黄鹂鸣翠柳，一行白鹭上青天"，我们也不能只读"三吏""三别"，你如果想好好地读一遍杜诗的话，那么请你先读《咏怀五百字》，先读《北征》，再读《秋兴八首》《诸将五首》《咏怀古迹五首》，这些都是必读的杜诗。今天我们先来读这首《咏怀五百字》。

"杜陵有布衣，老大意转拙。""杜陵"是地名，在长安南郊。春秋时期，这里有一个小国叫杜伯国。汉宣帝葬在这里，所以有一个陵墓叫杜陵。汉宣帝的皇后也就是被霍光的夫人派人毒死的那个许皇后葬在杜陵附近，那个陵墓稍微小一点，当时称为少陵，少者小也。一个皇帝的陵，一个皇后的陵，靠得很近。杜甫在这一带有一块薄田，当然肯定不是很多田产，否则的话他在长安就不会那么穷困了。那块薄田是他的祖先遗留下来的，杜甫在诗里写到过，就是《曲江三章章五句》中说的"杜曲幸有桑麻田"。杜甫经常自称为"少陵野老"，又自称为"杜陵布衣"，就是因为他祖先在这里有一点田产，虽然他小时候并没有在这里生活过。这首诗一开头就说自己是杜陵这个地方的一个百姓，如今年纪一把，却更加笨拙了。年纪老大了，照理说应该精明了，经历了很多人事嘛，应该比较有生活经验嘛，但是他为什么人到老大反而更加笨拙了呢？到底是怎样的笨拙呢？

我想，凡是一个人主动地称自己笨、称自己拙、称自己迂，实际上都是带着几分骄傲的。比如，唐代的柳宗元到永州以后，把自己居住的一切地方都命名为"愚"，一座小山丘叫愚丘，一条小溪叫愚溪，都叫"愚"。宋代司马光退居洛阳后，自号"迂叟"。其实，他们的内心很自豪，他们在固守着自己的操守，在坚持着自己的理想。杜甫也是这样，他说"我很笨拙"，怎么个笨拙呢？我固守着自己的信念，固守着自己的操守，绝不随世俗而改变。

下面交代他怎么笨拙："许身一何愚，窃比稷与契。"我对自己人生的期许多么愚蠢啊，居然把自己比作古代著名的大臣稷与契。稷与契是两位古人，《左传·昭公二十九年》："有烈山氏之子曰柱，为稷……"这个稷是舜那个时候的人，是舜的大臣，是周王朝的远祖。这个稷推广农业是非常有功劳的。而契是商王朝的祖先，曾帮助大禹治水，这在《史记·殷本纪》里有记载。他推广文化教育也很有功绩。这两个人都是古代著名的大臣，是辅佐舜、禹那些圣明的君主并成就了一番事业的两个历史人物。

关于这两句诗，我要介绍一位美国人的看法，他就是赫赫有名的宇文所安，即斯蒂芬·欧文，哈佛大学的教授。这个斯蒂芬·欧文对这两句诗有一个解释，他说杜甫在这首诗里表达了一种愿望，杜甫希望自己成为一个伟大家族的始祖。因为稷与契一个是周王室的祖先，另一个是商王室的祖先，子孙都是做皇帝的，建立王朝的，而且是统治时代非常长的王朝。所以斯蒂芬·欧文说杜甫也是这个意思。我觉得这种解释非常荒唐。斯蒂芬·

欧文生活在美国，美国是一个没有封建传统的国家，他对封建时代的情况缺乏了解。在中国古代，在唐代，没有一个人会说我要成为一个伟大家族的始祖，我要开创一个皇族。不可能有这样的话，也不可能有这样的念头。像杜甫这样遵循儒家的道德规范、一心忠君爱国的人，更加不可能有这样的想法。

那么他为什么要"窃比稷与契"呢？虽然稷和契的后代开创了两个王朝，但他们的身份都是大臣，都是贤臣，都是辅佐圣明的君主建功立业的贤臣。所以杜甫不是要做伟大家族的始祖，而是要做杰出的大臣，这里强调的是稷和契的臣子身份。《贞观政要》中记载了魏徵的一句话，魏徵是唐太宗最有名的臣子，他说："君为尧舜，臣为稷契。"魏徵说最理想的政治模式是什么样子的呢？就是君像尧舜一样，臣像稷契一样。《贞观政要》在唐代是每个人都知道的，大家都能读到的。魏徵是唐代非常有名的人物，这两句话是他的名言。所以在杜甫的时代，希望君主像尧舜一样，希望臣子像稷契一样，是人们普遍的政治理想，杜甫也不过是表达这样一种理想而已，根本不可能是希望做伟大家族的开创者。

可惜的是，杜甫的理想虽然高远，但在现实生活中却不可能实现。所以下面说"居然成濩落，白首甘契阔"。"濩落"出于《庄子》，就是大而无当，大而无用。庄子说有一个巨大的葫芦，长得太大了，剖开来做瓢，里面可以放五石酒，这么大的瓢有什么用呢？"濩落无所容"，大而无当。所以杜甫说我这个理想太大了，实际上根本不可能实现，就像巨大的葫芦一样无用。

"契阔"是勤苦、辛苦。"契阔"这个词在古汉语中有多重意义。曹操诗中"契阔谈宴，心念旧恩"，"契阔"是久别的意思。但杜甫在这里是用了《诗经》中的话，《诗经·邶风·击鼓》："死生契阔。"《毛传》说"契阔"是"勤苦"。杜甫是说他直到头发都白了，还心甘情愿地在追求这个理想。

下面两句是"盖棺事则已，此志常觊豁"。古人说"盖棺论定"，人死了以后才论定。我现在一息尚存，还没有死呢，我的这个理想还是不能放弃。"盖棺事则已"是反过来说的，就说我尚未"盖棺"时绝不放弃这个理想。"觊豁"是一个复合词，"觊"是希望、希冀，"豁"是通达，实现愿望。

再下面是"穷年忧黎元，叹息肠内热"。"穷年"就是终年、常年，我一年到头始终都在为百姓而担忧，这使我非常痛苦。所谓"肠内热"，或者叫"内热"，是古人表示内心感情非常激动的状态，好像肚子里有火在烧，这里是说非常痛苦。我的这种理想不为旁人所认可，也不为旁人所理解，所以"取笑同学翁"。这里的"翁"字带有嘲讽之意，因为那些同学都得到了高官厚禄，地位很高了，他们都取笑我、蔑视我：你这么穷困，这么没出息，却还在那里胸怀大志。可是我"浩歌弥激烈"，我自己还是要用诗歌来表达我的这种志向，我的情感更加激烈，我坚决不肯放弃。

下面又转，说"非无江海志，潇洒送日月"。古人常把"江海"跟朝廷的"魏阙"对立起来，在朝廷做官是身在魏阙之上，隐居民间是退居江海之间。这两句是所谓的"十字句"，要连起来读：不是没有江海之志来潇洒地度过日月。我不是没有隐居的志向，我也可以到山林中去自由自在地过日子，可惜的是"生逢尧舜君，不忍便永诀"，我碰到了一个能够有所作为的君主，不忍心与他永别了，不忍心从此就告别政治了。这一句"生逢尧舜君"可以跟前面的"窃比稷与契"对照着读。对照着读就是魏徵所说的"君为尧舜，臣为稷契"，这是唐代人普遍的政治愿望，杜甫也是这样想的。当然，这里把唐玄宗说成"尧舜君"，是美化了那位已经开始昏庸的皇帝。这首诗后面有许多直接针对唐玄宗的讽刺与批判，这里我们要注意到这种矛盾的情况。凡是亲身经历了唐玄宗整个统治时期的诗人，对唐玄宗的态度都非常矛盾。后来到了中唐、晚唐，诗人们就毫不留情地讽刺他、批判他、讥笑他了。亲身经历了他的整个统治时期的诗人为什么是矛盾的呢？因为唐玄宗的一生是一分为二的，在前面的开元年间，他曾创造了"开元盛世"，国家治理得相当好，强大富足。杜甫在晚年的诗歌中，比如《忆昔》，反复回顾他年轻时的安定生活以及百姓的富足，那也是唐玄宗的统治时期。不过唐玄宗到了天宝年间就不行了，所以杜甫觉得这个君主还是可以有所作为的，还是可以把政治搞好的，还是可以成为"尧舜君"的。

下面两句是"当今廊庙具，构厦岂云缺"。现在朝廷上的这些臣子难道不足以建成一座大厦吗？也就是说，当今朝廷上的衮衮诸公中难道没有栋梁之材吗？"具"就是有用的材料。杜甫认为是有的，有很多栋梁之材——当然这多半是反话。但是"葵藿倾太阳，物性固莫夺"，我的本性是不可能改变的，就像"葵藿"一定要朝着太阳一样。这两句诗与上两句之间的逻辑关系是：有人说，朝廷里有才能的人很多，又不是少你一个，要你来凑什么热闹呢？杜甫就表明志向说："葵藿倾太阳，物性固莫夺。"现代的读者可能会说"葵"是向日葵，向日葵是随着太阳转的。不是的，唐朝时中国还没有向日葵，向日葵是后来从外国引进的植物。那么这里这个"葵"是什么？"葵"是冬葵菜，"藿"是豆叶，豆类的叶子叫藿。实际上一切植物的叶子都有趋光性，太阳光在哪边，叶子就向哪边转，因为它要更多地接受光照，要进行光合作用嘛，古人早就观察到了。向日葵不过是最明显地朝着太阳转罢了。此处我可以列出两句话作为佐证。一句是曹植的《求通亲表》："若葵藿之倾叶，太阳虽不为之回光，然终向之者，诚也。"这是曹植写给曹丕的一个表，表明他自己忠于朝廷、忠于皇帝，就像葵藿的叶子那样始终朝着太阳转。另一句是唐太宗的诗句："藿叶随光转，葵心逐照倾。"可见，用"葵藿"始终朝着太阳比喻忠心是古人常用的说法，杜甫也是这样比喻的，他说忠于朝廷、忠于皇帝是他的本性，本性是不能改变的。"夺"是强行改变的意思。李密在《陈情表》中说他4岁的时候，他的母亲就被迫改嫁了："行年四岁，舅夺母志。"我的舅舅强迫我的母亲改嫁了，"夺"就是这个意思。"物性固莫夺"就是外在的强力没法使我改变本性，我始终是忠于朝廷、忠于皇帝的。

下面又转："顾惟蝼蚁辈，但自求其穴。"这里"顾惟"两个字是一个词组，我要稍微讲一下这是什么意思，因为这两个字的意思影响到我们对这句话的理解。王嗣奭的《杜臆》说"顾惟蝼蚁辈"是"骂庸臣刺骨",这句话不是杜甫在说自己,而是骂那些庸臣,骂朝廷里的那些臣子。杨伦在《杜诗镜铨》中也说这句是"指琐琐事干谒者",指那些在跑官、要官的人,他们是蝼蚁。这是一种解释,认为是讽刺、批评别人的。还有一种解释,说这句话是杜甫说自己。一个是仇兆鳌,仇兆鳌说:"顾,念也。"另一个是浦起龙,浦起龙说这句话是"揣分引退之词",认为这句话是杜甫对自己的描写,觉得自己应该安分守己,不要追求远大的理想。现代学者对此也有两种解释:山东大学中文系的《杜甫诗选》说是"自念",说"顾惟蝼蚁辈"这句话是说杜甫自己的,这跟仇兆鳌和浦起龙的解释一样;北大的陈贻焮先生在《杜甫评传》中采用第一种说法,也就是王嗣奭与杨伦的说法,认为"蝼蚁辈"是指别人,是在骂别人。

那么这两种说法到底哪一种比较准确呢?如果只从这首诗来看,两种说法都可以讲通。但我们有一个原则,就是以杜解杜、以杜证杜,我们要看这个"顾惟"在杜诗的其他篇章中的意思是什么。《寄题江外草堂》是杜甫到了成都以后写的诗,诗中有这样两句:"顾惟鲁钝姿,岂识悔吝先。"这一个"顾惟"肯定是在说他自己,他说自己是一个非常愚笨的人,所以事先不能认识到事情的变化。我们再来举一个旁证,中唐诗人白居易有一首诗叫《贺雨》,其中也用了"顾惟":"顾惟眇眇德,遽有巍巍功。"说天久不下雨,我去求雨,居然就下雨了,我很高兴。但这不是因为我有功德所以感动了上天,而是本来就要下雨了。

"顾惟眇眇德"是谦虚，是说自己的。有了这样的两个旁证，我们应该把"顾惟"这个词解释成是杜甫在说自己，"顾惟"就是内省，我回头来想想自己，看看自己到底怎样。所以这句话应该采取"仇注""浦注"的解释，而不采取王嗣奭、杨伦与陈贻焮的解释。那么放在上下文中，"顾惟蝼蚁辈，但自求其穴"是什么意思呢？就是说我本来是一个微不足道的人物，是一个蝼蚁，一个小虫子，只要有一个洞穴藏在里面管好自己就行了，本来不应该有什么远大的理想。"胡为慕大鲸，辄拟偃溟渤。"为什么要羡慕鲸鱼呢？为什么要到大海中去"偃息"呢？"偃息"是休息，出没。我又不是什么杰出的人物，我本来是一个普通的人，管好自己的生活就行了，为什么要有这么远大的理想？这里又是反过来说自己，内省自己。当然，这是说反话。

下面是"以兹悟生理，独耻事干谒"。我从这些事情中悟到了人生的道理，觉得求官之类的事情非常可耻。当然，杜甫实际上还是去做了，只是做的时候内心觉得很痛苦，本来不想这样做的。"兀兀遂至今，忍为尘埃没"，一直辛苦到现在，终于要淹没在尘土中了。"兀兀"是劳苦的意思。"终愧巢与由，未能易其节"，想到古代那些高士，像巢父、许由，别人把皇位让给他们，他们都不愿意接受，一定要隐居，追求一种高尚的志向，面对他们我觉得很惭愧，但是我不能改变自己的志向。因为我自己一心想做稷、契那样的臣子，想到君尧舜，想为朝廷出力。"沉饮聊自遣，放歌破愁绝"，因为非常痛苦，所以经常喝喝酒。为什么喝酒呢？无非是自己消遣一下，消解心中的愁闷而已。"放歌破愁绝",我写诗也是这样子,像喝酒一样,也是为了消解心中的愁闷。

到这里为止,一共32句,是这首诗的第一段。这是浦起龙的分法。仇兆鳌的分法非常琐碎,"仇注"把这一首诗分为十段,分得太细。浦起龙分三大段,这是第一段,下面第二段有38句,最后一段有30句。第一段完全符合标题中的"咏怀"二字,是在"自京赴奉先县"这个过程中的"咏怀"。那么这个咏怀有什么特点呢?我想这可能是大家不太喜欢的一段,这一段读起来有一点佶屈聱牙,特别是读到前面这些句子,有些字也许不大会念,有的词也许不知道什么意思,读起来好像不那么顺口。除了文字以外,这一段中的思绪也是千回百折,不停地在转折,一会儿这样说,一会儿那样说;一会儿从正面表达我的志向是什么,一会儿又反过来说我本来不该这样,反反复复地变化、转折。这种抒情方式就其本质而言是与屈原的《离骚》一样的。大家读《离骚》的时候肯定有这样的感觉,屈原升天入地,到处寻觅。他乘着龙周游四方,乘着凤凰求仙,一会儿碰到重华,一会儿又碰到尧之女,但是最后又关心他的故国,俯瞰着楚国的郢城,"仆夫悲余马怀兮",我的仆人、我的马都觉得悲伤了,一定要回到楚国去。四方上下地求觅一番之后,最后仍要回到家乡去。这就是反复回旋的一种抒情方式。但这段杜诗的表现方式与《离骚》不一样。《离骚》完全是一种浪漫的写法,是一种想象,大量的神话传说穿插其中;而杜诗完全是根据现实来写的,每一个字都落到现实中,一点幻想的色彩都没有,一点神话色彩都没有。但就感情的千回百折、描写情思的委曲周全这一点来说，杜诗与《离骚》是完全一样的。所以说，学习古代的大作家，学习古代的名篇，要继承其精神——关键在于精神，而不在于形式。正因为这样，这首诗才会给读者一种荡气回肠的感受。我们读这首诗的时候，觉得杜甫的情思真是太复杂了，正像古人形容的，是愁肠百折啊。

以上我们读完了第一段。从"岁暮百草零"开始是第二段，写杜甫这次旅行的经过。第二段实际上就写一件事，写杜甫从长安出发到奉先去，路经骊山的过程，主要是他在骊山脚下的一些见闻。"岁暮百草零，疾风高冈裂"，这是交代季节。冬天到了，天气很寒冷，草木都凋枯了，大风吹得山冈都裂开了。"天衢阴峥嵘，客子中夜发"，"天衢"有两解：一是指天空，古人认为天空是四通八达的，像道路一样，所以叫"天衢"；二是指天街，京城的街道，也代指京城。这里还是指天空较好一些，因为"峥嵘"在杜诗中一般描写的是云层堆积的状态，云很多，重重叠叠的。在这样的情境下，杜甫半夜就出发赶路了。古人行路总是比较早，因为古代交通工具比较落后，为了多赶路，一早就得走。杜甫从长安到奉先去，路上赶得紧的话大概正好是一整天，所以他必须半夜就动身，才能在天黑以前赶到。

下面两句形容气候严寒："霜严衣带断，指直不得结。"衣带本来是不会冻断的——物理学家可能会说，到零下一百多摄氏度，布会变硬变脆，也会断掉，但杜甫上路的时候天没有这么冷，他是用极度夸张的手法，说天非常冷，衣带都冻硬了，断掉了。衣带断了本该把它重新接起来的，可惜双手又冻僵了，手指弯不过来，没法打结。读到这里，我们会联想到孟郊的一首诗《答友人赠炭》，孟郊说天气很冷，没有炭火，冻得缩成一团。友人送给他一点炭，他烤火以后，"暖得曲身成直身"，身体都舒展开来了。孟郊是用"直身"来形容暖和，杜甫这里正好相反，"指直不得结"，手指都冻僵了，冻得直直的。所以诗歌是没有一定的写法的，同样一个"直"字，你既可以说冷，也可以说暖。

下面两句"凌晨过骊山，御榻在嵽嵲"。"嵽嵲"是高峻之山。这里稍微介绍一下骊山，骊山离长安有50里。杜甫从半夜走，骑着马，天亮的时候可以赶到骊山。在唐代，尤其是在唐玄宗的时候，整座骊山就是一座宫殿，宫墙把整个骊山都包围起来了，因为骊山有温泉，有著名的华清池，是著名的避寒之地。每年十月，唐玄宗带着杨贵妃姐妹去那里，也带着所有的大臣，把整个朝廷的办公机构一起搬到骊山去。这样的一个地方，杜甫从山脚下走过，当然不可能进宫墙，因为有卫兵嘛。他只能描写他经过骊山脚下所见的一些情况，以及他听到宫墙里面隐隐约约传来的各种声响。

"蚩尤塞寒空，蹴蹋崖谷滑。"蚩尤是古代神话中的人物，他能作雾，《山海经·大荒西经》上说，蚩尤跟黄帝打仗，打不过对方就"作雾"，就是放烟幕弹，让黄帝看不见他，趁机逃走。所以这里"蚩尤"是用来代指雾。这里我介绍一下钱谦益的注，《钱注杜诗》注这一句，引了很多古书，引了《羽猎赋》，引了《皇览》，他说这个"蚩尤"是"喻兵象"，指的是蚩尤旗。《羽猎赋》跟《皇览》中写到"蚩尤旗"，是红颜色的一团气，像旗子一样地冒出来，蚩尤旗出现就表示要有战争了。我认为他是求之过深，我们解古诗的时候，不能求之过深，求之过深就穿凿了。况且"蚩尤"与"蚩尤旗"毕竟不同，后者多一个"旗"字嘛。其实这时"安史"叛乱的消息还没传开来，所以杜甫并不是说要打仗了，而是说天气阴沉，浓雾弥漫，"蚩尤"就是指雾。古人经常有这种修辞手法，曹操把酒称为"杜康"："何以解忧，唯有杜康。"你即使是吃了杜康这个人，又怎么会解忧呢？杜康发明了酒，曹操就用"杜康"来代指酒，所以"蚩尤"也可以代指雾。空中有浓雾，所以岩石上面的潮气很重，岩石很滑，杜甫就一脚高一脚低地走，"蹎蹎"就是一脚高一脚低地走，不是正常地迈步，这个词很生动。

下面就想象骊山上的情况："瑶池气郁律，羽林相摩戛。"他想象那里的温泉水汽蒸腾，而高处隐隐约约地传来羽林军中军士与军士之间接触所发出来的声音。"郁律"是水汽蒸腾的样子，见于郭璞的《江赋》。"摩"是指衣服互相接触、身体互相接触时发出的很细的声音，"戛"是硬物摩擦发出的较响的声音，是兵器撞击的声音。这说明围墙里面密密麻麻地站着羽林军，警卫森严，以致兵士之间互相碰撞。这里还要特别解释一下"瑶池"。大家如果到骊山去看华清宫和华清池的话，可以看到有两三个温泉浴池的旧址。但是在唐玄宗时期，华清池里所修的温泉浴池起码有20个，这在唐代的文献中有明确的记载，大家感兴趣的话可以去读晚唐诗人郑嵎的一首诗——《津阳门诗》。那是一首非常长的七言古风，诗里有详细的注解，是作者自己作注的。他把骊山华清宫的构造、宫里面有多少温泉浴池写得清清楚楚，他说给大臣用的高级浴池就有16个。因为有这样好的物质条件，所以"君臣留欢娱"，皇帝和臣子都在这里寻欢作乐。"乐动殷胶葛"，宫里奏乐的声音非常嘹亮，震动了整个天空，老远就能听到。声音震动叫"殷"，"胶葛"是旷远无边的样子。这几个词都是从司马相如的《上林赋》中借用的。司马相如《上林赋》里有"殷天动地"，这个"殷"就是震；有"张乐于胶葛之宇"，就是演奏音乐，整个广漠的空间都能听到乐声。读到这里，读到司马相如啊、郭璞啊，我们就能体会到宋人说的一句话"杜诗无一字无来处"。的确，杜诗里的很多字、很多词是从古人的经典作品中来的，都是从被选入《昭明文选》的那些作品中来的，都是有来历的。

再往下看："赐浴皆长缨，与宴非短褐。"这两句诗互文见义，它并不是说"长缨"只被"赐浴"，而是说"赐浴"的和"与宴"的都是"长缨"，而这些活动都跟"短褐"没有关系，这是互文，需要把两句联系起来读。这里的"短褐"不是指一般的老百姓了，褐是粗布衣，这里指贫贱的读书人。《老子》里有句话叫"被褐怀玉"，身上穿着粗布衣服，但内心具有美好的才德。虽然杜甫不一定就是用这句话，但隐隐约约有这个意思在里面，就是许多怀抱着才德的贫寒之士都不能去参加宴会，也不可能去洗温泉浴；反过来说，那些"长缨"实际上都是些金玉其外、败絮其中的人物，是"被褐怀玉"者的对立面。

下面继续说华清宫里面的情况："彤庭所分帛，本自寒女出。鞭挞其夫家，聚敛贡城阙。"皇帝赏赐给大臣很多的财物，这里为什么要用"帛"来代指财物呢？一方面是为了与下文呼应，说这些财帛、这些丝织品都是贫苦的女子一丝一缕织出来的，现在却被皇帝毫无节制地胡乱赏给大臣。这些寒女织出来的丝织品怎么会到朝廷里的呢？是朝廷派人鞭打了她们家的男人，把那些帛抢夺来，积聚到朝廷里，供皇帝和大臣们享用的。这里我们要注意"聚敛"这个词，"聚敛"表面上看好像是个中性词，把财物搜集到一起就叫"聚敛"，但这个词从很早起，至少在儒家经典里，是一个贬义词，《礼记·大学》中所引的孔子的话："与其有聚敛之臣，宁有盗臣。"与其有一个聚敛的臣子，不如有一个做小偷的臣子好，因为小偷只是偷偷摸摸的，比如说贪污，他只能偷偷摸摸地去贪污，他也知道这个事是不对的，不能公开行动。而"聚敛"是明火执仗地、合法地抢夺百姓的财物。"盗"指小偷。所以在孔子的眼中，"聚敛"是最不好的，聚敛之臣、聚敛的朝廷是最不好的，是最不能容忍的。杜甫毫不客气地用了"聚敛"两个字，对朝廷对贫苦百姓敲骨吸髓的剥削进行了尖锐的讽刺。

另一方面，这里用"帛"字是切合当时的社会实际的。杜甫写此诗的时候，唐代的赋税制度还是所谓的租庸调制，这种制度要到"安史之乱"以后才改为两税制，这个时候还没有改。在这种赋税制度下，百姓除了缴粮食以外，还必须向朝廷缴纺织品，甚至连这个"调"——"调"本来是指徭役，百姓必须为国家服徭役——也可以用纺织品来替代。如果你不想服徭役的话，可以交一定数量的丝织品来替代，这个有非常具体的规定，在《唐六典》中记载得一清二楚。所以杜甫所说的帛就是当时的财物，是当时朝廷收来的赋税，唐玄宗毫不吝惜地把它赏给大臣。《资治通鉴》卷二百七十六对那个时期唐政府的财政情况说得很清楚。杨国忠之所以得宠，独揽大权，除了他是杨贵妃的堂兄以外，还有一个原因，就是他确实有才能，他的才能就是聚敛，他搜刮财物特别厉害。杨国忠当了丞相以后，他搜刮、聚敛来的财物比以前任何时候都多。唐玄宗去参观国库，高兴得不得了，这么多的财物用不掉了，就拼命地滥赏给大臣。所以，杜甫的每句诗都是有针对性的，不是随便说的。

再往下面，杜甫就发议论了："圣人筐篚恩，实欲邦国活。""圣人"指皇帝，说皇帝赏赐给大臣财物，本来是希望他们把国家治理好，"活"就是有生气，兴旺发达。"筐篚"出于《诗经·小雅·鹿鸣》的小序，专指皇帝给大臣赏赐财物所用的筐，这种细小的地方也可看出杜诗用字的精工。下面又说："臣如忽至理，君岂弃此物。"如果大臣们疏忽了这种至高无上的道理，皇帝为什么要把这些财物白白地赏赐给他们呢？这个道理是什么呢？就是皇帝赏赐财物给大臣是希望他们治理好国家，高薪养廉嘛，希望他们好好地执政。杜甫当然是在讽刺，实际上当时的大臣都是"忽至理"的，皇帝就是白白地"弃此物"，根本没有达到"邦国活"的目的。所以下面又说："多士盈朝廷，仁者宜战栗。"朝廷里有这么多有才能的达官，假如他们中间还有仁义之人的话，他们的内心应该非常惭愧，以致浑身颤抖。可惜那些大臣根本没有颤抖，他们正在骊山兴高采烈地享受温泉呢。

杜甫接着把矛头转向外族："况闻内金盘，尽在卫霍室。"杜甫故意这么说：听说大内的黄金器皿都赏给了外族。"闻"就是听说，"卫霍"指卫青、霍去病，汉代最有名的两个外族。这里是说黄金器皿都赏给了杨家杨氏姐妹和杨国忠他们。"中堂舞神仙，烟雾蒙玉质。"他们这些人正在干什么呢？堂中神仙一样的美女正在那里翩翩起舞。"舞"字有异文，有的本子里作"有无"的"有"，"中堂有神仙"。我们为什么取"舞"不取"有"呢？意思都讲得通，但是"舞"更好。在一句诗中间，假如某个字表达的只是一个很平常的意思，比如这里作"有"，只是表示一种状态——存在，那么这个字就用得不够好；而改成"舞"，是一种动作，就表达得更加具体、生动，那么这一种文本也就更好。

这里我介绍宋代诗话讨论过的两句诗做一个对照。南宋的曾几写过这样两句诗："白玉堂中曾草诏，水晶宫里近题诗。"这首诗是赠给汪藻的，汪藻是朝廷里以写公文著称的大手笔，北宋灭亡后到江南的湖州做官。"白玉堂中曾草诏"，曾在白玉堂也就是翰林院中起草诏书；"水晶宫里近题诗"，现在到江南水乡写诗来了，而江南水乡就像水晶宫一样。这两句诗写得很好，曾几还把这两句诗给韩驹看。韩驹是江西诗派的诗人，是黄庭坚的亲戚。韩驹看了以后说，诗写得很好，但两句诗都可以改一个字，改成："白玉堂深曾草诏，水晶宫冷近题诗。"曾几非常佩服，认为韩驹改得好，点铁成金了，于是称韩驹为"一字师"。那么改了以后好在哪里呢？原来的"中"字也好，"里"字也好，都是一种抽象的状态，不生动、不具体，而且两个字是同一个意思；而改为"深"字、"冷"字以后，就具体了、生动了。再说，都是两个字嘛，"中"与"里"放在句中有点浪费，没有起到很好的作用，改成"深"和"冷"后，意象就丰富多了。

杜诗也是如此，如果说"中堂有神仙"，就很一般，变成"舞神仙"，就非常生动、非常具体了。所以我们情愿取"舞"字，而不取异文"有"字。"烟雾蒙玉质"，这一句有两解，有人说是水汽蒸腾，所以叫"烟雾"；还有一种说法，"烟雾"就是非常轻、非常薄的丝织品，这些美女都穿着这样的丝绸衣服跳舞，给人如烟似雾的感觉。"玉质"是指像白玉一样细腻而美丽的肌肤。

下面两句是"暖客貂鼠裘，悲管逐清瑟"。给客人穿上非常轻柔的貂皮衣服，然后管乐器和弦乐器同时演奏十分嘹亮的音乐。这个"悲"字在古代用来形容音乐的时候一般是指嘹亮。古人听音乐以悲为美，东汉以来就这样说。"管"是管乐器，"瑟"是代指弦乐器。继而"劝客驼蹄羹，霜橙压香橘"。劝客人吃最好的菜，享用珍贵的水果。"驼蹄羹"是古代传说中的"八珍"之一。古代有八样最珍贵的菜，其中有一种就是用骆驼蹄子炖的肉汤。"霜橙"就是橙子非常新鲜，表皮上有一层薄薄的细小的水珠，像霜一样。橘也好，橙也好，都是江南出产的水果，但在严冬的长安居然也能吃到，可见这是非常珍贵的。

杜甫对骊山上君臣的享乐生活的描写推到极致以后，就推出了惊心动魄的警句："朱门酒肉臭，路有冻死骨。"关于这两句，我要稍微多讲几句。首先来看一看这个"臭"字，我看到不止一个人写文章说这个字应该读xiù，因为古代的"臭"字兼有"嗅"的意义，他们认为这句诗是说酒肉有香气飘出来，不应读chòu。我觉得没有必要拐弯抹角地把这个"臭"字读作xiù，就从它的本意来解释不是更好吗？皇宫里物质太丰富了，有驼蹄羹，有霜橙、香橘，寻常的酒肉根本吃不了，于是就变质、腐烂了。而且杜诗中本来就有这种写法的，杜甫晚年写的一首《有感》，有一句写皇家的粮食很多，说是"日闻红粟腐"，就是太仓里的粮食堆得太多了，陈陈相因，已经腐烂了。杜甫是有这种写法的，我们没有必要曲解这个"臭"字，一定要把它读作xiù。

"朱门酒肉臭，路有冻死骨"这两句话，一句极其扬，一句极其抑，先扬后抑，落差非常大。总的来说，这一段38句，除了前面少数句子描写寒冷的天气外，其他部分都是描写华清宫里君臣各种各样的享乐情况，杜甫把享乐的程度越推越高，推到极端，然后一下子跌落下来，说"路有冻死骨"。这就使我们联想到一种描写的手段，就是韩愈在《听颖师弹琴》中写到的："跻攀分寸不可上，失势一落千丈强。"就是琴的声调越升越高，升到无以复加的最高点以后，突然一落千丈，跌入最低点。在音乐中，这样的变化可能产生非常好的美学效果。诗歌也是一样，杜甫在这里的描写实际上跟韩愈对琴声的描写是出于同一种艺术构思，先把它扬到极点，然后一下子抑到极点，这在文气上就是沉郁顿挫。什么叫顿挫？这就是顿挫。

此外，我们还要注意一点，就是这两句诗是整个第二大段的结尾，虽然后面还有两句"荣枯咫尺异，惆怅难再述"——咫尺之间，墙里是荣，墙外是枯，杜甫觉得心里非常痛苦，再也无话可说了，但总的来说，"朱门酒肉臭，路有冻死骨"是在这一大段的最后，是在诗意将要转折的关键地方出现的。我们来看一看它是怎么转折的。杨伦在《杜诗镜铨》评这两句说："拍到路上无痕。"就是前面说的都是华清宫里享乐的情况，非常热闹，非常富贵，下面突然说"路有冻死骨"，转而写路上穷苦人冻死后的尸体，因为下面一节杜甫要写途中的情景了，诗意自然要转到路上去。这两句诗就起到了这样的转折作用。

为了使大家更深刻地理解这种转折手法的巧妙，我举一个旁证的例子，就是《红楼梦》。《红楼梦》第七十八回写到贾宝玉写诗，回目叫《老学士闲征姽婳词》。有一天，贾政把贾宝玉、贾兰、贾环三个人都召去，叫他们写诗。写什么诗呢？咏姽婳将军。当时有一个女子叫林四娘，十分美貌，为衡王所宠爱，被封为姽婳将军。后来衡王战死了，林四娘为衡王复仇，也死于战场。大家还记得吧，贾兰写了一首七言绝句，最早交卷，众门客称赞一番。贾政当然一概予以贬斥了，说很幼稚啊什么的。然后贾环也写好了，写了一首五言律诗。宝玉却迟迟没有动笔，还说这样的题材要写一首七言的长歌才行。贾政就说那你来口述，我帮你记。贾政就拿着笔来记，贾宝玉就口授。贾政对于宝玉，一天到晚只有训斥，从来没有表扬过，教育方法不对头啊，无论宝玉做什么事，贾政总是要贬低他，骂他"该死的畜生"。写了一大段，贾政就觉得不对头了，因为宝玉已经用了很多句子描写林四娘多么美，身上的服饰有多华丽。但他又吟了一句："丁香结子芙蓉绦。"贾政就发表评论说：你前面已经写够了这层意思，怎么还要写身上的服饰？宝玉就说：我下面一下子把它转过来，转到武事上面就可以了。贾政就冷笑说：你有多大本领，你已经写了一句大开门的散话，"丁香结子芙蓉绦"，就是身上系着很美丽的衣带，你怎么能一句话就转到武事上去呢？结果贾宝玉就说了下一句："不系明珠系宝刀。"这根美丽的衣带上不是系着明珠，一般的美女都系着明珠，但是林四娘的衣带上系着一把宝刀，说明她是一位好武的美女。这样，宝玉用一句话就把诗意转过来了。门客们当然大肆吹捧一番，连贾政也笑了，没有再骂"小畜生"。这说明贾政也认可这句话转折得好。这就是所谓的大开大合，上面一句还是属于前一层意思的，写得非常饱满，下面一句一笔兜转，一下子转到另外一层意思上去。这是一种大本领，很难做到的。当然，贾宝玉的诗不能跟杜诗比，不过方式是相似的。"朱门酒肉臭，路有冻死骨"这两句，在章法上很自然地起了急转弯的转折作用。所以我觉得古人读书真是读得仔细。杨伦读到这里，就说这两句是"拍到路上无痕"，下面就自然而然地转折到途中所见了，不再写华清宫了。真是转得巧妙！

下面我们来读第三段，一共有30句，写杜甫离开骊山继续向奉先进发，以及到家后的情况。前面几句是写渡过渭水的艰难。"北辕就泾渭，官渡又改辙。"他经过的渡口正是泾水与渭水的合流之处，稍往下游一点，那里当时建有三座桥，即中渭桥、东渭桥、西渭桥，都是便桥。为什么是便桥呢？因为经常发洪水，一发洪水桥就被冲坏了，所以只能架便桥。杜甫经过的也是一座便桥。既然是便桥，洪水一到就冲走了，重建时常常会改址，杜甫走到这里，发现桥又不在原来的地方了，所以说"官渡又改辙"，重新寻找一番，才找到这座桥。"群水从西下，极目高崒兀。疑是崆峒来，恐触天柱折。"第一句中的"水"字有异文，有的本子作"冰"。施鸿保也注意到有异文，他在《读杜诗说》中指出此处应为"冰"。他说："今按诗意，明当作冰。"为什么呢？他说："若是水，既不得言高崒兀，水亦不得言触也。"水碰到天柱不能说"触"，他认为坚硬的东西互相碰撞才能说"触"，而且水也不能说"高"，冰堆在一起才会"高"。他认为这是指冰块从上游流下来。但我觉得"水"字较好，为什么呢？第一，所谓的水"不得言触"，这是没有根据的，水是可以"言触"的。我举一个例子，李白的《公无渡河》明确地说："黄河西来决昆仑，咆哮万里触龙门。"水可以用"触"，谁说只有坚硬的东西才能用"触"呢？这个理由是不存在的。第二，从气象学上来说，十一月的时候，寒冬腊月，天气严寒，这个时候不会有凌汛，冰块从河里流下来就叫凌汛，凌汛会出现在春天，严寒季节快要过去了，天气开始转暖，冰开始融化，这个时候才会有冰块从河里流下来，而且确实会堆积起来。但是十一月的时候不会有凌汛，这个时候冰才冻结起来，怎么会流下来呢？季节不符合嘛。而且说河水"高崒兀"，也是完全可能的，上游和下游之间如果地势的落差很大，你站在下游的水边眺望上游，河水就是高的，所以王之涣说"黄河远上白云间"。有人说，黄河怎么会"远上白云间"呢？非要给它改成"黄沙远上白云间"。实际上王之涣写的就是"黄河"，"远上白云间"是他眺望黄河上游得到的真实印象。所以这里还是作"群水"好，我们不取"群冰"。

滔滔的洪水从上游冲下来，杜甫认为这水是从崆峒山流过来的，恐怕它会把天柱冲断。"恐触天柱折"这句话还有另一层意思。古代传说，不周之山是撑着天穹的天柱，共工争天下失败了，愤怒地用头撞不周之山，把天的柱子撞断了，天就塌下来了。所以，这句话含有一层意思，就是天下将要大乱，当然，诗中没有说得非常明确，是若隐若现的预感。

下面又说虽然水很大，但是便桥还在："河梁幸未坼，枝撑声窸窣。"桥还没有断，但木头架的桥不牢固，人走上去也不稳，发出咿咿呀呀的声音。"行旅相攀援，川广不可越。"因为这座桥很危险，行人只好互相搀扶着走过桥去；而此时的渭水很宽，难以渡过。"行旅"也作"行李"，两种文本都可以，《左传》中的"行李"主要是指外交官，但后来普通的行人也叫"行李"。《胡笳十八拍》中说"追思往日兮行李难"，"行李"就是指普通的行人。为什么说"川广"呢？北方的河都是这样的，枯水期河道只剩一点点水，丰水期河道就宽得不得了。渭水也是这样，这个时候变得很宽。

杜甫终于渡过河了，终于到家了。当他还没到家的时候，就开始思念他的家人："老妻寄异县，十口隔风雪。"异县就是另外一个县，就是奉先县，诗人的妻子、儿女寄居在那里，而诗人在长安。"谁能久不顾？庶往共饥渴。""庶"就是希望，杜甫希望与全家人一起过饥渴的日子。这里注意杜诗的一种写法，杜甫不是说要去跟他们一起过幸福的日子，一起过温饱的生活，他是要到那里去跟他们一起过苦日子。但是连苦日子也不能让全家一起过，可见生活的痛苦到了何种程度！这种写法在杜诗中并不是偶然出现的，在《前出塞》之四里有这样两句："哀哉两决绝，不复同苦辛。"一个人要上战场去了，他在途中想：我说不定就要战死在战场上了，从此要跟家人永诀了，连苦辛的生活都不能跟父母在一起过了。这是更进一层的描写法。

可惜的是，诗人连这个"庶往共饥渴"的希望居然也没能得到满足。下面两句是："入门闻号咷，幼子饿已卒。"进门就听到痛哭声，原来他最小的儿子已经饿死了。这个"饿"字也有异文，有的本子作"饥"，"幼子饥已卒"。"饥已卒"与"饿已卒"，按照现代汉语来理解，两者的意思是一样的，这两个异文没有高下之分，取"饥"可以，取"饿"也可以。但如果从古汉语的角度来看，应该作"饿"为好，因为在古人看来，"饥"跟"饿"虽然都指"饥饿"，但"饥"是一般的饥饿，而"饿"是程度非常严重的饥饿，这在古人那里是不一样的。《淮南子》里有这样的话："宁一月饥，毋一旬饿。"宁愿一月都"饥"，但不愿有十天的"饿"，要是"饿"的话，十天也许就死掉了，而"饥"只是半饥不饱，一个月还可以忍受。所以"饿"是比"饥"更进一步的饥饿。这两个字的关系有一点像"疾"跟"病"，"疾"是一般的病，"病"是重病。《论语》里有一句话叫"子疾病"，现在我们一般标点成"子疾病"，就是孔子生病了。实际上正确的标点是："子疾，病。"孔子生病了，进而病得很重，这是从一般的病到病重的一个过程。所以，这句杜诗的异文应该取"饿"，这个文本更好。

下面杜甫又说："吾宁舍一哀，里巷亦呜咽。"我怎么能够不悲痛呢？连邻居都在那里哭泣，我作为父亲更加不能"舍一哀"了。这里为什么要说"舍一哀"呢？俞平伯写过关于《咏怀五百字》的文章，他的解释非常好。他说，根据唐代的礼数和风俗，如果非常幼小的孩子夭折了，礼节上是不哭的。因为孩子太小了，他刚刚出生就死了，没有必要为他悲伤，不需要哭。杜甫是针对这个礼数来说的，是说尽管儿子很小就死了，他还是很悲痛。"所愧为人父，无食致夭折。"非常惭愧的是，我身为父亲，竟然没有饭给儿子吃，让儿子夭折了。"岂知秋禾登，贫窭有仓卒。""秋禾登"的"禾"也有异文，有一本作"未"，"秋未登"，就是还没有秋收，所以"贫窭有仓卒"。但是我觉得"秋禾登"更好，第一是实际情况已经十一月了嘛，农历十一月庄稼早就收割了，秋收已经结束了；第二，杜甫的本意应该是这样的，"秋禾登"后本来不应该有这种事情发生了，庄稼已经收起来了，不应该饿死人了，可是恰恰在这个时候还是发生了意外。"仓卒"就是意外。由此可见，时世是多么的艰难！

下面是诗人的自我反省，虽然我家里发生了这样不幸的事情，但是仔细地想想，自己还是"生常免租税，名不隶征伐"的人。唐代规定，凡是家中有先人，如祖父啊、父亲啊，做过较高品级的官，下一代就会受到荫护：可以不缴税，可以不当兵。杜甫不是受他父亲的荫护，他父亲杜闲官太小了，他是受他祖父的荫护。他的祖父杜审言在武则天时代做过膳部郎中，官比较大。受祖父杜审言的荫护，杜甫从小就不需要缴租税，也不需要当兵，所以他说：我还是享受着一点特权，我还不是一个普通的老百姓。"抚迹犹酸辛，平人固骚屑。"我这样的人都很痛苦，那么平民百姓怎么办呢？"平人"就是平民，唐朝避李世民的讳，李世民的名字有一个"民"字嘛，所以唐朝人写诗文时碰到"民"字一律要改成"人"字。"骚屑"就是动荡不安，见于《楚辞》，汉人刘向的《九叹》中有"风骚屑以摇木兮"，风吹得树枝动荡不安。这里是说平民百姓更加动荡不安。"默思失业徒，因念远戍卒。""失业徒"不是我们现在的下岗工人哦，现在的人丢掉工作就叫"失业徒"，唐代没有这种情况。唐朝的"业"是指产业、家业。唐代初期分给百姓的地叫"永业田"，就是不准买卖的地，是永久性的产业，可是这时候贫苦的百姓把自己的田都卖掉了，没有土地可耕种了。这些人就叫"失业徒"。诗人想起那些失去土地的农民，又想起那些镇守边疆的兵士，他们的痛苦又当如何呢？就在这种情况之下，杜甫说："忧端齐终南，澒洞不可掇。"我的忧愁一层层地积压在那里，堆积得像终南山一样高。"澒洞"是广漠无边的意思，这么广漠无边的忧愁不可收拾啊！"掇"是收拾的意思。写到这里，全诗就戛然而止，因为诗人再也说不出别的话来了。

我们把这首诗逐字逐句地读了一遍，下面我们简单分析一下前人的评价。首先看仇兆鳌引的一句话，"仇注"引陈岩肖的《庚溪诗话》。这里仇兆鳌把出处搞错了，所以我们读注本时，也不能完全相信那些注家。这一段话不是陈岩肖的《庚溪诗话》说的，是另外一个南宋人黄彻在其《碧溪诗话》中说的。这两个书名比较接近，一个是《碧溪诗话》，一个是《庚溪诗话》，只差一个字，仇兆鳌把它们张冠李戴了。在现存的黄彻的《碧溪诗话》里还能找到这句话。黄彻说，这首《咏怀五百字》"乃声律中老杜心迹论一篇也"。这话是什么意思呢？就是说这是一篇用诗歌的形式写成的内心独白。"心迹论"就是一个人的心路历程的记录。诗人把内心的情志、感受、思绪都表达出来，向人倾诉，而且是用诗歌的形式来写的，文字形式上是讲究声律的。

下面一个评语是明末清初的卢世㴶说的，卢世㴶是把《咏怀五百字》跟《北征》放在一起评价的，他说这两首诗"肝肠如火，涕泪横流。读此而不感动者，其人必不忠"。卢世㴶是在封建社会说这个话的，他说读这样的诗都不感动的人，一定是不忠的人。就是说这个人没有同情心，没有正义感，所以读这样的诗都无动于衷。"其人必不忠"这样的话，今天我们可以不说它了，但我觉得，读《北征》《咏怀五百字》一类的杜诗，如果丝毫不感动，那么这个人一定是没有同情心的，一定是缺乏正义感的。这样的人，我肯定不愿意跟他交朋友。这样的杜诗，确实是"肝肠如火，涕泪横流"，字里行间包含着非常热烈、饱满的情感，诗人把满腔的情思毫无掩饰地倾吐出来，它会感动读者。

除了情感深切的特点外，这首诗还有一个特点，我也想简单提一提。这首诗是整个古典诗歌史上最早出现的长篇五言诗之一，不是唯一的，是其中的一篇。五言诗在唐代以前没有很长的篇幅，一般都比较短。叶梦得在《石林诗话》中说："魏晋以前，诗无过十韵者。"十韵就是20句，魏晋以前的诗都不超过20句，都比较短。六朝以后有比较长的诗了，我找到了一首，就是刘孝绰的《酬陆倕诗六十一韵》。这首诗有61韵，也就是122句，相当长了。但它实际上是联章诗，是很多首诗串在一起的，有点像曹植的《赠白马王彪》，实际上有很多段。曹植那首诗是七段，七段之间用辘轳体串联起来，辘轳体就是前面一段最后两个字是什么，下面一段开首两个字也是什么。我们不妨把它看作分章的诗体，是在一个标题下面分成若干章。而这样一气呵成的长诗，应该说是从杜甫这个时候才开始的。当然大家会想到汉末蔡文姬的《悲愤诗》，有108句。但一则这首诗真伪未定，苏东坡就说它是伪的；二则那毕竟是一个例外，在它以后很长时间都没有后继者。

明人高棅的《唐诗品汇》对这一点特别重视。《唐诗品汇》是按照诗体来分类的，五言古诗、七言古诗、五言律诗、七言律诗等，但它在五言古诗中特别设了一类叫"长篇"，就是篇幅特长的五言古诗。《唐诗品汇》的长篇中一共只有六篇作品，其中有两首就是杜甫的《北征》和《咏怀五百字》。所以这种篇幅非常长的五言诗是以前很少有的，是杜甫的时代首先出现的新气象。这有什么意义呢？中国古代的诗歌基本上都是篇幅短小的抒情诗。篇幅短小有它的好处，就是精练、意在言外等。但也有它的局限，它没有办法表现重大的题材、特别重大的题材、特别丰富的内容，用一首律诗或一首绝句是表现不了的，篇幅不够，容纳不下。只有扩展到这样500字、1000字的长篇，才可能容纳重大的题材。所以，对于诗歌形式的发展来说，这是一个必然的步骤，而杜甫就是在这方面较早做出贡献的一位诗人。

乱离
时代

从《羌村三首》到"三吏""三别"

天宝十五载（756）二月，杜甫告别了留在奉先的家人，独自返回长安，就右卫率府兵曹参军职。五月，叛军逼近潼关，杜甫赶往奉先，携家小北迁至白水，投靠他的舅氏县尉崔顼。六月，潼关失守，白水告急，杜甫带着一家人随着大批难民向北逃难。到了鄜州，杜甫把家安置在城北的羌村。八月，听说唐肃宗已在灵武即位，杜甫便只身北上延州（今陕西延安），想从芦子关（今陕西横山附近）投奔灵武。可是此时叛军势力已蔓延到鄜州以北，杜甫在途中不幸被捕，被押往沦陷了的长安。幸亏他官阶很低，叛军对之不甚注意，所以并没有把他与其他的被俘官员一起送往安禄山伪朝廷所在的洛阳，也没有对他施以严格的看管。

到至德二载（757）四月，杜甫终于从金光门逃出长安，沿着崎岖的山路穿过两军对峙的前线，逃到了肃宗朝廷所在的凤翔（今陕西凤翔）。他穿着麻鞋和露出两肘的破烂衣服去拜见唐肃宗，不禁涕泪交流。五月，杜甫被任为左拾遗。

杜甫任左拾遗没有几天，就为谏房琯事得罪了唐肃宗。房琯其人于天宝十五载（756）追随唐玄宗入蜀，拜文部尚书、同中书门下平章事。唐肃宗即位后，房琯又奉唐玄宗命往灵武册立唐肃宗，唐肃宗对之颇为倚重。但是房琯虽有以天下为己任之心，却缺乏实际的政治、军事才干。至德元载（756）十月，他率军与叛军战于陈陶斜，仿效古法用车战，结果几乎全军覆没。房琯又受到贺兰进明等人的谗毁，他门下的琴客董庭兰则倚其势而纳贿，这使得唐肃宗对他越来越不满。至德二载（757）五月，房琯罢相，贬太子少师。杜甫由于敬重房琯的为人，又认为不应为细过罢黜大臣，于是上疏救房琯，措辞激烈，唐肃宗大怒，诏三司推问杜甫。幸亏得到宰相张镐的营救，才免其罪。但唐肃宗从此以后就疏远了杜甫，到八月间遂让他离开凤翔，往鄜州探家。

闰八月初一，穿着青袍的杜甫离开了凤翔，开始北征。此时在凤翔的百官生活都很困难，马匹都被征收到军中，官职低小的杜甫当然没有自己的马匹，他好不容易借到了一匹马，就带着一个仆人上路了。跋山涉水走了七百多里，杜甫终于回到了羌村家中，并在家中休养了三个多月，写了下列名篇。

羌村三首

其一

　　峥嵘赤云西，日脚下平地。柴门鸟雀噪，归客千里至。妻孥怪我在，惊定还拭泪。世乱遭飘荡，生还偶然遂。邻人满墙头，感叹亦歔欷。夜阑更秉烛，相对如梦寐。

其二

晚岁迫偷生，还家少欢趣。娇儿不离膝，畏我复却去。忆昔好追凉，故绕池边树。萧萧北风劲，抚事煎百虑。赖知禾黍收，已觉糟床注。如今足斟酌，且用慰迟暮。

其三

群鸡正乱叫，客至鸡斗争。驱鸡上树木，始闻叩柴荆。父老四五人，问我久远行。手中各有携，倾榼浊复清。苦辞酒味薄，黍地无人耕。兵革既未息，儿童尽东征。请为父老歌，艰难愧深情。歌罢仰天叹，四座泪纵横。

如果说此前在凤翔所写的《述怀》已经开始运用"赋"的手法，那么这三首则已把这种手法运用得出神入化了。第一首写刚到家时的情景，第二首写还家后的苦闷情状，第三首写邻居来访的经过，明人王慎中云："一字一句，镂出肺肠，才人莫知措手，而婉转周至，跃然目前，又若寻常人所欲道者。真国风之义，黄初之旨。"（《杜诗详注》卷五引）清人李因笃亦解曰："叙事之工不必言，尤妙在笔力高古，愈质愈雅，司马子长之后身也。"（《杜诗镜铨》卷四引）也就是说，这三首诗与《述怀》一样，运用了"赋"的手法，而且纯用白描，语言质朴而叙事极为生动。例如第一首，先写夕阳西沉、晚霞满天，噪鸣的鸟雀纷纷归巢，荒村晚景，摹写如画，而且很好地衬托了远客初归的心情。"妻孥怪我在"一句写动乱时代人们的心理细入毫芒：杜甫离家已经一年，而且一去之后杳无音信，所以妻儿早以为杜甫已不在人世，如今他却突然回来了，怎么不让他们感到惊讶呢？"邻人满墙头，感叹亦歔欷"二句简直是一幅关中农村的风俗画：围墙低矮，所以邻人能凭墙观望。民风淳朴，所以邻人为杜甫一家的离合而感叹、流泪。而"夜阑更秉烛，相对如梦寐"二句由于对久别重逢、翻疑是梦这种人生经验做了极为生动传神的描摹而成为后代诗人再三模仿的范例。[①]这样的诗，不但洗净了六朝诗的绮丽色泽，而且不复有盛唐诗的飘逸神采，它们有的是严格的写实精神、质朴的语言风格。可以说，只有这样的诗才能称为"诗史"。

至德二载（757）九月，唐军克复长安。十月，唐肃宗还长安。十一月，杜甫携家离开鄜州，返回长安。

乾元元年（758）六月，房琯被贬为邠州刺史，与房琯关系密切的严武等人也被贬外任，杜甫也被贬为华州（今陕西渭南市华州区）司功参军。日益衰老的杜甫从金光门走出长安，想到去年四月自己就是经过此门逃归凤翔的，不禁感慨万端。他勒住马久久地回望着皇城的千门万户，也许意识到自己的政治生涯从此就结束了。而事实也是杜甫再也没有回到朝廷中去。杜甫来到华州，正逢七月酷暑，蝇蜎扰人，文书堆案，使人难以忍受。但他

---

① 例如中唐戴叔伦《江乡故人偶集客舍》之"还作江南会，翻疑梦里逢"，宋晏几道《鹧鸪天》之"今宵剩把银釭照，犹恐相逢是梦中"，等等。但都不如杜诗之自然生动，参看沈祖棻《宋词赏析》第62页。传说北宋盛度"梦朝上帝，见殿上执扇，有题诗云'夜阑更秉烛，相对如梦寐'"（《苕溪渔隐丛话》前集卷六引《幕府燕闲录》）。虽为传闻，亦可资谈助。

的诗兴却没有因此而减退，在任华州司功参军的一年时间里作诗颇多，而且又恢复了注视社会、反映现实的创作倾向。

乾元元年冬，杜甫前往洛阳，探望阔别多年的亲旧及陆浑庄故居。二年（759）正月，史思明自称大圣燕王于魏州（今河北大名）。二月，史思明引兵南下以救邺城之围。其时，郭子仪等九节度使率二十万大军围邺城已有数月，因诸军无统帅，城久攻不下。三月壬申（初六），唐军与史思明叛军决战于安阳河之北，唐军大溃，郭子仪军退保洛阳。洛阳士庶惊骇，逃奔山谷。杜甫也于此时匆匆离开洛阳返回华州，途中看到惊魂稍定的人民又一次受到战乱的威胁，连未成年的男孩和白发苍苍的老妇也被强迫入伍，于是他写出了名垂千古的"三吏""三别"。先看"三吏"：[①]

新安吏

客行新安道，喧呼闻点兵。借问新安吏，县小更无丁。府帖昨夜下，次选中男行。中男绝短小，何以守王城？肥男有母送，瘦男独伶俜。白水暮东流，青山犹哭声。莫自使眼枯，收汝泪纵横。眼枯即见骨，天地终无情。我军取相州，日夕望其平。岂意贼难料，归军星散营。就粮近故垒，练卒依旧京；掘壕不到水，牧马役亦轻。况乃王师顺，抚养甚分明；送行勿泣血，仆射如父兄。

[①] 旧本杜诗"三吏"的次序多为：《新安吏》《潼关吏》《石壕吏》，而杜甫自洛阳返华州的路线应是先至新安（今河南新安），继至石壕村（在今河南陕县），后至潼关，故改以《潼关吏》置于最后。

石壕吏

暮投石壕村，有吏夜捉人。老翁逾墙走，老妇出看门。吏呼一何怒，妇啼一何苦！听妇前致词："三男邺城戍。一男附书至，二男新战死。存者且偷生，死者长已矣。室中更无人，惟有乳下孙。有孙母未去，出入无完裙。老妪力虽衰，请从吏夜归。急应河阳役，犹得备晨炊。"夜久语声绝，如闻泣幽咽。天明登前途，独与老翁别。

潼关吏

士卒何草草，筑城潼关道。大城铁不如，小城万丈余。借问潼关吏，"修关还备胡？"要我下马行，为我指山隅："连云列战格，飞鸟不能逾。胡来但自守，岂复忧西都？丈人视要处，窄狭容单车。艰难奋长戟，万古用一夫。""哀哉桃林战，百万化为鱼。请嘱防关将，慎勿学哥舒！"

《新安吏》写的是诗人在新安县道上看到官吏把未成年的"中男"强征入伍的情景，从诗人与官吏的问答中，可以得知成年的"丁男"早已被抓尽了，所以身材矮小的男孩也得去当兵。"肥男有母送"以下四句，叙事极简而寄情极深，正如王嗣奭所分析的："此时瘦男哭，肥男亦哭，肥男之母哭，同行同送者哭。哭者众，宛若声从山水出，而山哭水亦哭矣！至暮，则哭别者已分手去矣，白水亦东流，独青山在而犹带哭声，盖气青色惨，若有余哀也。"（《杜臆》卷三）真是满目凄惨！后面十六句是诗人对"中男"的安慰之词，尽管人民遭受到如此的痛苦，但平叛战争是一定要进行下去的，所以诗人勉强压抑住心中的愤怒，说了一番宽慰和勉励的话。不难想象，诗人说出这番话时，他的心情是何等的矛盾、痛苦。

《石壕吏》写的是诗人投宿石壕村时见到的一幕人间惨剧。仇兆鳌评曰："古者有兄弟，始遣一人从军。今驱尽壮丁，及于老弱。诗云'三男戍，二男死，孙方乳，媳无裙，翁逾墙，妇夜往'，一家之中，父子、兄弟、祖孙、姑媳，惨酷至此，民不聊生极矣。"（《杜诗详注》卷七）面对着这样的现实，诗人心中充满了愤怒，他严词痛斥："有吏夜捉人！"官吏不再是在白天公然前来，而是在夜幕的掩护下偷偷潜至；也不再是按帖选丁，而是不分男女老幼地捉人。"夜捉人"三字就是对这种鬼蜮伎俩的揭露。由于石壕村这户人家的遭遇太惨了，诗人再也无法对跳墙逃走后又归来的老翁说出什么宽慰的话，诗至"独与老翁别"遂戛然而止，但是"语声绝"而"如闻泣幽咽"，千百年来一直震撼着读者的心灵。

《新安吏》与《石壕吏》都是写官府征丁之事，《潼关吏》则从被征来的士卒艰苦地筑城写起。潼关是长安的屏障，三年前安禄山攻陷潼关，唐玄宗就仓皇西奔了。也许是接受了三年前的教训，也许是邺城溃败后形势紧张，如今的潼关城修筑得十分坚固。但是当潼关吏向杜甫夸耀城防之坚时，杜甫还是语重心长地劝告他们一定要慎之又慎，千万不要让三年前的悲剧重演。

对于"三吏"这组诗，明人张綖评曰："凡公此等诗，不专是刺。盖兵者凶器，圣人不得已而用之。故可已而不已者，则刺之。不得已而用者，则慰之哀之。若《兵车行》，前、后《出塞》之类，皆刺也，此可已而不已者也。若夫《新安吏》之类，则慰也；《石壕吏》之类，则哀也，此不得已而用之者也。然天子有道，守在四夷，则所以慰哀之者，是亦刺也。"（《杜诗详注》卷七引）杜甫在当时的心情是非常矛盾的。对于唐王朝平定叛乱、维护国家统一的战争，他是坚决拥护的。但是对于百姓为支持这场战争而做出的惨重牺牲，他又是极为同情的。对于发动叛乱的安史之流，他当然是切齿痛恨，而对于酿成灾祸却不管人民死活的统治者，他也感到无比的愤慨。这就是杜甫写"三吏"时的复杂心态。

我们再看"三别"：

新婚别

兔丝附蓬麻，引蔓故不长。嫁女与征夫，不如弃路旁。结发为君妻，席不暖君床。暮婚晨告别，无乃太匆忙！君行虽不远，守边赴河阳。妾身未分明，何以拜姑嫜？父母养我时，日夜令我藏。生女有所归，鸡狗亦得将。君今往死地，沉痛迫中肠。誓欲随君去，形势反仓皇。勿为新婚念，努力事戎行。妇人在军中，兵气恐不扬。自嗟贫家女，久致罗襦裳。罗襦不复施，对君洗红妆。仰视百鸟飞，大小必双翔。人事多错迕，与君永相望。

垂老别

四郊未宁静，垂老不得安。子孙阵亡尽，焉用身独完！投杖出门去，同行为辛酸。幸有牙齿存，所悲骨髓干。男儿既介胄，长揖别上官。老妻卧路啼，岁暮衣裳单。孰知是死别，且复伤其寒。此去必不归，还闻劝加餐。土门壁甚坚，杏园度亦难。势异邺城下，纵死时犹宽。人生有离合，岂择衰盛端？忆昔少壮日，迟回竟长叹。万国尽征戍，烽火被冈峦。积尸草木腥，流血川原丹。何乡为乐土，安敢尚盘桓？弃绝蓬室居，塌然摧肺肝。

无家别

寂寞天宝后，园庐但蒿藜。我里百余家，世乱各东西。存者无消息，死者为尘泥。贱子因阵败，归来寻旧蹊。久行见空巷，日瘦气惨凄。但对狐与狸，竖毛怒我啼。四邻何所有？一二老寡妻。宿鸟恋本枝，安辞且穷栖。方春独荷锄，日暮还灌畦。县吏知我至，召令习鼓鼙。虽从本州役，内顾无所携。近行止一身，远去终转迷。家乡既荡尽，远近理亦齐。永痛长病母，五年委沟溪。生我不得力，终身两酸嘶。人生无家别，何以为蒸黎？

《新婚别》"一篇都是妇人语，而公揣摩以发之"（《杜臆》卷三）。仇兆鳌解曰："此诗'君'字凡七见。'君妻''君床'，聚之暂也。'君行''君往'，别之速也。'随君'，情之切也。'对君'，意之伤也。'与君永望'，志之贞且坚也。频频呼君，几一字一泪。"（《杜诗详注》卷七）在古代，刚过门的新嫁娘多半与丈夫过去没见过面，要开口说话总是很羞涩的，此诗中所写的"我"亦是如此。可是他们"暮婚晨告别"，丈夫被迫前往"死地"，她也就顾不得许多了。她絮絮叨叨地向丈夫倾吐衷肠，诉说自己的伤心和失望，谁料到新婚之后就是生离死别！可是这又是一位深明大义的妇女，她深知平叛战争的必要性，所以又鼓励丈夫努力作战，勿以新婚为念。《诗经·卫风·伯兮》云："自伯之东，首如飞蓬。岂无膏沐？谁适为容。"形容妇女在丈夫出征后无心梳妆。而这位新娘的行动更为果断决绝，她为了向丈夫表白忠贞不渝的爱情，当着丈夫的面就洗去脸上的脂粉，而且发誓不再穿那套丝绸的嫁衣，而对于她这样的贫家女来说，置办一套嫁衣是多么不容易啊！此诗以比喻起，以比喻结，酷肖一位农村妇女的口吻，而语气则从吞吞吐吐变为斩钉截铁，虽然全诗皆为新娘自述，但诗人对人民的同情、敬佩也充溢于字里行间。

《垂老别》通篇皆作老翁之语。这位老翁已经为国家献出了亲人，他的儿孙都已阵亡，现在他以垂暮之年被征入伍，与其老妻依依惜别。他本来已经很衰弱了，走路需要扶杖，现在竟然投杖从军，连同行的征夫都为之辛酸。他与老妻的分别无疑是死别，但两人还是互相怜惜，他可怜老妻天寒衣单，老妻劝他努力加餐。他强自振作，宽慰老妻说自己不会马上遇到危险，又指出当前正是遍地烽火，自己安能置身于外？诚如浦起龙所析，这段话"忽而永诀，忽而相慰，忽而自奋，千曲百折。末段又推开解譬，作死心塌地语，犹云无一寸干净地，愈益悲痛"（《读杜心解》卷一）。此诗写情缠绵悱恻，心事曲折、细微，酷肖老人口吻。与《新婚别》中的新娘一样，这位老翁的形象中也倾注着诗人的同情和敬佩。

上面二诗中的主人公虽然遭遇不幸，但总算还可以对亲人倾诉一番，而《无家别》中的主人公则更加悲惨，他连个告别的对象都没有，只好在第二次被征入伍时喃喃自语。他早就当兵上了前线，因战败后回到家乡，发现家乡已面目全非，惨不忍睹。虽然如此，他还是开始辛勤地耕作，没想到县吏一旦知道他回来了，又把他召去当兵。由于他已无家可别，所以说"近行止一身，远去终转迷。家乡既荡尽，远近理亦齐"，去远去近，对他来说已没有不同了！语似旷达而情更悲痛。他又想到长年生病的母亲委骨沟蘺已经五年，生不得养，死不得葬，彼此抱恨终身。于是他悲愤地诘问："人生无家别，何以为蒸黎？"浦起龙云："'何以为蒸黎'，可作六篇总结。反其言以相质，直可云：'何以为民上？'"（《读杜心解》卷二）的确，"何以为蒸黎"的诘责对象不是别人，正是应该对这场战乱负最大责任的封建统治者！"何以为蒸黎"是千百万苦难的人民通过杜甫之笔发出的责问，是杜甫代表人民对封建统治者提出的强烈控诉！

杨伦曰："'三吏'兼问答叙事，'三别'则纯托为送行者之词，并是古乐府化境。"又曰："自六朝以来，乐府题率多摹拟剽窃，陈陈相因，最为可厌。子美出而独就当时所感触，上悯国难，下痛民穷，随意立题，尽脱去前人窠臼。《苕华》《草黄》之哀，不过是也。乐天《古乐府》《秦中吟》等篇，亦自此出，而语稍平易，不及杜之沈警独绝矣。"（《杜诗镜铨》卷五）"三吏""三别"虽然写法各异，但它们都是继承、发扬了汉魏乐府优秀传统的杰出诗篇。"三吏""三别"极其深刻、极其生动、极其典型地刻画了当时的社会现实和人民的精神面貌，在思想意义和艺术造诣两方面均达到了古代乐府诗前所未有的高度。在杜甫本人的创作过程中，"三吏""三别"也是最值得注意的一个里程碑。从《兵车行》《丽人行》到"三吏""三别"，诗人迈出了坚实的一大步，从而攀上了唐代现实主义诗歌的顶峰。

王嗣奭评"三吏""三别"曰："非亲见不能作，他人虽亲见亦不能作。公以事至东都，目击成诗，若有神使之，遂下千载之泪。"（《杜臆》卷三）[①]只有杜甫这样忧国忧民的诗人，又亲眼看到了那样的乱离现象，才能写出这组催人泪下的诗来。诗人晚年漂泊夔巫时回忆说："曾为掾吏趋三辅，忆在潼关诗兴多。"（《峡中览物》）可见杜甫自己对这些诗十分珍视。而对于文学史来说，杜甫在"安史之乱"起后三年间的"诗兴"和诗作都是永远值得珍视的。

---

① 王嗣奭此论不包括《潼关吏》，可能是由于他认为《潼关吏》非作于此时。在《杜臆》中，《新安吏》等五首皆列于卷三，独《潼关吏》一首列于卷二。

乱离时代的特殊视角
——读杜甫《哀王孙》

覆巢之下，焉得完卵？在国家倾覆的时代，战乱灾祸会延及社会的各个阶层，王公贵族也难以幸免。如谓不信，请读杜甫的《哀王孙》：

长安城头头白乌，夜飞延秋门上呼。又向人家啄大屋，屋底达官走避胡。金鞭断折九马死，骨肉不待同驰驱。腰下宝玦青珊瑚，可怜王孙泣路隅。问之不肯道姓名，但道困苦乞为奴。已经百日窜荆棘，身上无有完肌肤。高帝子孙尽隆准，龙种自与常人殊。豺狼在邑龙在野，王孙善保千金躯。不敢长语临交衢，且为王孙立斯须。昨夜东风吹血腥，东来橐驼满旧都。朔方健儿好身手，昔何勇锐今何愚。窃闻天子已传位，圣德北服南单于。花门剺面请雪耻，慎勿出口他人狙。哀哉王孙慎勿疏，五陵佳气无时无。

此诗涉及的史实如下：唐玄宗天宝十五载（756年，也即唐肃宗至德元载）六月九日，潼关失守。十三日凌晨，唐玄宗携杨贵妃及杨国忠等少数亲贵出延秋门西奔。亲王妃主王孙以下皆不及跟从，长安大乱。十七日，安禄山叛军入长安。七月十三日，太子李亨于灵武即帝位，改元至德，是为唐肃宗。十六日，安禄山部将孙孝哲在长安搜捕百官，屠戮宗亲，皇孙、公主、驸马以下百余人遇害。八月初，回纥、吐蕃遣使至灵武，请求和亲，并表示愿意派兵助唐平叛。杜甫本人于八月上旬被叛军俘获送至长安，并于次年四月逃归唐肃宗所在的凤翔。诗中有"昨夜东风吹血腥"一句，今人或谓当作于至德二载（757）春。但也有可能如旧注所云乃作于至德元载九月或十月，其时乃小阳春，偶吹东风也有可能。

此诗被宋人郭茂倩收入《乐府诗集》的《新乐府辞》，它与《兵车行》《哀江头》等诗一样，都是杜甫即事名篇的新题乐府，是诗人关心社会、记录时代的写实杰作。首句中的"头白乌"，宋人以为"'头'字当作'颈'字，盖乌无头白者"（胡仔《苕溪渔隐丛话》前集卷十四），明人杨慎指出："《三国典略》有'侯景篡位，令饰朱雀门，其日有白头乌万计，集于门楼。童谣曰：白头乌，拂朱雀，还与吴'。"（《升庵诗话》卷三）杨说可从。"延秋门"乃长安禁苑西门，唐玄宗奔蜀，就是从此门出城。首二句写妖乌飞集延秋门上乱叫，乃借用古代民谣起兴，这是乐府诗的传统写法。三四句亦非闲笔，据《资治通鉴》（卷二一八）载，唐玄宗出逃后，"王公士民四出逃窜"。

及至叛军进入长安，"王侯将相尽从车驾，家留长安者，诛及婴孩"。可见那些高门深宅，此时已成空屋，故有妖鸟翔集屋顶也。清人何焯谓"达官"隐指唐玄宗："曰'达官'，不忍斥言也。"（《义门读书记》卷五一）不确。五六句写唐玄宗仓皇出奔，狼狈不堪，连骨肉也弃之不顾。写到这里蓄势已足，于是推出本诗的主角王孙。眼前的王孙是一副多么可怜的模样！他衣衫褴褛，但腰间还系着珊瑚宝玦，分明是个不谙世事的落难公子。他站在路旁哭泣，有人相问也不敢自报姓名，只是自诉困苦，乞求为奴。他已在荆棘间逃窜多月，遍体鳞伤，体无完肤。只因其相貌堂堂，不似常人，才被杜甫认出其身份，并叮嘱他善自保重。"不敢长语临交衢，且为王孙立斯须"二句，生动地写出了弥漫在长安城内的恐怖气氛。清人钱谦益云："当时降逆之臣，必有为贼耳目，搜捕皇孙妃主以献奉者，不独如孝哲辈为贼宠任者也。"（《钱注杜诗》卷一）虽于史无征，但不失为合理的推测。像陈希烈、张垍等高官都因怨恨唐玄宗而主动降贼，完全可能如此行事。尽管如此，杜甫还是冒着危险对王孙谆谆嘱咐，以下的十句诗全是诗人对王孙所言者。诚如浦起龙所析："'东风''橐驼'，惕以贼形也。'健儿''何愚'，追慨失守也。'窃闻'四句，寄与不久反正消息，而戒其勿泄，慰之也。'慎勿疏'，申戒之。'无时无'，申慰之也。丁宁恻怛，如闻其声。"（《读杜心解》卷二之一）之所以要如此反复叮咛，是因为对象是一个王孙。此辈金枝玉叶，娇生惯养，平时见惯了阿谀奉迎，对宫墙外的实际社会一无所知。一旦灾难降临，自会惊惶失措，自身难保。所以诗人不但要对他进行劝慰和鼓励，还必须开导和告诫。巧妙的是，这十句诗虽是诗人对王孙的劝慰告诫之词，却都是通过叙事、描写而展开的。比如"昨夜东风吹血腥，东来橐驼满旧都"二句，本是诗人告诫王孙贼势正盛，须小心躲避，但将叛军在长安城内大肆杀戮、公然抢掠的情形写得生动真切。又如"花门剺面请雪耻，慎勿出口他人狙"二句，本是诗人用援军到达、光复有望的消息来安慰王孙，但当时长安城中百姓暗中传递有关消息，以及有人借此侦伺狙击漏网的王孙或官员等情状，亦都栩栩如生。杜诗号称"诗史"，岂虚言哉！

此诗在艺术上特色鲜明。清人叶燮评曰："终篇一韵，变化波澜，层层掉换，竟似逐段换韵者。七古能事，至斯已极！"（《原诗》外篇下）叶氏的观察非常细致。在唐代，篇幅较长的七言古诗以换韵较为常见，换韵通常是平韵、仄韵交替运用。每转一韵，则第一句以入韵为常。此诗共二十六句，押韵者十七句，所押韵脚除"疏""狙"属鱼韵外，其余全属虞韵。鱼、虞二韵在古诗中通押，故此诗实为一韵到底。最值得注意的是，此诗共有四处是出句押韵，即"长安城头头白乌""腰下宝玦青珊瑚""不敢长语临交衢""哀哉王孙慎勿疏"，它们都处于每一段的首句。也就是说，此诗按诗意可分四段，首段六句，交代背景；次段十句，描写王孙情状；三段十句，乃诗人叮嘱王孙之言；四段两句，总结全诗主旨。每逢转意，即安排出句押韵，与全诗转韵之七古的情况完全一致。这样，尽管全诗一韵到底，但在音节上仍产生"层层掉换"的效果，层次分明。由此可见，杜甫即使在乱离境界中作诗，仍在艺术上精益求精，叶燮之评，洵非虚言。

当代的杜诗选本大多不选此诗，或因诗中颇有歌颂帝王之语，诗人对王孙的关爱也流露出忠君思想。其实，杜甫的仁爱是一视同仁的深广博大之爱，本无须区分对象。安史乱起后诗人对无辜百姓的深切同情，以及对落难王孙的关切，都是其仁爱思想的具体体现。隐去任何一方面，便不再是有血有肉的杜甫。更重要的是，此诗虽然只写了一位王孙的遭遇，但以小见大，真切生动地展现了长安沦陷后的恐怖气氛，这是真实的时代画卷，尽管只是这幅画卷的一角。如果说《北征》"三吏""三别"等诗主要着眼于社会底层，那么《哀王孙》《哀江头》等诗则主要着眼于社会上层，合而观之，才是杜甫为那个乱离时代所描绘的整幅图卷。金圣叹评得好："借一王孙说来，当时情事历历，岂非诗史？"（《杜诗解》卷一）至于"高帝子孙尽隆准，龙种自与常人殊"，实是帝制时代通行的看法，并非杜甫所独有，杜甫不能独自祛妄。况且诗中对于唐玄宗仓皇奔逃，连骨肉都弃之不顾的举动颇有讥讽，何尝一味颂圣？至于末尾对于唐肃宗的称颂，则反映了当时天下百姓对朝廷振作、国家中兴的共同愿望。当然，那也正是杜甫本人的热切愿望。

《北征》：诗史

北征

　　皇帝二载秋，闰八月初吉。杜子将北征，苍茫问家室。维时遭艰虞，朝野少暇日。顾惭恩私被，诏许归蓬荜。拜辞诣阙下，怵惕久未出。虽乏谏诤姿，恐君有遗失。君诚中兴主，经纬固密勿。东胡反未已，臣甫愤所切。挥涕恋行在，道途犹恍惚。乾坤含疮痍，忧虞何时毕？靡靡逾阡陌，人烟眇萧瑟。所遇多被伤，呻吟更流血。回首凤翔县，旌旗晚明灭。前登寒山重，屡得饮马窟。邠郊入地底，泾水中荡潏。猛虎立我前，苍崖吼时裂。菊垂今秋花，石戴古车辙。青云动高兴，幽事亦可悦。山果多琐细，罗生杂橡栗。或红如丹砂，或黑如点漆。雨露之所濡，甘苦齐结实。缅思桃源内，益叹身世拙。坡陀望鄜畤，岩谷互出没。我行已水滨，我仆犹木末。鸱鸟鸣黄桑，野鼠拱乱穴。夜深经战场，寒月照白骨。潼关百万师，往者散何卒？遂令半秦民，残害为异物。

况我堕胡尘，及归尽华发。经年至茅屋，妻子衣百结。恸哭松声回，悲泉共幽咽。平生所娇儿，颜色白胜雪。见耶背面啼，垢腻脚不袜。床前两小女，补绽才过膝。海图坼波涛，旧绣移曲折。天吴及紫凤，颠倒在裋褐。老夫情怀恶，呕泄卧数日。那无囊中帛，救汝寒凛慄。粉黛亦解包，衾裯稍罗列。瘦妻面复光，痴女头自栉。学母无不为，晓妆随手抹。移时施朱铅，狼藉画眉阔。生还对童稚，似欲忘饥渴。问事竟挽须，谁能即嗔喝。翻思在贼愁，甘受杂乱聒。新归且慰意，生理焉得说！至尊尚蒙尘，几日休练卒？仰观天色改，坐觉妖氛豁。阴风西北来，惨澹随回纥。其王愿助顺，其俗善驰突。送兵五千人，驱马一万匹。此辈少为贵，四方服勇决。所用皆鹰腾，破敌过箭疾。圣心颇虚伫，时议气欲夺。伊洛指掌收，西京不足拔。官军请深入，蓄锐可俱发。此举开青徐，旋瞻略恒碣。昊天积霜露，正气有肃杀。祸转亡胡岁，势成擒胡月。胡命其能久？皇纲未宜绝！忆昨狼狈初，事与古先别。奸臣竟菹醢，同恶随荡析。不闻夏殷衰，中自诛褒妲。周汉获再兴，宣光果明哲。桓桓陈将军，仗钺奋忠烈。微尔人尽非，于今国犹活。凄凉大同殿，寂寞白兽闼。都人望翠华，佳气向金阙。园陵固有神，扫洒数不缺。煌煌太宗业，树立甚宏达！

《北征》是杜甫诗集中最长的一首诗，140句，700个字，也是他最重要的代表作。这首诗的写作时间不能精确到某月某日，但是它记载的事情的经过是非常清楚的。诗的第一句就是"皇帝二载秋",这个"二载"就是至德二载,也就是757年,皇帝指的是刚刚登基不久的唐肃宗。这个事情发生的月日则是"闰八月初吉","初吉"就是初一,每个月的初一古人叫"吉",或者叫"初吉",它发生在这一年的闰八月初一。

我们再把这首诗的写作背景简单地介绍一下。在"安史之乱"爆发时,当"安史"叛军打进潼关的时候,杜甫跟他的家人正在奉先县。因为潼关离奉先很近,杜甫就带着家人向北逃亡,往陕北方向逃,一直逃到鄜州。杜甫把家人安置在一个叫羌村的村庄。杜甫第二年写的"今夜鄜州月",思念的就是那个地方。这个地方现在改名了,改为富县,地点在延安市的南边。富县现在不是个很富裕的地方,在唐代更是一个比较偏僻的地方,又贫穷,又荒凉。杜甫把家小安置在那里。

在这期间,唐帝国的形势有了很大的变化,"马嵬坡事变"发生以后,太子擅自登基称帝,就是唐肃宗。唐肃宗登基后的流亡政府驻在宁夏的灵武,在现在银川的南边一点,离长安很远。杜甫在羌村听说了这个消息,就投奔灵武而去,但是在途中遭遇了"安史"叛军,"安史"叛军跟唐政府的军队正处于犬牙交互的状态,在那一带打仗,杜甫被"安史"叛军俘虏了,并被抓回长安。

"安史之乱"爆发后,唐玄宗逃离长安是非常匆忙的,他匆匆忙忙带着杨贵妃就逃跑了,文武百官都来不及通知,很多官员都留在长安。"安史"叛军打下长安以后,很多官员被抓住了,而且大多接受了安禄山的伪职。这里当然就牵扯到一个气节的问题，你到底接受还是不接受伪职？像王维他就接受了伪职。但是王维心里面还想着唐王朝，还写了一首"万户伤心生野烟，百官何日再朝天"的诗，所以后来被减罪了。还有很多人因为投降伪政权，后来纷纷被治罪。

那么杜甫呢？我们当然没有根据说杜甫特别有气节，坚持不接受伪官。因为杜甫的官太小了，"安史"叛军虽然抓了他，但不太注意他，我们现在在杜甫的诗里找不到他受到叛军威胁利诱的蛛丝马迹。从现存的杜诗来看，他在长安沦陷区的时候还是可以自由走动的，并没有被软禁起来，他不是一个引人注目的重要人物嘛。

到了第二年，至德二载这年，唐政府已经由宁夏的灵武向南移，移到了凤翔，凤翔就是现在陕西的凤翔县，在宝鸡附近。就在这一年的四月，杜甫冒着生命危险逃离叛军控制的长安，逃归凤翔。杜甫是冒着生命危险从长安逃出来的，又冒着生命危险穿过长安与凤翔之间唐军跟"安史"叛军对峙的战场，当时双方军队正在那里打仗。当时逃出长安，再穿过战场逃归凤翔的人非常少，除了杜甫，我们几乎找不到有关其他人的记录。可能就是出于这个原因，杜甫逃归凤翔以后，朝廷很重视他，因为他确实忠于国家嘛，唐肃宗就任命他做了左拾遗。左拾遗的官品比他原来的官要高得多，这个官是从八品上，比他原来从八品下的官要高两级。

那么拾遗这个官是为什么而设立的呢？它是封建社会里皇帝

为了表明他的政治比较开明而设立的。所谓"拾遗"就是皇帝、朝廷在行政措施上有什么遗失，有什么想得不周到的地方，你可以指出来，帮朝廷拾遗补阙，其职责就是向朝廷提意见。当然，从皇帝的角度来说，设这样一个官不过是个摆设而已，装装门面的。杜甫很忠诚老实，他诚心诚意地忠于国家。他当了这个官以后，就真的"拾"起"遗"来，一"拾遗"就触怒了皇帝。他"拾"的最主要的一个"遗"就是替房琯辩护，房琯与叛军作战打了败仗，朝廷要重重地处置他。其实房琯获罪的主要原因不是打败仗，按照后代历史学家的研究，这事牵涉肃宗朝的新贵和玄宗朝留下来的老臣之间的矛盾，房琯属于玄宗朝的老臣，所以肃宗的朝廷要处置他。杜甫就挺身而出，帮房琯说话，这样就得罪了唐肃宗。我猜想唐肃宗可能是这样想的，给你个拾遗的官员做，不过是装装门面的，你还真的"拾"起"遗"来！于是唐肃宗就不高兴了，就疏远他了。正是在这样一种背景下，唐肃宗对杜甫说：你回家去探亲吧。放他长假，让他到陕北鄜州去探亲。这首《北征》就是杜甫探亲回到鄜州的家中后写的一首诗。当然，此行还留下了更有名的诗，就是现代读者更熟悉的《羌村三首》。他到家后先写《羌村三首》，稍后又写了这首《北征》。

　　首先看标题《北征》，这个"征"不是军队征伐、征讨的意思，在古文中它还有另外一个意思，就是向某个方向的旅行。向哪个方向旅行，就叫"什么征"。这种命题方式最早出现在赋中，我们看看汉赋中的一些名篇，班彪有《北征赋》，班固的妹妹，也就是那个曹大家，有《东征赋》，我们还可以找到《南征赋》《西征赋》等。一个方位词加一个"征",就组成一个标题,这是赋的传统,在杜甫之前,诗歌中还没有出现过,杜甫的《北征》是第一次。

胡小石先生,原国立中央大学的文学院院长,以前在这里讲过杜诗,而且专门讲过这首《北征》。胡小石先生讲《北征》的讲稿后来整理成文,就叫《杜甫〈北征〉小笺》,收在作家出版社20世纪50年代编的《杜甫研究论文集》中。在胡先生的笺语中,他一开始就说了一句很准确的话:"变赋入诗者也。"胡先生指出,这首诗把原来在赋中常见的比较重要的一种主题,或者是一种写作方式,变为诗歌了。我们从班彪的《北征赋》、班昭的《东征赋》来看,确实如此。

不仅仅是标题,甚至这首诗一开始的那种写法,就是首先把事件发生的年月日交代出来,也是这一类赋的传统写法。班昭《东征赋》的第一二句:"惟永初之有七兮,余随子乎东征。"永初七年,班昭跟着她的儿子一起向东边旅行。班昭那时候已经是一个寡妇了,所以她跟着儿子。这是班昭交代写《东征赋》的由来。杜甫诗里说"皇帝二载秋,闰八月初吉",又说"杜子将北征",这完全是赋的写法。赋在传统的文体划分中是被归为"文"这一类的,所以"变赋为诗",用我们今天的话来说,就是以文为诗的一种表现方法。所以这首诗从它的标题、从它一开始的写法,就表明它有以文为诗的倾向。

"杜子将北征","杜子"是杜甫对自己的称呼,说自己将要向北边旅行,向北进发。到北边去干什么呢?"苍茫问家室"。"问家室"很容易理解，要去看望我的家人，我的家人在北边，在鄜州的羌村。问题是："苍茫"二字是什么意思？"苍茫"二字，注家和评论家有的认为是写心情，有的认为是写其他的一些内容。

金圣叹这样评价《北征》："竟如古文辞，望之不复谓是韵语，开后来卢仝、韩愈无数法门。"这首诗就像一篇古文，看上去不像是一首诗，更像是文，这种以文为诗的写法，对后来中唐的卢仝、韩愈一派有非常大的影响。这段话是对《北征》的总的评价，我们暂且不管它，先看下面："中间只插'苍茫'二字，便将一时胸中为在、为亡无数狐疑，一并写出。"金圣叹认为在"杜子将北征"和"问家室"中插进"苍茫"两个字，便把诗人对家属是存是亡的满腹狐疑都表达出来了。杜甫想，我的家人现在到底如何？他们还好好地健在吗？还是已经遭遇不幸了？不清楚，心情迷茫，情况迷茫。"苍茫"二字可谓栩栩如生。本来从"杜子将北征"到后面的"问家室"，都是清清楚楚的叙事，是古文写法，但中间插进"苍茫"二字，它就立刻变成诗歌了，古文不会有这样的句法。"苍茫"二字，金圣叹解得真好。那么是不是杜甫当时就这么想的呢？这个我们不知道，但是读者解读的时候有权利从文本中读出这么多的意蕴来。这是我们读古诗的时候应该努力达到的一种境界，这样读就会深入文本。金圣叹解读文本常常有他的独到之处，他之所以能成为一个大批评家，奥秘在于善于点评。不管是点评小说戏曲还是点评诗歌，他对一些字句、一些细节以及一些章法脉络的分析确实有过人之处，特别细致。要说细读，金圣叹真是一个善于细读的人。

我们再看其他人的说法。仇兆鳌说："苍茫，急遽之意。"这当然也能解通。我急急忙忙地往北边去，要去寻访家人。但与金圣叹的解读相比，"仇注"显得简单化了。

我们再往下看："维时遭艰虞，朝野少暇日。""维"是发语词，在一个句子前面加一个发语词，这也是古文常见的手法，诗歌中比较少见，《诗经》中曾经有过，但是后来的五言、七言诗比较少见，杜甫这样用，也是以文为诗的一种表现。这个时候正是遭受艰难、忧虑的时代。朝廷也好，民间也好，都很忙乱，没有闲暇。在这样的时刻，我怎么可以离开朝廷？我是一个有官职的人啊，并没有被免官，我还是左拾遗啊，怎么可以离开朝廷去探亲呢？他自己解释说："顾惭恩私被，诏许归蓬荜。"我内顾，我反省，我非常惭愧，惭愧什么呀？惭愧皇帝的恩惠加到我身上。"被"是加、及的意思。我探亲不是我自己提出请求的，是皇帝主动让我去探亲的，我得到了诏书，皇帝让我去看看蓬门荜户的家。"蓬荜"就是用茅草之类编的草门，是贫家之门。当然杜甫用的是曲笔，他不好正面说皇帝疏远我了，我提了一个意见，皇帝就恼怒了，就要把我撵出朝廷，他不好这样说。于是他委婉地说：这是皇帝对我的恩惠，皇帝主动提出来让我去探亲，我就去了。这是交代他此行的理由。

尽管他已经感觉到朝廷对他的疏远，但是杜甫的忠君之心是不会改变的，所以他还是说："拜辞诣阙下，怵惕久未出。"我到朝廷去拜辞，在阙下行礼。"阙"是宫殿前面两个高高的建筑物。但我心里很害怕，很担心，久久地未能出来。也就是说，朝廷正处于多难的时候，所以我不忍心离开朝廷，我还要尽自己的责任。"虽乏谏诤姿，恐君有遗失。"左拾遗这个官的职责就是向朝廷提意见，但是杜甫自表谦虚说：我虽然缺乏当一个谏官的素质，"姿"是姿态，这里指素质，但我还要尽我的责任，我害怕皇帝有什么遗失，皇帝的遗失本来是我这个拾遗应该指出来的。

下面两句是歌颂唐肃宗："君诚中兴主，经纬固密勿。"先讲后面一句，"经纬"就是治理的意思，运筹规划，治理国家。"密勿"就是"黾勉"，《诗经》中有"黾勉从事"，《汉书·刘向传》里引这一句的时候引的是异文，叫"密勿从事"。颜师古注《汉书》，认为它们是同一个词，颜师古说："密勿，犹黾勉也。"那么"黾勉"又是什么意思呢？就是勤劳谨慎，一般指处理政事而言。这里歌颂唐肃宗，说他确实是一个中兴之主，他非常小心、非常勤劳地在那里执政。但尽管这样，形势还未得到根本的解决，"东胡反未已"，"安史"叛军的叛乱还没有平息。

这里要说一下"东"字。"东"是指"安史"叛军的根据地和叛军兵员的来源地主要在东边，即现在河北北部一带。从长安来说，那儿是东北，所以也可称"东"。那么"胡"呢？大家注意，杜甫在《北征》中多次提到"胡"字，即使在其他诗中，凡是讲到"安史"叛军，只要一有可能，他就用这个"胡"字。杜甫以此强调，这不仅仅是地方对于中央的一次叛乱，也是带有民族斗争性质的一场叛乱。因为"安史"叛军的主要组成部分不是汉人，大部分是胡人，所以杜甫强调说这是少数民族对于华夏民族的叛乱，带有民族斗争的性质。在古代儒家的政治学说里，华夷之辨就是一种正邪之分，杜甫始终强调这一点。皇帝如此圣明勤政，"安史"叛军反倒没有平息下来，所以"臣甫愤所切"。杜甫感到非常愤怒。"愤所切"就是说最愤怒的就在这些地方。这里之所以用"臣甫"，是因为前面都在说唐肃宗，接下来当然应该自称"臣甫"，臣子杜甫。

"挥涕恋行在，道途犹恍惚。"杜甫流着眼泪，恋恋不舍地离开了皇帝所住的地方，踏上了征途，但心情还没有平静下来，还是恍恍惚惚的。"行在"就是皇帝在京城以外住的地方，京城里的皇宫不能叫行在。"乾坤含疮痍，忧虞何时毕？"整个国家都受了创伤，发生了天翻地覆的大动乱，我的忧虑，我的担心，什么时候才能完结呢？

从开头到这个地方，是浦起龙所划分的第一段。这首诗仇兆鳌分为八段，浦起龙分为五段。我们前面说过，杜甫长诗的分段，浦起龙得最好，比较简明。我们也遵照浦起龙的分法，把它分为五段。第一段共二十句，交代了旅行的背景，即诗人在什么情况下开始旅行，到陕北去探亲。

第二段共三十六句，从"靡靡逾阡陌"一直到"残害为异物"，写途中所见。"靡靡逾阡陌"，杜甫离开凤翔，慢慢地走上了小路。"靡靡"就是"迟迟"，在《诗经》中专指行走时不忍心很快走过去的一种状态。《诗经·王风·黍离》："行迈靡靡。"《毛传》解释说:"犹迟迟也。""行迈靡靡"就是行迈迟迟,一个大臣经过故国的废墟,心中很感慨,不忍心很快走过去,就慢慢地走。杜甫也是这样,他看到了什么呢?"人烟眇萧瑟",人烟稀少啊。为什么人这么少呢?等会儿还会讲到,这里就是说途中很荒凉。"所遇多被伤",偶然遇到人了,却都是受伤的人。"呻吟更流血",他们一边呻吟,一边还在流着血,情况很惨。那些人可能是兵士,也可能是百姓,在战乱时候嘛。

本来已经写到上路了,杜甫突然又插进两句说:"回首凤翔县,旌旗晚明灭。"杜甫回头眺望一下凤翔县,暮色之间,凤翔城头插的旗帜忽明忽暗。古诗中写到"回首"或者"回头",我总会觉得特别有滋味。王粲在《七哀诗》中也有类似的表达。王粲在长安遇到战乱,他要离开长安到荆州去投靠刘表,路过霸陵,他说:"南登霸陵岸,回首望长安。"我要离开了,再回过头去最后眺望一下长安。杜甫这里是写他对凤翔、对朝廷、对唐肃宗恋恋不舍的感情。那么"回首凤翔县"看到了什么呢?"旌旗晚明灭"。曾有人说:什么叫"明灭"?搞不懂。我觉得很好理解,就是指晚风劲吹,旗帜在远处飘动,夕阳的余晖照着那些飘动的旗帜,有时候它的角度正好能反光,就闪亮一下,有的角度不能反光,就暗下来。就是这种状态。实际上我们眺望远方能反光的物体,都是这样的,只要它在动,哪怕是树叶,比如阳光下飘动的白杨。"旌旗晚明灭"是诗人在暮色中眺望凤翔县所看到的景色,其他物体都看不见了,因为旗比较高嘛。

杜甫越走越远,凤翔看不见了,诗歌开始写途中的景象了。

"前登寒山重"，"重"是重重叠叠的意思，这时是闰八月，已经是深秋了，山间已有寒意，所以叫"寒山"。"屡得饮马窟"，到处都呈现出曾经驻扎过军队的痕迹，水坑或泉眼都曾有战马饮过水。这一句说明这里曾经驻扎过军队。终于走到了邠州的郊外，"邠郊入地底，泾水中荡潏"。这两句把黄土高原的地貌写得非常生动。黄土高原沟壑纵横，梁和山很高，而被水冲刷出来的谷底则非常深。到了邠州的北边，泾水从谷底流过。"荡潏"就是冲荡，水流动的样子。

"猛虎立我前，苍崖吼时裂。"这两句历来有很多争论，当然，也不可能有结论。有的人说杜甫真的看到一只老虎，老虎的吼声很响，震得石头都裂开了。也有人说并没有老虎，比如金圣叹。那么杜甫为什么说"苍崖吼时裂"呢？金圣叹认为这是杜甫看到石头裂开了，就想象古时候曾经有老虎在这里吼叫，把石头震得裂开了。我没有去仔细地查资料，不知道唐代的时候在陕北是不是真的有老虎。汉代是有的，汉代黄河流域还是有老虎的，《后汉书》里记载说，有个叫刘昆的人，是个循吏，他治理弘农有德政，弘农在黄河南边，那里原有虎患，老虎经常对百姓造成灾害，刘昆来后，"虎皆负子渡河"，老虎都背着小老虎北渡黄河跑掉了，从河南跑到山西去了，不在弘农危害百姓了，去危害山西的百姓了。这说明汉代在黄河流域是有老虎的，唐代有没有就不清楚了。但是我想，杜甫之所以这样写，可能是天已经黑下来了，他听到山谷里有野兽在吼叫，又看到石头都裂开了，就这么联想了。要是真有一头猛虎站在我们的诗圣面前，那可怎么得了！这两句诗我们说不清到底说的是什么，但我们依然能感受到诗人正处于旅途的艰难中，他在暮色苍茫的山野里感到恐惧。

当然，到了深秋，山野之间还是有它美丽的地方，杜甫也看到了潇洒的秋景："菊垂今秋花，石戴古车辙。"山里有野菊花，到了秋天纷纷地开花了。我没有在黄土高原上看过秋色，但我在太行山里看过。太行山深处，到了秋天，野菊花非常美丽，黄的白的都有，点缀在石壁上。岩石上面还留着古代车辙的痕迹，说明这个地方曾经是人烟比较稠密的地方，是交通要道，但是现在已经很荒凉了，这句中隐含着一层昔是今非的意思。"青云动高兴，幽事亦可悦。"登上山顶，看到了蓝天白云。"高兴"就是很高的兴致，这是一个词组，很高的兴致，不是我们现在说的动词"高兴"，它是一个形容词和一个名词组成的词组。山间幽静的自然景色还是颇能愉悦人心的，尽管人事萧条，但自然景色还是很美丽的。"山果多琐细，罗生杂橡栗。"有很多非常细小的、不知名的山果，满山遍野地长着，跟橡树的果实、栗树的果实相互夹杂。这些山果的颜色是什么样的呢？"或红如丹砂，或黑如点漆。"有的鲜红得像丹砂一样，有的乌黑闪亮的，像漆一样。这两句话是上一下四的句法，"或——红如丹砂，或——黑如点漆"。这也是以文为诗的比较典型的标志，和诗歌原有的节奏不一样，原来是上二下三或者上三下二，或者是二二二。王力的《汉语诗律学》说，五言句的节奏有好几种，但是没有上一下四的。上一下四的句法是从古文里移植过来的，韩愈的诗中比较多见，杜甫还是偶一为之。山里的野果子都是"雨露之所濡"，都是接受了雨露的滋润后自然结出的果实；"甘苦齐结实"，它们有的甜、有的苦，一起结成了果实。

从"山果多琐细"到"甘苦齐结实"一共六句，写在诗里有什么作用？为什么放在这首写重大主题的《北征》里面？杜甫是惜墨如金的诗人，是写诗非常精练的诗人，为什么这里要费三十个字来描写山里的这些野果子？杜甫也许摘了几颗野果尝了一下，否则怎么知道它们有的甜，有的苦？但他肯定没有用野果充饥。这些野果跟他的这次旅行有关系吗？跟这首诗歌的主题有关系吗？没有关系。"安史"叛乱也好，不叛乱也好，山果还是照样地生长，年年如此。那么杜甫为什么在这里写这六句？让我们来看一看古人是怎么说的。杨伦的《杜诗镜铨》引清人张上若的话："凡作极要紧极忙文字，偏向极不要紧极闲处传神，乃夕阳反照之法，惟老杜能之。"就是说如果要写非常重要的、非常紧张的内容，偏偏在这些很不重要的细节上传神，这种方法叫"夕阳反照之法"。只有杜甫会，其他人都不会。古人总结诗歌和文章中的艺术手法，称什么什么法，这在唐五代的诗歌中最多，尤其是那些写诗歌的和尚，最喜欢起些莫名其妙的名称，叫人摸不着头脑，很难理解。什么叫"夕阳反照之法"？我不清楚，他也没解释。但是我们如果抛开"夕阳反照之法"的名称不管，光看他对诗句的评论，我觉得还是可以理解的。张上若解释了我刚才提出的问题：为什么在一首描写重大题材的诗里，要插进一些看起来好像毫无关系的对于细节的描写？按照我的理解，细节是营造一个生动的、形象化的诗歌境界的必要组成部分，如果没有细节，诗人营造的诗歌境界是不充分、不生动、不具体的，使人读了以后不能"如在目前"。杜甫在此行途中确实看到了人烟稀少、野兽出没的荒凉景色，但是自然界的野果还是照样生长、成熟，"或红如丹砂，或黑如点漆"。我们不能肯定杜甫运用了反衬的手法，杜甫是在说景物依旧，人事俱非，是用自然界的景物反衬人事的荒凉，等等。诗人也许有这样的意思在里面，也许没有，但是他把这样的一些细节插在诗里，就使整篇作品显得非常生动、真实，这确实是必要的，绝不是可有可无的文字，不能把它们删掉。

当然，杜甫写了一大段写景文字以后，应该尽快转折到社会内容上来。他怎么转到他的主题上来而不显得生硬呢？他说："缅思桃源内，益叹身世拙。"看到眼前美丽的秋景，使我想起了桃源，缅怀那远离人世的宁静和平的环境，可惜桃源是邈不可及的，我只好叹息我的生计、我的遭遇是多么不顺利。

下面转而描写旅途经历："坡陀望鄜畤，岩谷互出没。"快要走近鄜州了，山坡更加起伏不平。"坡陀"就是起伏不平的样子，忽高忽低。"鄜畤"是鄜州的一个标志性建筑物，是战国时秦国在那里建的一个祭天的祭坛，是祭西方白帝之神的。当然说不定诗人还没望到，只是觉得越来越近了，就开始眺望鄜州。可惜依然是"岩谷互出没"，一会儿是高山，一会儿是山谷，忽上忽下，遮蔽了视线。

下面两句诗我们要稍微讨论一下："我行已水滨，我仆犹木末。"杜甫此行不是一个人走的，而是带着一个仆人，因为他这时已经是从八品上的官了，有能力雇仆人了。那么为什么是"我行已水滨，我仆犹木末"呢？前代的注家都没有注，也许他们认为这是顺理成章的，没必要注，但是胡小石先生注意到了这一点。胡先生说："人非猿猴，何得行于树杪？"杜甫说"我仆犹木末"，胡先生就问，他的仆人又不是一只猴子，怎么会在树梢上呢？我们看电视节目《动物世界》，可以看到猴子或者猩猩不在地上走，而是在树梢上，从这棵树跳到那棵树。杜甫的仆人不是猴子，也不是猩猩，他怎么会在树梢上呢？胡先生又说："骤见似无理，而奇句则由此生。"初看这个句子好像是没有道理的，但是仔细一看，这是一个奇句。奇在什么地方？这两句前面写的是"岩谷互出没"，一会儿是山峰，一会儿是沟壑，陕北黄土高原上沟壑纵横嘛，也就是说杜甫自己已经走到谷底去了，走到水边了，回头一看呢，仆人还在山坡上，在他和仆人之间隔着树木，远远看去，仆人好像在树顶上。其实不是在树顶上，而是在山坡上。

胡小石先生的话到此为止，但我们还可以继续追究：为什么杜甫不跟仆人一块儿走？他走到谷底了，仆人还在山坡上，为什么两个人拉开了这么长的距离？金圣叹曾有一个解释，金圣叹认为："我心急步急，仆心宽步宽。""我"就是杜甫自己，"我"去探亲，心里急着要去看家人，所以步子加快。而仆人不急，他又不去探亲，所以他在后面慢吞吞地走。这个解释当然有一点合理之处，两人的心理确实不一样。但还是不对头，仆人应该紧跟主人啊。当然，更合理的解释应该是：杜甫与仆人的旅行状态不一样，仆人挑着一个担子，挑着行李在那里步行，而杜甫骑着马。骑马当然走得快，所以他已经走到谷底了，而仆人还在山坡上。

那么我们进一步追问：为什么杜甫骑着马而仆人不骑马？他们两个人为什么只有一匹马？我们为什么要追究这个问题呢？这本来跟解读文本没有多大关系，我只想借此介绍一下，现在的古代文学研究有一方面是古代的作家研究，就是研究古代作家的生平。研究作家的生平是为了更好地理解他的作品，看他的具体的写作背景是怎样的。我们的重点研究对象，像杜甫、李白这些作家，可以说在现有文献的基础上该做的都做了，我们的前辈，从古人到今人一直到现代的学者，凡是有材料可据的，能够考察出来的作家生平，都已经考察出来了，我们可以就这个例子看看这方面的工作已经进行到什么程度了。杜甫离开凤翔到鄜州去探亲，我们已经知道了，他本人骑着马，他的仆人是步行。问题是：他这匹马是哪儿来的？他从什么时候才开始骑马的？是一开始就骑马呢，还是途中才得到一匹马？我们来追究一下这个问题。

我先画一幅简单的地图，杜甫此行的路线大致是这样的，从西南向东北进发，起点是凤翔，中间经过麟游，再到邠州，再到鄜州，这四个地点基本上构成一条直线。接下来我们来看一下杜甫的《徒步归行》：

明公壮年值时危，经济实藉英雄姿。国之社稷今若是，武定祸乱非公谁。凤翔千官且饱饭，衣马不复能轻肥。青袍朝士最困者，白头拾遗徒步归。人生交契无老少，论交何必先同调。妻子山中哭向天，须公枥上追风骠。

《徒步归行》中的"徒步"就是步行，杜甫步行回家。《徒步归行》写到他在凤翔的时候马匹很少。为什么这时候马匹很少呢？因为唐朝的军队正在那里集结，准备反攻叛军，收复长安，军队把所有的马匹都征收去了，用来补充战马的不足，所以很多大官都没有马骑。杜甫一直是步行上朝步行退朝的，上下班都没有马骑。他此行回家也没有马骑，所以这首《徒步归行》最后说："妻子山中哭向天，须公枥上追风骠。"我的妻子儿女在山中痛哭，盼我回去，我需要你马厩里的一匹快马。他写这首诗是要向一个人借马，在这首诗的标题下有杜甫的自注："赠李特进。自凤翔赴鄜州途经邠州作。"李特进是当时的一员大将，名叫李嗣业，他是"特进将军"。按照这条自注，杜甫与李嗣业在长安时就认识，他途经邠州时向李嗣业借了一匹马，然后骑着马继续前行。我们以前一直是这样认识的，以前我们对《徒步归行》以及《北征》中这两句话的理解都是这样的，就是杜甫此行一开始没有马，一直到邠州才借到了马。

后来北京大学的陈贻焮教授写了一部一百万字的《杜甫评传》，其中提出了一个新的观点，他认为杜甫此行不是在邠州借的马，他从凤翔出发时就骑马了。他考察出一个背景，这时候唐王朝正在凤翔集结军队，准备反攻长安，李嗣业原来是驻扎在邠州的，这时已经带着军队集结到凤翔来了。当然这个材料也许还不足以说明问题，陈教授就举出一个更重要的证据"以杜证杜"，他用杜甫的其他作品来印证杜甫的这首《北征》，这是内证，是最有力的证据。那么陈贻焮教授找到了一个什么内证呢？请大家看杜甫此行途中写的《九成宫》：

苍山入百里，崖断如杵臼。曾宫凭风回，岌嶪土囊口。立神扶栋梁，凿翠开户牖。其阳产灵芝，其阴宿牛斗。纷披长松倒，揭嶫怪石走。哀猿啼一声，客泪迸林薮。荒哉隋家帝，制此今颓朽。向使国不亡，焉为巨唐有。虽无新增修，尚置官居守。巡非瑶水远，迹是雕墙后。我行属时危，仰望嗟叹久。天王守太白，驻马更搔首。

请注意这句："驻马更搔首。"杜甫自己说：我路过九成宫（唐王朝的一个行宫），把马停下来踌躇了一番。"搔首"就是踌躇。九成宫在什么地方？九成宫就在麟游，而麟游的地理位置正在凤翔与邠州之间。所以陈贻焮说：杜甫此行不可能从凤翔步行走到邠州，借到一匹马以后，就骑马返回去游九成宫，然后再回头到鄜州去。因为他此行很匆忙，有职务在身，是皇帝准假去探亲的；他又急着要去探望生死未卜的家人，所以他在途中是不可能回头的。既然他在麟游路过九成宫的时候就骑着一匹马，所以他这匹马必然是在凤翔就借到手的，不可能到邠州才借。我觉得这个推理是很合理的。这确实是一个细节，非常小的一个问题，就是杜甫此行在什么地方借的马。原来说是邠州，现在被证实是凤翔，这不过是一个小问题。但我认为，这确实是杜甫研究的一个突破，以前大家都没搞清楚，陈贻焮教授把它弄得水落石出了。陈贻焮教授去世以后，北大请我写一篇悼念文章，我的那篇短文也收在陈贻焮教授的纪念文集中。我谈他的《杜甫评传》，专门提到这一点。我说这虽然是一个细节，但可见这本书的学术水准。陈贻焮教授"以杜证杜"，用细密的考订把这个事实搞清楚了。

话归本题，这个问题自身的意义在什么地方呢？我为什么要谈这一点呢？我是想告诉大家，如果你要研究像杜甫这样的作家，研究他的生平的话，你要注意学界已有的成果，学界已经研究到什么程度，如果没有什么重要的新材料发现，就不要想在重大的问题上轻而易举地推翻前人的结论，这非常难。假如你要在作家的生平研究方面做一个较大的题目，不是细节性的研究，那么我劝你不要研究杜甫，你可以研究李白，李白的生平中还有不少重大问题没有搞清楚。比如，李白一生到长安去是一次，还是两次、三次？如果是两次、三次的话，又是在什么年间？李白一生结过几次婚？这些我们还弄不清楚。当然这也是有很大难度的，不要以为李白就好研究了。这些之所以不清楚，是因为材料不够，文献不足。如果文献足的话，那些前辈的学者早就研究出来了。

刚才我们读到"我仆犹木末"，下面是："鸱鸟鸣黄桑，野鼠拱乱穴。"这又是插进来的一个细节。猫头鹰在枯黄的桑树上面鸣叫，野鼠站在洞穴外面眺望。这个"拱"字很有意思，写得很生动，野鼠都会这样，它身体矮小嘛，趴在地上看不远，当它要眺望一下，看有没有什么天敌来吃它，就要挺起身体站起来，用两个后脚站着。古人不理解，古人看到野鼠拱起两只前脚，以为它在行礼，于是称这种野鼠为"礼鼠"，是有礼貌的鼠。"夜深经战场，寒月照白骨。"夜深了，杜甫还在路上走，经过一片战场，看到许多尸体已经腐烂成白骨了，零乱地抛在野外。凄冷的月光照着惨白的枯骨，真是一幅不堪入目的凄凉景象。由这些白骨杜甫联想到从前发生的一件惨痛的事情，就是潼关失守。"潼关百万师，往者散何卒？""卒"就是仓促，非常快。"安史"叛军到达潼关以后，哥舒翰率领二十万军队（没有"百万"，是二十万）镇守潼关，与叛军相持了相当长的时间。后来杨国忠不断地派人促战，哥舒翰开关迎敌，结果大败，全军覆没。这是直接威胁到长安的一仗，潼关一破，唐玄宗连夜逃跑，长安马上就沦陷了。潼关本来是长安的屏障，哥舒翰本来还可以坚守一阵的，潼关失守是杜甫特别痛心的事，这也是杜甫逃难的直接动因，所以他记忆犹新。潼关失守之后，"安史"叛军就长驱直入了，所以结果就很惨痛："遂令半秦民，残害为异物。"秦地，就是关中一带，那儿有一半的老百姓都死了。所谓"异物"就是不再是活人，已为鬼类了。

　　下面是第三段，写杜甫到家以后的情景。我们先看看诗歌的转折。上面一段最后两句是："遂令半秦民，残害为异物。"秦地的百姓遭受战乱，很多人都死了。下面就联系到自己身上来：

"况我堕胡尘，及归尽华发。"况且我身陷叛军之中，等回到家里，头发都白了。为什么用"况"字？这里有两层意思：第一，潼关失守以后，老百姓遭受的战乱杜甫都亲身经受了，他也是遭难百姓中的一员；第二，这个"况"本来是推进一层的意思，也就是说，在这场战乱中，死者还算是幸运的，生者更加不幸，遭受了更多的痛苦。杜甫被"安史"叛军俘虏了，被屈辱地抓到长安去，种种经历，简直比死亡更加痛苦。有了这样一层意思，整首诗歌的思路就很顺畅地由国家形势、百姓的遭难转到诗人自己身上去了，说经过了这一年的煎熬，头发更加花白了。

下面写到家后的所见所闻："经年至茅屋，妻子衣百结。"从杜甫把家安顿到羌村，到此时返家，差不多过了一年。过了一年才回到他的茅屋里，诗人看到妻子身上的衣服破烂不堪。"百结"就是衣服破成一缕缕的布条，再把它结起来，胡乱地挂在身上。"恸哭松声回，悲泉共幽咽。"全家抱头痛哭，哭声中夹杂着外面的松涛声。可见那时候黄土高原上还有不少树，现在连松声都没有了。"幽咽"就是声音低沉而不顺畅的一种状态，白居易的《琵琶行》里说"幽咽泉流冰下难"就是这个意思，声音压抑着，很不顺畅，像是在抽抽咽咽地哭。"平生所娇儿，颜色白胜雪。"平生最喜欢的男孩，皮肤是很白皙的。这个"白胜雪"可能是写他记忆中的孩子的肤色，但也有人说是孩子营养不良，所以面色苍白，两种读法都可以通。"见耶背面啼，垢腻脚不袜。""耶"就是爸爸，这是代用字，就是"爷爷"的"爷"，口语中的父亲。孩子见到父亲以后背过脸去哭，不肯转过脸来，因为一年多没有见面，都陌生了。孩子身上肮脏不堪，脚上连袜子都没有穿。已经深秋时分了，他们还衣不蔽体，还赤着脚。"床前两小女，补绽才过膝。"所谓"床前两小女"，说明这两个女孩子年龄更小。古代形容女孩子幼小，常说"扶床"，就是自己还不怎么会走，只能扶着床栏杆，倚在床前。《孔雀东南飞》里就有"小姑始扶床"的句子。女孩身上的衣服打满了补丁，而且很短，刚过膝盖。当然这不是我们现代人的衣服，现在衣过膝盖就算大衣或长裙了，古代穿长袍、长裙子，如果刚到膝盖，那就是非常短的衣服了。这也是说衣不蔽体。今天人们穿的衣服就是要短，露脐装，故意要把肚脐露出来，古人没有这种衣着。

再下面又是一个细节描写，具体写两个小女孩身上的衣服："海图坼波涛，旧绣移曲折。天吴及紫凤，颠倒在裋褐。"她们的衣服是什么样子呢？上面有一块一块次序凌乱的、绣着图案的补丁，这些补丁本来是从一个丝织品上面剪下来的，绣着波浪，绣着"海图"，还绣着《山海经》里曾经描写过的一个叫"天吴"的水神、一种叫"紫凤"的动物。这些图像本来是绣在丝织品上面的，现在都剪成了补丁，七颠八倒地补在小女孩的衣服上面。这几句描写非常生动。再说一下"补绽"的意思，"补绽"就是缝补，按现代汉语来讲，这个"绽"好像是裂开来，但古代也有"缝补"的意思，汉乐府《艳歌行》说："故衣谁当补，新衣谁当绽。"就是在异乡漂流的游子，旧衣服破了叫谁补呢？新衣服又叫谁来缝呢？

对这几句描写，《杜臆》有一句评价，说它"写故家情状如画"。所谓"故家"，就是原来的小康之家，原来的官宦之家，以前家境还比较好的人家。这样的人家一旦转入极度贫困，服装上才会出现这样的状态。如果杜甫家原来就很穷，原来就是农民，那么他家的衣服上不会有这样的丝织品剪成的补丁。杜甫家原来是个官宦家庭，他的祖父杜审言官做得很大，曾任膳部郎中，他的父亲杜闲也做了很多年的县令，所以他家里有这些丝织品做的衣服。但到了这个时候，他的夫人穷得没办法了，就把这些东西胡乱地剪下来，缝补在小女孩的衣服上，所以出现了丝织品的图案颠倒过来的奇特现象。这个细节描写是非常生动的，体现了黑格尔所推崇的"这一个"的独特性。

再下面："老夫情怀恶，呕泄卧数日。"我的心情很不好，又吐又泻，躺了几天。杜甫途中受了风寒，毕竟是深秋时分日夜兼程地在山里赶路嘛。然后就写到他与家人之间的关系了："那无囊中帛，救汝寒凛慄。"这个"那无"虽然只是一个虚词，但我们要稍微讲一下。先给大家介绍一本书，就是张相写的《诗词曲语辞汇释》。《诗词曲语辞汇释》是我们阅读古典诗词（包括散曲）时非常重要的一部工具书，它对一些虚词解释得尤其好。有些词与散曲中的虚词，你查这个工具书的话，就发现原来的理解是不够准确的。但恰恰在这个地方，张相解释得不清楚，或者说解释错了。张相在解释"那"的时候，作为一个书证，引了"那无囊中帛"这一句，他说这个"那"就是奈，"无可奈何"的"奈"，"那无"就是"奈无"，可惜我没有。杜甫看到小孩儿很寒冷，身上衣不蔽体的，但是拿不出"囊中帛"来为他们御寒。这显然是不符合事实的，杜甫是带了一些东西的，他下面写到了："粉黛亦解包，衾裯稍罗列。"被子啊、褥子啊都取出来陈列在那里。他还是带了一些东西的，不是两手空空地回家的，所以张相的解释肯定不对。再看另外一个解释，已故的傅庚生先生，生前是西北大学的教授，是老一辈的杜诗专家，他在《杜诗析疑》中这样解释这一句："哪能不取出行囊中的财帛。"就是看到小儿女这么寒冷，衣不蔽体的，赶快解开行囊，把财帛取出来。这个意思虽然是对的，但是对这个句子的解释、翻译是不合原意的，因为杜诗里没有写到什么"取出"这样的动作。他把"那无囊中帛"解释为"哪能不取出行囊中的财帛"，犯了古代阐释学中的一个忌讳，即"增字解经"，就是在讲不通顺的时候往文本里加几个字进去，而所加的字是原文中没有的，这就歪曲了原文的意思。所以，我认为傅庚生先生的解释也是不准确的。那么这个句子怎么解？实际上很简单，我们看程千帆先生的解释，程先生认为，"那无"就是"岂无"，杜甫在问："岂无囊中帛？"难道我囊中没有帛吗？看到孩子这样寒冷，这样衣不蔽体，我囊中还是有一点帛的，赶快解开来。"岂无"是用反问的句式来表明囊中有一些帛。再回到原文上面，"那无囊中帛，救汝寒凛慄"这两句是连着读的，难道我行囊中没有帛吗？还是有一些的，赶紧拿出来救你们脱离寒冷吧。

"粉黛亦解包，衾裯稍罗列。"带来的化妆品，什么粉黛啊、胭脂啊，也都拿出来，家里的被褥也可添置一些，原来连被褥都不周全了嘛。可见这个仆人挑的担子还是蛮沉重的，里面还是有不少东西的，怪不得他在一路上要落在杜甫后面呢。我们读到"粉黛亦解包"的这个"亦"字，再回过去看"那无"，就更可以说，那一句不是没有的意思，肯定是说有，否则这个"亦"字就没有着落了。如果行囊里面连帛都没有，什么叫"粉黛亦解包"？这个"亦"从何而来？行囊里除了帛以外还有他物，所以说"亦解包"。从情理上来说，也应该是这样的。杜甫在凤翔已做了从八品上的左拾遗，他的俸禄当然要比原来高了一些，他已经有一点财力了。他知道妻子带着一帮儿女在山村里生活得很艰难，他去探望他们，应该带些什么？首先要带些吃的、穿的，有余力才带一些化妆品。杜甫不会那么浪漫，吃的穿的一概不带，只带化妆品。所以从情理上说，"那无"应该作"岂无"来解。

我们再往下读。化妆品有了，被褥也有了，于是"瘦妻面复光"了，本来她面黄肌瘦的，现在脸上又有了一些光辉。怎么会有的呢？当然，她化妆了。古代的妇女化妆、美容，主要是为了丈夫，她唯一需要讨好的对象就是丈夫，这一点可参见《诗经·卫风·伯兮》中的一段话："自伯之东，首如飞蓬。岂无膏沐，谁适为容。"自从丈夫到东边出征以后，我的头发就乱蓬蓬的，根本没有心思化妆、梳洗了。是家里没有化妆品吗？不是，而是化了妆以后给谁看呢？"膏沐"就是化妆品，"伯"是古代对男子、对自己丈夫的称呼。现在的妇女可不同啊，结婚以后在家里倒是头发乱蓬蓬的，出门去反而妆化得很讲究。古代的妇女在家里不出门也要化妆的，她是化妆给丈夫看的，"女为悦己者容"嘛。既然杜甫已经回家了，于是他的夫人就赶快打扮起来，所以"面复光"。"痴女头自栉"，两个不懂事的女孩也拿出梳子来在那里梳头。"学母无不为"，她们在模仿妈妈，妈妈在那里化妆，两个小女孩也自己化起妆来。杜甫的夫人这时候专心地化妆，她顾不上两个小女儿了。丈夫回来了，又带回了化妆品，就赶快化妆吧，两个小孩子在旁边乱搞一气，她也不管。这两个小女孩在旁边化妆，化得怎么样呢？"学母无不为"嘛，妈妈怎么样她们也怎么样，妈妈画眉毛，她们也画眉毛，妈妈点胭脂，她们也点胭脂，结果就弄成一副怪模样了。接下来是"晓妆随手抹"，早上起来随手把化妆品往脸上涂。"移时施朱铅"，往脸上涂胭脂、铅粉，涂了好长一段时间，"移时"就是好长一段时间，结果是"狼藉画眉阔"，乱七八糟地往脸上涂，把眉毛画得很宽，因为小女孩不会画眉嘛。

此处我们要来看一下"钱注"，我们以前介绍钱谦益的《钱注杜诗》时说，他善于注释唐代的背景，那么，我们来看看他这一句是怎么注的。钱谦益注"狼藉画眉阔"说："唐时妇女画眉尚阔。"就是唐代的妇女化妆，眉毛就是要画得宽。这个"画眉尚阔"我们倒是见过的，我们看唐代流传下来的仕女图，眉毛都画得不长，但是画得很宽。但钱谦益用来注释这一句杜诗就不对了，钱谦益说的"画眉尚阔"是中晚唐的习俗，在盛唐，在"安史之乱"爆发不久的至德二载的时候，习俗还不是这样的。这个时候妇女画眉毛还是画得细细长长的，这点可参考白居易的《上阳白发人》。《上阳白发人》描写一个老宫女，她关在宫里很久了，她的化妆方式是"青黛点眉眉细长"，用青黛来画眉，把眉毛画得细细长长的。白居易指出，这是"天宝末年时世妆"，这是天宝末年的风尚，到白居易这个时代，妇女的眉毛已经画得很宽了。但是这个老宫女年龄大了，又一直关在深宫里与世隔绝，她还保留着天宝末年的化妆方式，即使到了白居易所处的时代，她还画得细细长长的，已经完全不入时了。这就告诉我们，在天宝年间，妇女画眉是画得细长的。那么杜甫这句"狼藉画眉阔"是什么意思呢？他就是写两个小女儿，她们自己在那里胡乱画眉。这两句写小儿情态，非常生动，而不是写唐时妇女的风尚。

下面进一步说他跟儿女之间的关系。杜甫仍从自己说起："生还对童稚，似欲忘饥渴。"杜甫总算回来了，看到幼小的儿女，一时高兴，把生活的艰难都忘掉了，把饥渴都忘掉了。下面转到小孩子的举动："问事竞挽须，谁能即嗔喝。"他在家里又吐又泻的，过了几天才跟小孩子互动，小孩子跟他比较熟了，认可他这个父亲了，争着来问他外面的情况。"竞挽须"，就是纷纷来拉他的胡子，因为有好几个孩子嘛，独生子女就不用"竞挽须"了。几个孩子这个也要问，那个也要问，看到爸爸不理他，就拉着爸爸的胡须把他的头牵向自己这边来。这当然很不符合封建时代的父子之礼，按照平时的正常状态，对于这样的举动杜甫是应该呵斥的，怎么可以随便拉爸爸的胡子呢？但这个时候"谁能即嗔喝"，他既不生气，也不呵斥他们。为什么呢？下面就解释了："翻思在贼愁，甘受杂乱聒。"回想我当时沦陷在长安的时候，非常忧愁，非常想念这些孩子。现在他们真的出现在眼前了，哪怕他们吵成一片，我也心甘情愿。

"甘受杂乱聒"这句诗，写一位父亲与幼小的孩子久别重逢时的心态，非常真实，非常生动。我1986年到美国哈佛大学去访问，那时学校里不让我带妻子与孩子去，有人说全家去了就不回来了，要把她们当作人质扣在这里。当时我的女儿才2岁多，她还"未解忆哈佛"，但我在美国的一年中非常想念她，当然我也想念妻子。一年以后，我回到家里，女儿整个暑假都与我待在一起，一天到晚在我耳边聒噪。但是说实话，我真的"甘受杂乱聒"。我满耳都是她的聒噪，但觉得很愉快。所以从那以后，我读这句杜诗就有更深刻的体会了，以前体会还不够深。杜诗真可谓先得我心！

现在再回到杜诗上来："新归且慰意，生理焉得说！"我刚回来，姑且先愉快几天，不去考虑其他的事情，其实生计还是很艰难的，但是暂时不说它。至此是第三段，也是三十六句，是说杜甫回家以后的情形。

下面是第四段，第四段共有二十八句，从"至尊尚蒙尘"到"皇纲未宜绝"，又回过头写他对国家形势的看法。"至尊尚蒙尘"，"至尊"就是皇帝，"蒙尘"就是皇帝遭难，这是一个专用词，普通人遭难不能说"蒙尘"。皇帝还在外面蒙难，还没有返回长安。"几日休练卒？"什么时候才能够停止训练士兵呢？因为还要准备打仗，战争还没有平息。"仰观天色改，坐觉妖氛豁。"这个"坐"是即将的意思，表示时间很快。我看到天色变了，很快妖气就要散开了，"豁"是散开的意思。"阴风西北来，惨澹随回纥。"这个时候传来一个好的消息，从西北吹来一阵"阴风"。"惨澹"指一股阴冷之气。这时唐政府决定向西边的一个少数民族回纥借兵，回纥就居住在现在的新疆地区，基本上就是现在的维吾尔族。这个民族的名字经常变，杜甫那时候叫"回纥"，到了中唐改成"回鹘"，元代又改成"畏吾儿"，然后就叫"维吾尔"了，就是这个民族。这个民族英勇善战，是终日骑在马上的一个游猎民族，唐政府就向它借兵。"阴风西北来，惨澹随回纥"，如果不深究的话，这个文本很容易理解，就是回纥的兵来了，这个时候正是深秋、初冬时候，"北方吹来十月的风"嘛，他们从西北来，好像一股阴冷的西北风吹过来了。但是你仔细追究，它里面还有一层意思，所谓"惨澹随回纥"，就是回纥的军队来的时候，出现在人们眼前的是一片雪白。回纥这个民族尚白，衣服、旗帜都是白颜色的，整个军队开过来的时候一片雪白。胡小石先生也说这是"影射回纥服饰"，就是说回纥的衣服是白色的。杜甫另一首关于回纥的诗《留花门》里也有两句："连云屯左辅，百里见积雪。"就是回纥驻扎的地区，一百里之内看上去像是一片霜雪。清末的大学者沈曾植——这个人的学问连王国维都非常钦佩——进一步解释说：回纥信摩尼教，就是古伊朗的摩尼创立的那个宗教，摩尼教是尚白色的，因为它崇尚光明嘛，所以回纥的旗帜也好，衣服也好，都是白颜色的。这样一支白衣白甲的军队开过来，好像一阵阴风吹过来了。

我们再回到杜诗的文本，下面接着说："其王愿助顺，其俗善驰突。"回纥王愿意帮助朝廷，而他们的习俗就是善于骑马打仕。造反叫"乱""逆"，愿意帮助朝廷就叫"顺"。"送兵五千人，驱马一万匹。"回纥军队的特点是每个人配两匹马，一个人骑一匹马，还带一匹马备用，这匹马累了就换乘另外一匹，所以来五千人就有一万匹马。"此辈少为贵，四方服勇决。"这批人虽然人数不算多，但是他们战斗力非常强，四方都佩服他们的勇敢坚决。"所用皆鹰腾，破敌过箭疾。"这些人动作像老鹰一样迅猛，他们打败敌军就像箭一样快。这些都好懂，下面两句要稍微讲一下："圣心颇虚伫，时议气欲夺。"这是什么意思呢？"圣心"当然是皇帝的心了，"虚伫"就是虚心等待的意思，唐肃宗把反击"安史"叛军、收复长安的希望寄托在回纥军队上面，所以在虚心地等待他们前来。"虚伫"也含有另一层意思，唐肃宗觉得回纥的部队战斗力特别强，心里还是有一点害怕的，万一来了以后指挥不灵，尾大不掉，那又怎么办？当然，这层意思是出于杜甫自己的体会。"时议"就是朝廷里的议论，对于借兵回纥，朝臣们谁也不敢说什么反对的话。"气欲夺"就是夺气，原来的勇气被人家打消了，不敢再说话了。

对于向回纥借兵的事，当时的朝野都没有什么议论，但是杜甫是有看法的，他对此事是有所忧虑。后来形势的发展证明杜甫的忧虑是有道理的，回纥兵帮助唐政府收复长安、洛阳以后，居功自傲，大肆烧杀抢掠，而且赖在长安就不肯走了。后来唐政府劝他们回去都非常困难，反而成为唐朝的一个危害，当然这都是后来才发生的事，但是杜甫心里已有隐忧。

尽管这样，唐政府借到了强有力的援兵，这对反攻是有利的，杜甫也预计到胜利在望了："伊洛指掌收，西京不足拔。"伊水、洛水是洛阳附近的两条河流，"伊洛"就是指洛阳。"指掌"就是用手指指一下手掌，意思同于易如反掌。《论语》中说孔子"指其掌"，表示非常容易。既然洛阳都很容易收复，那么在洛阳西边的长安就不用提了。"官军请深入，蓄锐可俱发。"杜甫希望不要让回纥的军队单独作战，唐朝的官军也要再深入地往东边进攻，官军已经养精蓄锐很多年了嘛，理应与回纥一起进发。"此举开青徐，旋瞻略恒碣。"这次军事行动很快就可以打下青州、徐州一带，然后就可以直捣叛军的老巢了。恒山在山西北部，碣石在河北的北部，这一仗可以一举收复东北的失土。杜甫认为消灭叛军的时机到了："昊天积霜露，正气有肃杀。"已经是深秋或初冬了，到了这个时候，老天要发威了。古人认为秋天是肃杀的季节，这个时候草木都凋零了，天地间有一股杀气，所以说"昊天积霜露"，正气要抬头了，那些邪恶的东西要灭亡了。"祸转亡胡岁，势成擒胡月。"已经到了叛军灭亡的时候了。"胡命其能久？皇纲未宜绝！"胡命还能长久吗？国家的命运是不会断绝的。"纲"是命运，"皇纲"是国家的命运。这四句话我们需要特别关注。这四句话的前三句都有一个"胡"字，"祸转亡胡岁""势成擒胡月""胡命其能久"，为什么呢？杜甫是在强调指出"安史"叛军的异民族性质。这次叛乱不是地方对中央的叛乱，不是少数野心家对皇权的夺取，它是异民族来侵略我们这个民族，所以我们的反攻战争具有更充足的正义性。

以上是全诗的第四段，写杜甫对于唐王朝形势的看法以及对战事态势的预测。

现在我们可以回过头去看看《北征》这首诗的写作时间。唐军在九月初开始反攻长安，九月二十八日收复长安，而杜甫写这首诗的时候显然还没有收复长安，也还没有开始发动攻势。当然消息从凤翔或长安传到鄜州羌村还需要两三天时间，所以我估计《北征》是八月底或九月初写的。杜甫此时已经知道唐军即将反攻的形势，回纥的部队已经来了，唐军正在那里养精蓄锐，准备反攻长安，但是还没有攻。这首诗大概是在这时候写的。

最后二十句是第五段，写杜甫对于整个唐帝国的命运的看法。他首先回顾历史，回顾"安史之乱"以后的"马嵬坡事变"："忆昨狼狈初，事与古先别。"我回忆当初国家遭遇狼狈的时候，形势跟古代也是不一样的，"古先"就是古代，是复词单义。不一样在哪里呢？"奸臣竟菹醢，同恶随荡析。""安史"叛军打下潼关，唐政府逃到马嵬坡，事变就马上发生了。事变发生以后，奸臣杨国忠这些人当即被杀掉了，杨国忠的儿子啊、秦国夫人啊、韩国夫人啊，都在这次事变中被杀了。杨贵妃也被缢死了，跟她一起作恶的势力是整个的被消灭了。这次事变非常干净利索，把这些恶势力一扫而光，杜甫觉得这是国家走向中兴的一个标志。他进一步指出，在这次事变中，唐玄宗不是被动的，唐玄宗是同意诛杀诸奸的。当然，这是为唐玄宗回护。

现在我们来看一看关键的这两句："不闻夏殷衰，中自诛褒妲。"古代传说中有三个历史朝代，就是夏、商、西周，这三个朝代的末代君主都是因女色而亡国的，都是因为君主特别宠爱美女，然后荒淫无耻、不问朝政，最后就亡国了。这里有这样三对人物：夏桀宠爱妹喜，殷纣王宠爱妲己，周幽王宠爱褒姒。杜诗写的是"不闻夏殷衰"，君主是夏桀跟殷纣。"中自诛褒妲"，女宠是褒姒和妲己。这个搭配好像不符合事实，前人有一些议论。"仇注"就把这句"中自诛褒妲"改为"中自诛妹妲"，因为夏桀宠爱的应该是妹喜，所以他认为这样才能搭配。《全唐诗》又把上一句改了，改成"不闻殷周衰"，而不是"夏殷衰"。宋代的胡仔也说是应该作"殷周"。但是他们的改动在版本学上都是没有根据的，因为宋本《杜工部集》就是我们现在看到的这个文本。浦起龙提出一种解释，但也解释得不够好，他说是"痛快疾书，涉笔成误"，杜甫写得太痛快了，回忆"马嵬坡事变"心情激动，没有仔细思考，所以写错了。金圣叹独持异议，他说没有错，"正以参差不整为善用耳"。因为两句诗都是五言句，字数有限，他没有办法把三个朝代的三对人名都写进去，所以他在上句中举两个人名，下句中举两个人名，交叉着来。这一交叉，等于是把这三对人物全都写进去了。杨伦的《杜诗镜铨》引李因笃的话，把这层意思说得更加清楚，他说："不言周，不言妹喜，此古人互文之妙。"上句中不言周，只说"夏殷衰"而不说"周衰"，下句中不言"妹喜"，只说"褒妲"，这是互文，是诗文中常见的一种修辞手法。我完全同意金圣叹、李因笃的说法，杜诗原来的文本没有错，没有必要像"仇注"、《全唐诗》那样擅自改动杜诗的原文。

这里需要说明一下杜甫对于唐玄宗的态度，杜甫确实为唐玄宗回护了，他说这场事变是唐玄宗同意的，是出于唐玄宗本人的意思。事实当然不是这样，唐玄宗完全是被动的、被迫的。尤其是杀杨贵妃，唐玄宗是在万不得已的形势下才勉强同意的。杜甫这样说也是出于不得已，作为一个忠臣，他不得不为唐玄宗讳。

下面转而说到唐肃宗："周汉获再兴，宣光果明哲。"周朝也好，汉朝也好，一度衰落以后，很快再次中兴，造成周、汉中兴的周宣王、汉光武帝果真是明哲之君。再下面才是杜甫的真实意思，他大力歌颂陈玄礼，歌颂这个在"马嵬坡事变"中起了决定性作用的关键人物。"桓桓陈将军，仗钺奋忠烈。""桓桓"是威武的样子，幸亏这个威武的陈将军，忠义奋发，发动了这场"马嵬坡事变"。"钺"是皇帝仪仗队用的一种非常大的斧子，实际上不能做真正的兵器用，这里说"仗钺"是暗示陈玄礼禁军首领的身份。陈玄礼是御林军的首领，他以这种身份发动"马嵬坡事变"，挽救了国家的命运，杜甫对此完全赞成，热烈歌颂。他甚至模仿《论语》中孔子表彰管仲的口气说："微尔人尽非，于今国犹活。"假如没有你的话，人都要变为异物了。幸亏有了你，现在我们的国家还没有亡。"微尔"，"微"字下面加一个人物，这是《论语》的句法，孔子说："微管仲，吾其被发左衽矣。"要是没有管仲的话，我们都要被外民族统治了，我们汉民族的政权就不复存在了。说明管仲的功绩很大。这样模仿《论语》的口气，说明杜甫对陈玄礼的贡献是高度肯定的。当然，读到这里，我们就可以认识到，杜甫并不真认为"马嵬坡事变"是唐玄宗的主张，他还是把主要的功劳归于陈玄礼。但是他毕竟是一个封建社会的臣子，又非常忠君，所以他不得不回护唐玄宗。当然，他的真正意思还是在诗中有所表示："马嵬坡事变"是军士们发动的，不是唐玄宗的意思。

最后杜甫说："凄凉大同殿，寂寞白兽闼。"大同殿是唐宫里的一个宫殿，是唐玄宗经常接见外国使者的地方。白兽闼就是白兽门，原名白虎门，是唐宫里非常重要的一个宫门，因为唐高祖李渊的父亲叫李虎，所以避讳改为"白兽门"了。这时候长安还没有收复，还在叛军手里，所以大同殿也好，白兽门也好，现在都很凄凉、很寂寞。但是不久就要收复了，因为"都人望翠华，佳气向金阙"，老百姓人心思治，人心思唐，都在那里盼望着唐军返回长安。下面说国家命运还是会有好的前途："园陵固有神，扫洒数不缺。"唐天子列祖列宗的陵墓都在那里，有神灵守护着，洒扫的礼数不会缺少。"扫洒数不缺"，胡小石先生说是想象反攻、光复以后去祭扫这些陵墓。但我觉得这句应该跟上一句联系起来，那些陵园本来有神灵守护着，即使还没有收复，守护的神灵也会在那里洒扫的，这样解读更好。"煌煌太宗业，树立甚宏达！"唐朝的政治是由唐太宗树立起来的，是由一个非常英明的君主、开创了"贞观之治"的君主树立起来的，它应该有良好的命运。因为当初的树立就非常宏大，所以唐朝的国运也应该是通达的，是有光辉前途的。"宏达"就是宏大而通达。

我们刚才逐字逐句地读了一遍《北征》，下面简单地做一些归纳，看看这首诗的意义和价值何在。我们已经提到过一点，这是一首以文为诗的诗，可以说是以文为诗这种手法在中国古代诗歌史上最早、最集中的体现，零零碎碎的、枝节性的以文为诗以前也有过，但是集中的、鲜明的表现则以《北征》为最早，具有开创意义。《北征》在后代非常受人重视，因为它确实是杜甫的代表作。读杜甫你不能读了"两个黄鹂鸣翠柳，一行白鹭上青天"就完了，或者读一下"三吏""三别"就完了，"三吏""三别"当然重要，但是更重要的是《北征》《咏怀五百字》《秋兴八首》，这些诗才真正是杜甫的代表作。《北征》在后代引起了很多的评论，也引起了很多的争论。在宋代，有人把杜甫的《北征》跟韩愈的《南山诗》进行了比较，看两首诗到底哪一首写得更好，这个我们就不细说了。

我认为"以文为诗"是《北征》的意义和价值的一个重要方面，胡小石《杜诗〈北征〉小笺》中的一段话，我觉得他说得非常好。他说这首《北征》"结合时事，加入议论，撤去旧来藩篱，通诗与散文而一之"。就是说这首《北征》结合国家的时事，加入大段的议论，表达了杜甫对于形势的看法，对国家命运的议论。为什么说"结合时事"再"加入议论"，就是"通诗与散文而一之"呢？就是"撤去旧来藩篱"呢？"藩篱"就是局限、界限。在杜甫以前，或者说在杜甫写这首《北征》以前，古典诗歌是很少表现这些内容的。古典诗歌不以表达时事为主要内容，更不以议论为主要内容。表现时事、叙述国家大事的经过以及发表种种的议论、看法，都是散文的功能。所以胡小石先生说《北征》把原来的篱笆拆掉了，使散文的这些功能移植到诗歌中来了。然后他又说："波澜壮阔，前所未见，亦当时诸家所不及。为后来以笔代文者开其先声。"这样一首波澜壮阔的发表宏大议论、叙述重大事件的诗，在以前的诗歌中从未出现过。与杜甫同时代的诗人，李白也好，王维也好，高适也好，都没有这样写过。李白他们同样经历了"安史之乱"，但他们都没有写过这样的作品。这是杜甫独特的创造。"以笔代文"实际上就是我们现在说的"以文为诗"。到了中唐，"古文运动"的参加者，主要是韩愈等诗人，他们才开始"以笔代文"。杜甫则为这个运动开了先声，他是一个先驱者。

关于胡小石先生这一段话，我有两点要稍微讲一下。第一，以前的人，胡先生以前的学者，在讲到以文为诗的时候，他们比较关注的是什么呢？关注的是句法、字法等枝节性的东西。他们主要关注我们刚才读到的"或红如丹砂，或黑如点漆"，来讨论一番这个句法是不是上一下四啊，七字句是不是上三下四啊，是不是打乱了诗歌原有的句法，或者有没有用虚词啊等方面。而胡先生呢，他不关注这些，他也肯定看到这些内容了，但是他一字未提，他认为更主要的标志是功能的转移、功能的变化。诗歌原来没有这些功能，没有这种长篇的叙事、大段的议论，这是散文的功能。但是杜甫在《北征》中把这些功能发挥得很好，胡先生认为这才是更重要的以文为诗。我觉得这种认识是非常重要的。

第二，我还要解释一下胡先生所说的"以笔代文"。"以笔代文"照我们现在的话来讲应是以文为诗嘛。什么叫"笔"？什么叫"文"？《文心雕龙》里说得很清楚，"无韵者笔""有韵者文"，押韵的就是"文"，不押韵的是"笔"。这个"文"和

"笔"的概念，被后代的文论家弄得非常复杂，越搞越复杂（对这点感兴趣的读者可阅读《学海堂集》卷七中的《文笔辨》）。但我觉得从胡先生这段话来说，其实很简单，就是《文心雕龙·总术》篇中的认定，无韵的是"笔"，有韵的是"文"。当然，用我们今天的名词术语来说，就是押韵的是诗，不押韵的是文，胡先生所说的"笔"与"文"，对应于我们今天所说的文与诗。所以，胡先生说的"以笔代文"就是我们今天说的以文为诗。胡先生认为，诗歌史上的以文为诗，虽然后来韩愈他们搞得非常兴盛，但是最早运用这种手法的是杜甫。

此外，读《北征》的时候，我们应该注意另一个问题，就是"诗史"的问题。后人对杜诗有一个很高的评价，称杜诗为"诗史"，就是用诗歌来写的历史。当然，后人说杜甫的诗是"诗史"，都是着眼于杜诗的整体说的，一千四百多首杜诗，作为一个整体，它是唐帝国由盛转衰时期，也就是唐玄宗、唐肃宗、唐代宗这三个皇帝统治的那段历史时期的一个确切鲜明的写照，是一幅栩栩如生的历史画卷。在这个意义上，大家称杜诗为"诗史"。我觉得，在我们评价杜诗为"诗史"的时候，《北征》是一个最重要的范本。或者说杜甫本人的诗歌创作中，真正具有"诗史"意识、达到"诗史"水准的，是这首《北征》。所以在读完《北征》以后，我想顺理成章地谈谈"诗史"的问题。

为什么说杜诗是"诗史"呢？为什么杜诗是用诗歌写的历史或者是具有历史意义的诗歌呢？我们先来看晚唐孟棨《本事诗》中的一段话，因为这段话是现有文献中最早提出杜诗是"诗史"

的文献。《本事诗》卷三中说："杜逢禄山之乱，流离陇蜀，毕陈于诗，推见至隐，殆无遗事，故当时号为诗史。"杜甫遭逢了"安史之乱"，颠沛流离于陇蜀，就是现在的甘肃、四川一带，于是把他遭遇的"安史之乱"这个天翻地覆的大事变和他个人"流离陇蜀"的内容都写在诗歌中了。不但如此，他还观察到了最隐微、最细小的情况，几乎没有遗漏，所以当时就被号为"诗史"。这句话里的"当时"两个字，孟棨没有说清楚到底指什么时候，但是我们体会他的语气，应该是指杜甫的"当时"，就是杜甫写了这些诗歌以后。可惜，我们从杜甫同时代以及杜甫身后一直到孟棨以前的文献中找不到这种说法。但至少有一点是可以肯定的，就是孟棨提出这个概念，他说这不是他自己创造出来的，在他以前已经存在这样的评价了，他仅仅是把它追记下来而已。

"诗史"的说法到了宋代就广泛地被接受了，首先是《新唐书》中的《杜甫传》，《新唐书》大家知道是欧阳修和宋祁写的，《杜甫传》里那些列传的文字主要是宋祁的手笔，但也经过了欧阳修的统稿，可以看作他们两个人的共同意见。《新唐书》说杜甫"善陈时事，律切精深，世号'诗史'"。当然"律切精深"跟"诗史"没有关系，"世号'诗史'"的原因其实就是"善陈时事"。也就是说，欧阳修他们认为，杜甫的诗之所以称为"诗史"，就在于它善于记录时代，善于记录时代的重大事件。应该说，这个观点虽然出于欧阳修、宋祁的大手笔，但是并没有说得很充分，不是很到位。比欧、宋稍微晚一点，一个叫胡宗愈的北宋人写过一篇《成都草堂诗碑序》，序中也说杜诗是"诗史"。他说："先生以诗鸣于唐，凡出处去就、动息劳佚、悲欢忧乐、忠愤感激、好贤恶恶，一见于诗，读之可以知其世，学士大夫谓之诗史。""先生"就是杜甫。"出"就是出来做官，"处"就是隐居，"去就"就是离开朝廷与接受官职，就是他一生的政治行为；或动或静，或劳或佚，就是他一生的个人生活状态；还有他内心的感受、他的悲欢离合、他的强烈的是非感、他的价值判断，等等；所有这些内容，杜甫全都写到诗歌中去了。人们读了杜诗，可以了解他所处的时代，所以士大夫称为"诗史"。胡宗愈的说法要比欧阳修和宋祁的说法更详细、更深入，他说出了"诗史"更丰富的含义。

更好的说法是清人浦起龙的，浦起龙的《读杜心解》的卷首，有一个《诗目谱》，就是目录，其中有三句话非常重要。我查了一下，这三句话竟然在这个《诗目谱》中重复出现了两次。这一段文字没多长，这三句话竟然出现了两次，可见浦起龙自己也非常重视，觉得这是很重要的话。那么浦起龙是怎么说的呢？他说："少陵之诗，一人之性情，而三朝之事会寄焉者也。"中国的古诗从根本上说都是抒情诗，杜甫的诗就是写他自己的性情的，写他的喜怒哀乐，写他的"好贤恶恶"，写他内心全部的情思和感触，但是"三朝之事会寄焉者也"。所谓"三朝"就是唐玄宗、唐肃宗、唐代宗，杜甫一生经历的三个皇帝的统治时期，也就是他的一生。那个时代的事情，国家、民族的大事情，都凝聚在杜诗之中，都寄托在杜诗之中。我觉得浦起龙这段话言简意赅，比前人说得更好。他首先肯定杜诗是抒情诗，是写个人内心的喜怒哀乐，写个人的悲欢离合。但是他又肯定杜甫所经历的那个时代都凝聚、体现在杜诗中了，这正是杜诗号称"诗史"的原因。

对今天的读者来说，我们说杜诗是"诗史"，最重要的意义在于杜诗是"安史之乱"前后唐帝国最鲜明、最生动、最深刻的记录。我们看一个例子，"安史之乱"对唐帝国的人口造成了巨大的破坏，《资治通鉴》中记载了这样两个数字：《通鉴》卷二百一十七，记载了天宝十三载，唐帝国的人口总数是5288万，半个亿。过了十年，也就是广德二年（764），这个时候"安史之乱"已经基本平定了，这时唐帝国的总人口是多少呢？是1690万，一个国家的总人口从5288万变成了1690万，三分之二的人口没有了，消失了。

假如在一个历史时期，一个国家没有重大的自然灾害，没有地震，没有海啸，那么它的人口不会有很大的波动。其实中国这么广大的地方，即使局部地区有重大的自然灾害，也不可能使总人口有重大的波动。凡是在一个并无重大自然灾害的历史时期，一个国家的总人口有这么大幅的降低，那么它肯定发生了非常残酷的人祸。人口学家告诉我们，太平天国从金田起义到天京陷落，一共14年，14年间江南的人口减少了一个亿。不说其他的，光看这一数字就知道那场动乱的损失有多大。

"安史之乱"就是这样的一场大动乱，十年之间，一个国家三分之二的人口消失了。历史学家、历史文献虽然可以给我们提供一个具体的数字，但那仅仅是一个冷冰冰的数字。你读《文献通考》也好，你读《资治通鉴》也好，你都得到了这个数字，但是它到底是怎么回事？这是怎样的一个过程？这个过程的细节是什么样子的？它在当时人们的心中留下了什么心理创伤？看不到，历史记录中没有。从哪里能看到呢？从文学，从诗歌，从杜诗。关于"安史之乱"中人民的大量死亡，我引了杜甫的一句诗，这是杜甫晚年在湖南写的一首诗，题目叫《白马》，诗中有这样一句："丧乱死多门。"在多灾多难、兵荒马乱的时代，人的死亡有多种多样的途径。太平时候，人们的死亡方式比较单一，老死了、病死了等，但是在不太平的时候，战乱的时候，人会以各种各样意想不到的方式死亡，这就是"丧乱死多门"。所以说，关于"安史之乱"前后人民的死亡，各式各样的非常态的死亡，记载得最详细、最生动的绝不是《资治通鉴》，也不是《新唐书》《旧唐书》，而是杜诗。我们读杜甫的"三吏""三别"，读杜甫其他的诗，可以看到具体的描述。从这一点来说，诗歌不但可以弥补历史，而且有历史所不可取代的功能。

我们干吗要有历史？两千年前、一千年前的历史跟我们现在有什么关系？关键就在于历史是我们集体的记忆，它铭刻在民族的心中，它时刻影响着当代人的生活，影响着我们的价值判断，影响着我们的人生观，这是一个民族的血脉。就这个功能来说，杜诗所起的作用是历史文献不可取代的，我们可以理直气壮地称杜诗为"诗史"。

中华民族是非常重视历史、重视史学传统的一个民族，清代的章学诚有一句名言叫"六经皆史"，说我们古代的经典都是历史，都是记录我们古代先民事迹的历史。中国古代有非常发达的历史文化，今人或者称之为史官文化。历代的朝廷都设立了专门的机构，由专门的人员来负责记录历史。所以就不间断的编年史的文字记录来说，中华民族的历史大概是世界上记载得最悠久的、最详细的。有很多民族古代的历史是不清楚的，比如印度民族，你想了解印度的古代史，说不清楚，它没有如此发达的史学传统，印度的很多历史现在只能从佛教故事或印度教故事去推测，它没有不间断的编年史的记录。中华民族有，因为我们重视历史。

重视历史、重视记载历史是为了什么？我觉得孔子的一段话说得很清楚，这段话不见于《论语》，见于司马迁的《太史公自序》。孔子说："我欲载之空言，不若见之于行事之深切著明也。"这句话是什么意思呢？就是说我如果想把我的理论、我的思想，用逻辑推理或理论体系来表达的话，不如记录历史事件的过程，在叙事中予以表达，这样会更清楚，更容易理解，更容易体会。正是出于这种精神，孔子整理《春秋》，整理鲁国的历史，他认为，他的是是非非、他的政治和伦理方面的见解，可以通过修史体现出来。通过对具体事件、具体历史人物的记叙、评论和判断来体现思想，比用空洞的理论来表达更好。这正是古人重视历史的根本原因。我觉得，如果我们从这个角度来评价杜诗，评价具有强大记事功能的杜诗，就更能体会它的意义何在。

像《北征》这样的诗，确实体现了浦起龙所说的"一人之性情，而三朝之事会寄焉者也"。《北征》当然是写杜甫一个人的性情，写他个人的喜怒哀乐，写他与家人的悲欢离合，写他对那个动乱时代的各种感受，但与此同时，当时整个唐帝国的形势，对历史事件、历史人物的评论，都体现在这首诗里。"三朝之事会寄焉者也"，一个时代的历史脉络已经凝聚在诗歌里，寄托在诗歌里。我认为，只要你认真读《北征》，你心目中肯定会闪过"诗史"这个词来，它确实是杜诗在"诗史"的意义上最鲜明的体现，是最好的一个典范性文本。

当然，说到杜诗的"诗史"精神，还应该补充一句，就是它对后代的整个文学史、文化史有深远的影响。尤其是当国家、民族发生危难的时候，杜诗的"诗史"精神就得到凸现。后代的许多诗人也都曾被赋予"诗史"的桂冠，比如陆游，这是褚人获提出的；比如文天祥，这是黄宗羲说的；比如汪元量，这是李珏说的；比如顾炎武，这是徐嘉说的；比如吴梅村，这是郑方坤说的。除此以外，大家还可以找到更多的例子。这说明杜甫的"诗史"精神对后代诗歌史产生了深远的影响。

仁爱
精神

君子之交淡如水

——读杜甫《赠卫八处士》

　　唐肃宗乾元二年（759），正任华州司功参军的杜甫从洛阳返回华州，途经友人卫八之家，作此诗赠之。"卫八处士"何许人也？历代杜诗注家聚讼纷纭，终无确论。既称"处士"，即是布衣，史籍无载，生平遂无可考。黄鹤说是武后时代的蒲州著名隐士卫大经之族子，并无根据。颜师古注引伪书《唐史拾遗》指为卫宾，更为杜撰。此诗作于何地？当然是洛阳与华州之间的某地，具体地点则不可考。旧注或谓作于蒲州，那是从卫八乃卫大经族子之说推测而来，同样缺乏根据。况且杜甫从洛阳至华州，途经新安、陕州（石壕村在此州）、潼关，基本上走的是一条直线，并不经过蒲州。这一带是杜甫非常熟悉的地方，他当然知道故友家在何地，故向晚造访，投宿一夜而别。诗云：

　　人生不相见，动如参与商。今夕复何夕，共此灯烛光。
少壮能几时，鬓发各已苍。访旧半为鬼，惊呼热中肠。焉知二十载，重上君子堂。昔别君未婚，儿女忽成行。怡然敬父执，问我来何方。问答未及已，驱儿罗酒浆。夜雨剪春韭，新炊间黄粱。主称会面难，一举累十觞。十觞亦不醉，感子故意长。明日隔山岳，世事两茫茫。

此诗平易如话，几无歧解。只有"新炊间黄粱"一句，相传宋祁手抄杜诗作"新炊闻黄粱"，何焯评曰"非常生动"（《义门读书记》），薛雪则认为："换却……'闻'字，呆板无味，损尽精采。"（《一瓢诗话》）平心而论，若作"闻"字，这句谓诗人嗅到从厨房飘来的黄粱香味，确实相当生动，但现存各种版本的杜诗均无此异文，不得擅改。若作"间"字，则指米饭中杂以黄粱。此诗风格朴素，字句平易，故原文多半是"间"，方与整篇风格相符。况且上句"夜雨剪春韭"并非说诗人跟着卫八家人一同去冒雨剪韭，而是看到端上桌面的饭菜后的追叙，"新炊间黄粱"也应如此解读。此外，诗中内容是否涉及乱离世态？黄鹤说"味诗，又非乱离后语"，故系此诗于"安史之乱"以前。后代注家皆不从此说，因为诗中虽然并未直接写到乱离景象，但字里行间还是渗透着乱世心态。别易会难，死生相隔，人事沧桑，世事茫茫，这些情况平常年代也都存在，但乱世则会显著加剧其程度，也会明显加深人们的感受。此诗的感慨如此深沉，颠沛流离的乱世经历就是其发生的背景，不过诗人并未明说而已。

《赠卫八处士》得到后人的交口称赞，宋人陈世崇说："久别重逢，曲尽人情。想而味之，宛然在目。"（《随隐漫录》）明人钟惺说："只叙真境，如道家常，欲歌欲哭。"（《唐诗归》）清人张上若说："全诗无句不关人情之至，真到极处便厚。情景逼真，兼有顿挫之妙。"（《读书堂杜诗注解》）清人吴农祥说："此人人胸臆所有，人不道耳。"（《杜诗集评》引）的确，此诗既无形容、想象，亦无奇字、警句，只是用平淡无奇的语言，叙写平凡朴实的情景，然而它感动着千载之下的读者，其奥秘全在内容，既平凡又典型，从而浓缩了人人皆有的人生经验，具体的描写则鲜活、细腻，如在目前。开篇即云"人生不相见，动如参与商"，参、商二星一东一西，此起彼落，用它们来比喻相见之难，当然是极而言之。但是人海茫茫，世情变幻，一对好友一旦被抛入命运的大浪，相见的概率便如萍水相逢，此是人间常态。正因如此，接下来的两句便如神来之笔：今夜是何夜？竟然好友重逢，在烛光下相对而坐。《诗经·唐风·绸缪》云："今夕何夕，见此良人。"是夫妻相见的惊喜之词。杜诗在"今夕何夕"中添一"复"字，意谓今夕之后，何夕再得相见？意味更加深永。烛光摇曳，光线暗淡，最似梦境，杜甫两年前在《羌村三首》中说"夜阑更秉烛，相对如梦寐"，便是例证。故这两句暗含似真似幻的疑惑，加深了惊喜之情的程度。坐定之后，主客互相端详，发现双方都已白发苍苍，于是叹息青春易逝。言谈中得知有些故人已入鬼录，不由得失声惊呼，五内俱热。正因世事沧桑，存亡难卜，故下文用"焉知"引起，意谓二十年间发生了多少沧桑事变，如今竟得重登故人之堂，真是喜

147

出望外！二十年前主客二人俱未婚娶，其后便音信杳然，如今眼前忽然冒出卫八的一群儿女，他们神情愉悦，彬彬有礼地前来拜见父亲的好友。兵荒马乱，人们居无定所，故孩子们询问客人是从何方而来。问答还未完毕，卫八急于款待来客，便催促儿女张罗酒肴。"夜雨剪春韭，新炊间黄粱"二句又堪称神来之笔：若在开元盛世，待客当用鸡黍，如今只用园蔬、杂粮来款待稀客，活画出艰难时世的特有情景。此外，宋人蔡梦弼云："主人重客，故破夜雨以剪春韭，复加新炊之粱，其勤意之真可知也。"（《草堂诗笺》）清人吴冯栻则云："客到已晚，别无可屠酤，故即用家园滋味。而黄粱别用新炊，则知晚饭已过，重新整治者也。"（《青城说杜》）分别指出杜诗描写的精确、生动，语皆中的。更重要的是，如此简单、朴素的饭菜，经杜甫一咏，不但色香俱全，而且诗意盎然，令人神往。最后写主客对酌，频频举杯，且预想别后山川阻隔、世事茫茫，语终而意不绝，读之三叹有余哀。

《庄子·山木》云："君子之交淡若水，小人之交甘若醴。君子淡以亲，小人甘以绝。"郭象注曰："无利故淡，道合故亲。饰利故甘，利不可常，故有时而绝也。"《赠卫八处士》所咏的友谊，便属于平淡如水的"君子之交"。首先，杜甫与卫八，年轻时一度相交，然后便是长久的分离。二十年后偶然重逢，只是匆匆一面，杯酒相欢，然后又是天各一方。这样的交情当然不是甘美如醴，而是平淡如水。然而这才是摆脱了私利和杂念的真诚友谊。杜甫曾赠诗友人说："但使残年饱吃饭，只愿无事常相见。"（《病后过王倚饮赠歌》）居住比邻，时常相见，当然是保持友谊的有效方式，但并不是必要条件。秦观咏爱情说："两情若是久长时，又岂在朝朝暮暮！"（《鹊桥仙》）友谊也是一样，只要彼此在心里珍藏着这份情感，哪怕相隔万水千山，哪怕终生别多会少，照样能使友谊地久天长。其次，杜甫与卫八的交情，并未经过任何磨难与考验。汉人翟公曾叹息说："一死一生，乃知交情。一贫一富，乃知交态。一贵一贱，交情乃现。"（《史记·汲郑列传》）杜甫在李白银铛入狱、长流夜郎之后，仍为之鸣不平说："世人皆欲杀，吾意独怜才。"（《不见》）这样的友谊，经受了苦难的考验，堪称生死之交。但是经受考验并不是真诚友谊的必要条件，换句话说，未曾经受严峻考验的友谊也完全可能是真诚的。只要志趣相投，真诚相待，就像杜甫与卫八那样，二人的交情并未受到生死、贫富、贵贱等因素的考验，而只是体现为日常生活中的平凡行为，然而这才是具有普遍意义的真诚友谊。我相信，《赠卫八处士》所咏的友谊是我们芸芸众生最希望得到的人间真情，这是此诗受到广泛喜爱的内在原因。

诗国中月亮对太阳的思念

——杜甫在秦州所写的怀李白诗

唐玄宗天宝三载（744）初夏，李白和杜甫在洛阳初次会面。一千一百八十四年以后，闻一多激动万分地评说此事："我们四千年的历史里，除了孔子见老子，没有比这两人的会面，更重大，更神圣，更可纪念的。我们再逼紧我们的想象，比如说，青天里太阳和月亮碰了头，那么，尘世上不知要焚起多少香案，不知有多少人要望天遥拜，说是皇天的祥瑞。"（《杜甫》）可惜两位名垂千古的大诗人的相聚非常短促，次年秋天，两人在鲁郡相别，从此天涯永隔。十四年以后，也就是唐肃宗乾元二年（759）七月，杜甫流落到秦州，在那里停留了三个月。此时的杜甫在生活上濒于绝境，他拖家带口，衣食无着，被迫重操卖药的旧业。但就在这短短的三个月中，杜甫一连写了四首怀念李白的诗，其中的三首——《梦李白二首》和《天末怀李白》都被清人选进《唐诗三百首》，竟占了全书作品总数的百分之一，其首要原因当然是它们情文并茂，正如清人仇兆鳌评前两首所云："千古交情，惟此为至。然非公至性，不能有此至情。非公至文，亦不能写此至性。"（《杜诗详注》）其次，也因为它们是杜甫思念李白的诗作，思念者与被思念者是千年诗史上最伟大的两位诗人，借用闻一多的话说，这是诗国中的月亮对太阳的思念！

梦李白二首

其一

死别已吞声，生别常恻恻。江南瘴疠地，逐客无消息。故人入我梦，明我长相忆。恐非平生魂，路远不可测。魂来枫林青，魂返关塞黑。君今在罗网，何以有羽翼。落月满屋梁，犹疑照颜色。水深波浪阔，无使蛟龙得。

其二

浮云终日行，游子久不至。三夜频梦君，情亲见君意。告归常局促，苦道来不易。江湖多风波，舟楫恐失坠。出门搔白首，若负平生志。冠盖满京华，斯人独憔悴。孰云网恢恢？将老身反累。千秋万岁名，寂寞身后事。

清人方观承云："少陵梦李白诗，童而习之矣。及自作梦友诗，始益恍然于少陵语语是梦，非忆非怀。"（方世举《兰丛诗话》引）说二诗"语语是梦"，不很准确，因为第一首的前四句分明是写未梦之前，第二首的前四句也是交代梦之由来。但是说全诗主旨是梦而"非忆非怀"，则一语中的。因为是写梦境，全诗就笼罩着一片迷离恍惚的雾气。试以第一首为例："恐非平生魂，路远不可测"写梦中与李白相遇，竟怀疑来者并非生人的魂魄，言下之意故人或已化为鬼魂，因为路途遥远，存亡未卜。"魂来枫林青，魂返关塞黑"二句分写李白所在之江南与杜甫所处之秦州，两地相隔万里，景象皆惨淡阴森。清人沈德潜说这是"点缀楚辞，恍恍惚惚，使读者惘然如梦"（《唐诗别裁集》）。蒲松龄在谈神说鬼的《聊斋志异》自序中说："知我者，其在青林黑塞间乎！"显然也是有取于这两句杜诗的阴惨气氛。及至结尾四句，清人浦起龙解曰："梦中人杳然矣，偏说其神犹在，偏与叮咛嘱咐。"（《读杜心解》）也就是把梦境的恍惚感一直延伸到梦醒之后：残月的余晖映照在屋梁上，仿佛还照着李白的容颜，于是诗人情意殷殷地叮嘱他在归路上务必注意安全。刘辰翁说："落月屋梁，偶然实景，不可再遇。"（《唐诗品汇》引）"落月满屋梁"确实可能为实景，但用一缕暗淡的落月之光来衬托凄迷的梦境，又是何等的生动传神！如果说第一首的着力之处是渲染梦境，那么第二首的重点就是刻画梦中所见的李白形象。曾经英风豪气不可一世的李白如今变成了一个憔悴老人，他匆匆告别，再三诉说远道而来的艰难：江湖上风波险恶，扁舟出没于其间，令人提心吊胆。临出门时，他举手搔搔满头白发，一副潦倒失意的模样。这就是曾被贺知章称为"谪仙人"的李白吗？这就是那位"笔落惊风雨，诗成泣鬼神"（杜甫《寄李十二白二十韵》）的李白吗？如今"安史之乱"初步平定，长安城里充塞着达官贵人，而李白却独自憔悴如斯！于是杜甫对命运发出了严厉的责问：谁说是"天网恢恢，疏而不漏"？李白垂垂老矣，却反而受到如此的牵累！

那么，为什么杜甫梦中所见的李白是如此落魄潦倒呢？为什么杜甫要为李白忧心忡忡且高声鸣冤呢？让我们再读写于同时同地的《天末怀李白》：

> 凉风起天末，君子意如何？鸿雁几时到？江湖秋水多。
> 文章憎命达，魑魅喜人过。应共冤魂语，投诗赠汨罗。

与《梦李白二首》的恍惚意境不同，此诗以非常清醒、非常冷静的语气抒写对李白的思念。秦州地处北部边陲，秋风已寒，鸿雁南飞，此时此地，杜甫分外思念远在天边的李白。后四句说到魑魅，又说到汨罗冤魂，表明此时杜甫已经得知李白获罪长流夜郎的消息。原来在去年（758）二月，李白因误入永王李璘军一事被判处长流夜郎，本年夏秋之间，李白行至夔州，适遇朝廷大赦，当即乘舟东归。"朝辞白帝彩云间，千里江陵一日还"的轻快诗句就是那时写的。但是古代消息传得很慢，杜甫又僻居边陲，所以他仅知李白长流夜郎，还以为此时李白正在走向夜郎的途中。唐代的夜郎处于现在湖南西部的芷江，李白从江州出发前往夜郎的路线是溯江西上，至夔州再南下，经过地处湘西的"五溪"。十四年前李白送王昌龄贬龙标尉的诗中说"闻道龙标过五

· 153 ·

溪"，也是指的这条路线。杜甫当然不知道李白所走的实际路线，他以为李白会从洞庭湖折而向南，并经过汨罗江一带。汨罗江与"五溪"相隔不远，古人认为那里是瘴疠之地，是魑魅魍魉出没的地方。据《左传》中记载，舜曾流放"四凶"："投诸四裔，以御魑魅。"因为魑魅是食人的厉鬼，喜人经过而得以食之。如今李白被远流夜郎，怎不令杜甫忧虑万分？杜甫又想到李白才高见谤，无罪受罚，当他经过汨罗江畔时，一定会像汉初的贾谊一样，投诗汨罗，与屈原的冤魂互相倾诉心事。这既是对李白的透彻理解，又是对李白的深切同情。关于"魑魅喜人过"一句，清人何焯引其师李光地之解曰："嵇叔夜耻与魑魅争光，此句指与白争进者言之。鬼神忌才，喜伺过失。古人四声多转借用之，非'过从'之'过'也。"（《义门读书记》）这种解释也可讲通，但不如前解意味深长。正如仇兆鳌所评，此诗"说到流离生死，千里关情，真堪声泪交下，此怀人之最惨怛者"（《杜诗详注》）。

李白入永王李璘军因而获罪之事，其经过情形非常复杂，后人的议论也莫衷一是。天宝十五载（756）六月"马嵬坡事变"发生后，唐玄宗继续西奔。七月，太子李亨即位于灵武，是为唐肃宗。唐玄宗在入蜀途中，没有及时得到太子登基的消息，仍以皇帝的名义颁令部署，永王李璘被任为江陵府都督及江南西道等四道节度使。李璘是李亨的幼弟，幼年丧母，曾由李亨抚养，晚上常由李亨抱着睡觉。但李璘长于深宫，不明事理，赴任江陵后见地方富庶，就滋生野心，想要向东南发展势力。唐肃宗闻知，令其归蜀，李璘不从，并引军沿江东下。唐肃宗随即部署军队予以讨伐。李璘军路经九江时，正在庐山的李白应聘入李璘军为僚佐。次年李璘军溃败，李白先是奔逃，后又自首，系于浔阳狱中。及至乾元元年，终于被判长流夜郎。李白后来自称是受到胁迫而入李璘军的："半夜水军来，寻阳满旌旃。空名适自误，迫胁上楼船。"（《经乱离后天恩流夜郎忆旧游书怀赠江夏韦太守良宰》）但事实并非如此，李白的《永王东巡歌》十一首就是明证，像"雷鼓嘈嘈喧武昌，云旗猎猎过寻阳。秋毫不犯三吴悦，春日遥看五色光"（其三），像"二帝巡游俱未回，五陵松柏使人哀。诸侯不救河南地，更喜贤王远道来"（其五），哪里是被胁迫的口气？但要说李白是有心从逆，则未免厚诬古人。李白其人，向有报国济时的远大志向。李璘聘其入军，当然会被李白看作实现报国雄图的绝好机会，这在《永王东巡歌》之二中表露得非常清楚："三川北虏乱如麻，四海南奔似永嘉。但用东山谢安石，为君谈笑静胡沙。"原来李白一心想着像东晋的谢安那样，在谈笑之间建立奇功，一举平定叛乱。李白是个热情洋溢的诗人，他对朝廷内部的明争暗斗不甚了然，对李璘的个人野心也毫无觉察。宋人朱熹说："李白见永王璘反，便从臾之，文人没头脑乃尔！"（《朱子语类》）说李白"从臾"永王是毫无根据的，但说他"没头脑"倒不无道理，李白确实热情有余而冷静不足，他毕竟是个豪气干云的诗人而已，其政治见识不但不如擅长运筹帷幄的李泌，也比不上善于观察形势的杜甫。

但是，李白此举虽然不够明智，毕竟不是什么弥天大罪，又何以受到流放蛮荒的严重处罚？况且李白英才盖世，一心报国，是国家和社会的宝贵财富，怎么也该予以保护呀！也许杜甫在两年以后所写的《不见》一诗更可加深我们的理解："不见李生久，佯狂真可哀。世人皆欲杀，吾意独怜才。"为什么李白会落到"世人皆欲杀"的地步呢？除了政治原因以外，恐怕与他的才太高、名太大不无关系。凡是才高一世者，往往会遭到庸众的妒忌。名满天下者，谤亦满天下。况且李白一向恃才傲物，蔑视权贵，朝廷中对他心怀忌恨者大有人在。在这种情形下，杜甫的这三首诗尤其值得重视。一方面，杜甫为人，特重感情，梁启超称他为"情圣"，诚非虚言。一部杜诗，凡咏及友谊者，无不情文并茂。另一方面，杜甫与李白的友情又非他人所能及，正如浦起龙评杜甫所云："公当日文章契交，太白一人而已。"（《读杜心解》）宋人严羽说得更加真切："少陵与太白，独厚于诸公。诗中凡言太白十四处，至谓'世人皆欲杀，吾意独怜才'……其情好可想。"（《沧浪诗话》）所以当李白蒙冤流放时，整个诗坛只有杜甫在遥远的北陲连写三诗以抒思念之情。清人《唐宋诗醇》评《梦李白二首》曰："沉痛之音，发于至情，情之至者文亦至。友谊如此，当与《出师》《陈情》二并读，非仅《招魂》《大招》之遗韵也。"又评《天末怀李白》云："悲歌慷慨，一气舒卷。李杜交好，其诗特地精神。"的确，只有杜甫才能写出如此情真意切的怀李之诗，也只有李白才当得起如此惊心动魄的怀念之诗。《梦李白二首》的最后说："千秋万岁名，寂寞身后事。"这既是杜甫为李白发出的不平之鸣，也是杜甫对自身命运的准确预言。万里青天上只有一对日月，千年诗国中也只有一对李杜，所以《梦李白二首》与《天末怀李白》是千古独绝的友谊颂歌。

仁爱精神的延伸

今天我们讨论一个专题，就是杜甫的咏物诗。首先，我需要先介绍一下刘勰《文心雕龙·物色》里的几句话。《文心雕龙·物色》里的主要内容是说文学作品中关于物象的描写，即关于物体的声、色等方面的描写，在作品中起什么作用、应该如何描写以及它有什么传统。它里面有这样几句话："诗人感物，联类不穷，流连万象之际，沉吟视听之区。"就是诗人对外界物体有所感触、感动，产生了无穷无尽的联想，诗人的感受、视听就在各式各样的物体之间往返，诗人在通过视觉和听觉所感知的这个领域进行构思。《文心雕龙·物色》里所举的文学作品对物体的描写、对物象的描写的例子主要是《诗经》。那么我们可以说，关注外物的形体，就是刘勰所说的"物色"，这个传统早在《诗经》的时代就开始了，稍后呢，在《楚辞》中也有了。

我们分别在《诗经》和《楚辞》中找了两个例子。首先说明一下，《诗经》中我们举的例子是《豳风·鸱鸮》这一篇，这在刘勰的《文心雕龙·物色》中没有提到，刘勰提到的是"桃之夭夭""灼灼其华"之类的例子。那么我们为什么不引刘勰举的例子，而要另外找一个例子呢？因为刘勰所举的那些"物色"在《诗经》的篇章里都是局部的，都是具体的某一两句或一两节、一两章，它不是整篇的，整篇作品不是以描写或刻画外物为目的的，仅仅是在抒情叙事的过程中涉及那些物体而已，这种作品我们还不能称作咏物的作品。那么《诗经》中间有没有咏物诗呢？我觉得比较纯粹的咏物诗就是这首《鸱鸮》。

《鸱鸮》这首诗在后代的分类中也称为"禽言诗"。所谓"禽言"，就是鸟的语言，它是模仿某些鸟的叫声写的诗。《鸱鸮》的抒情主人公到底是一种什么鸟？我们不知道，只知道是一种柔弱无力的小鸟，它抵抗不了鸱鸮这个恶鸟的侵扰、压迫，所以它作了一首诗向鸱鸮提出抗议。禽言诗在后代的分类中是独特的一类，唐人也好，宋人也好，都有不少例子，尤其是宋人。宋代的苏东坡、黄庭坚、陆游等人都有写得很好的禽言诗。但我们现在关注的是，《鸱鸮》是一首咏物诗，它不是诗人自抒怀抱的抒情诗，它是描写一个物体的，是以咏物为题材的。

与此类似的是《楚辞·九章》中的《橘颂》，它歌颂南方一种美好的树——橘树。屈原认为，橘树是有象征意义的，它象征君子的德行。但《橘颂》通篇都是对橘树的描写，是一首完整的规范的咏物作品。

很巧，《诗经》中的咏物诗《鸱鸮》和《楚辞》中的咏物诗《橘颂》，正好代表着后代咏物题材的两大类主体倾向，一类是谴责的，一类是赞美的，《鸱鸮》是谴责鸱鸮这个恶鸟，而《橘颂》是赞美一种美好的树木。这也许是巧合，但后代咏物诗的主题确实有这样两种传统。

刚才我们说到了《文心雕龙·物色》，现在我们还要把时代往前推一推，最早谈到文学作品与外物的关系的，当然还是陆机的《文赋》。《文赋》中有两句广为传诵的话："诗缘情而绮靡，赋体物而浏亮。"陆机认为诗与赋在功能、主题上应该有所区别。赋主要是体物的，用来描写外物的；而诗主要是用来抒情的，所谓"缘情"，就是根源于情。陆机的看法基本上代表了西晋时人们的普遍看法，当时的人都认为，诗与赋在功能上有这样一个大致的区分。现在我们谈的是咏物诗，粗看好像跟这两句话是不合的，但我们把前面一种文体的形式与后一种文体的功能结合在一起了。按照陆机的说法，体物本来应该是赋的功能，而不是诗的功能，而现在我们谈的是咏物诗，是具有体物功能的诗，这又是怎么一回事呢？我们先简单地看一下前一句"诗缘情而绮靡"，这句话李善注得很好，为什么"诗缘情而绮靡"？李善说："诗以言志，故曰缘情。"他是从诗歌的最本质的意义上来说的，因为中国古代最早的诗歌纲领就是三个字"诗言志"，诗是表达人的"志"的。那么"志"是什么？在李善看来，志与情是一回事。大家也许会联想到现代作家周作人的一个观点，周作人认为文学史上有两大派，一派是抒情，一派是言志，两者是截然不同的。但事实上在古人那里，在李善看来，情与志是一个东西，并不能严格区分开来。

比李善更早一些，唐初的孔颖达在《左传正义》中就已经提出这个观点了，他也是解释"诗言志"这句话，他认为："在己为情，情动为志，情志一也。"在孔颖达看来，情与志还是有细微区别的。一种心理状态完全蕴藏在作家内心的时候，它是情；然后外化了，有所表现了，它就变为志。但他又认为"情志一也"，情和志本来是一个东西。假如大家从文艺理论的角度仔细地去追究情到底是什么意思，志到底是什么意思，它们确实是有所区别的。

但一个人是一个整体，人的内心世界也是一个整体。20世纪80年代初讨论诗歌的时候，很多人在那里谈论形象思维与抽象思维的问题，因为毛泽东说宋人不懂形象思维，只会抽象思维，所以宋人的诗写得不好，诗一定要用形象思维。事实上形象思维也好，抽象思维也好，二者是没有办法截然分开来的。一般人都知道，人的大脑是左脑管形象思维，右脑管抽象思维。现代的脑科学家则告诉我们，人的大脑分成许多脑区，分别行使不同的思维功能，但最后会整合成一个思维结果。请问哪个人在思维的时候能感到你是用左脑在思维，还是用右脑在思维呢？你不能感觉到的，分不清楚的。一个人内心的感情、思想等心理活动是浑然一体的，根本不可能清晰地区分开来。

因此，孔颖达也好，李善也好，他们把情志说成是一体的，这是一个合乎事实的解释。现在我们回到刚才说的陆机的那句"诗缘情而绮靡"，它实际上说的是诗歌的一个最本初的含义、最本初的性质，诗应该是抒情的。但是抒情的诗能不能用来体物呢？是不是体物仅仅是赋的功能，而与诗一点关系都没有呢？当然不是。事实上，在诗与赋的发展过程中，这两种当时最主要的文体早就开始交叉影响了，早就开始你中有我、我中有你了。赋吸收了诗的抒情功能，诗吸收了赋的体物功能。大家如果对这个问题感兴趣的话，可以去读一读程章灿老师的博士论文《魏晋南北朝赋史》。程章灿老师通过对那个时期赋的发展的研究，非常清晰地告诉我们：赋原来是体物的，但是发展到后来，抒情的功能越来越重，甚至出现了纯抒情的赋。其实诗也是一样的，诗本来是用来抒情的，但是慢慢地也会有一些体物的成分加入进去，后来就出现了咏物诗。当然咏物诗的发展，或者说诗歌对咏物功能的吸收，比起赋体文学对抒情功能的吸收要晚一些，两者不是同步的。

我们看萧统的《文选》，萧统在对诗歌进行主题分类的时候，还没有咏物这一类，这说明当时咏物诗还不足以自成一类。《文选》中有咏物诗，但被归诸"杂诗"类。所谓"杂诗"，就是没有办法归类的诗，这些诗篇目太少，主题有些模糊。在《文选》的"杂诗"中我们读到了陆机的《园葵诗》，又读到了沈约的《咏湖中雁》。这样的作品，即使用我们现在的标准来看，也可以说是咏物诗，但那个时候数量还不多，不能自成一军，萧统就把它们归类为"杂诗"了。

随着整个诗歌史的不断前进，咏物诗也日益发展壮大。那么什么时候咏物诗才真正达到我们今天做研究时值得注意的程度呢？在杜甫的时代，杜甫笔下的咏物诗已蔚为大观了。所以我们今天要来看一下杜甫的咏物诗是怎么写的，他写了些什么。

这里我们先来看杜诗《病马》中的两句："物微意不浅，感动一沉吟。"他说这个物本来是微不足道的东西，但是它里面包含着非常深刻的意义，所以诗人受到感动，然后就写诗咏物。这可以说是杜甫用诗歌的语言所表述的咏物诗的性质，或者说是诗人写作咏物诗的动机。

请大家注意，杜甫所说的诗虽然是咏物的，虽然是对一个微小的物体进行吟咏，但它的基本性质并没有变，依然是抒情。诗人先是受到了外物的感动，然后来咏它，他看到了物体所包含的深刻含义。所以咏物诗是一个有意义、有意味的文本，而不是纯客观的描写。但这并不是说诗歌的功能从抒情变成咏物了，而是说在抒情的功能上加入了咏物，把这两种功能合在一起了，这是杜甫对咏物诗的理解。

杜甫一生非常热爱生活，热爱世间的各种事物，有生命的和无生命的，尤其喜爱宇宙、自然。杜甫晚年来到湖南岳麓山，游览了两个寺庙，写了一首诗，里面有这样两句："一重一掩吾肺腑，山鸟山花吾友于。"（《岳麓山道林二寺行》）"一重一掩"指的是层层叠叠的山峦，前面的山挡住了后面的，所以说"一重一掩"。杜甫认为重重叠叠的山峦好像我的肺腑一样，都在我的内心，跟我关系非常密切。"山鸟山花"指动物与植物，与前面说的山峦不同，这本来就是有生命的。"友于"就是兄弟的意思，出自《尚书·君陈》："惟孝友于兄弟。"古人往往用"友于"来表示兄弟。这些有生命的物体，动物也好，植物也好，跟我的关系更加密切了，好像是我的同胞兄弟。杜甫热爱万物，无论有生命的还是无生命的，他都爱，他的这种思路、这种情感流动，是从儒家思想来的。

《孟子》说："亲亲而仁民，仁民而爱物。"这就说出了在儒家的思想体系里，人的感情、人对"我"以外的世界的爱，是一种有等级的、一种由近及远的情感流动过程。儒家不直接主张博爱，不主张毫无差别地爱所有的人、爱全人类，儒家认为爱是有差别的。首先是"亲亲"，爱自己的亲人，如父母、儿女、兄弟等与自己关系特别密切的人，然后由这个"亲亲"推广开去，爱其他所有的人，爱人民，爱整个人类。这也是孟子所说的："老吾老，以及人之老；幼吾幼，以及人之幼。"我觉得周作人有一首小诗写得很好，虽然它朴实无华。此诗的大意是说：我因为爱我自己的孩子，所以爱别的小孩子。因为爱自己的妻子，所以爱别的女人。他的感情是由近及远逐步推广开去的，是一种自然的延伸。《孟子·尽心上》中的一句"仁民而爱物"，就表明爱从人类转移到其他的物体了，因为爱人，所以爱跟人类有密切关系的物。这里的"物"主要还是指有生命的物体。到了北宋，理学家张载在他的《西铭》中提出了一个更加著名的命题："民吾同胞，物吾与也。"后人也把它简化成四个字，就叫"民胞物与"。这是儒家或者说是宋明理学的一个核心概念，就是怀着仁爱之心对待天地万物，对待人类也好，对待非人类的物体也好，都要有仁爱之心，并与之亲近。"物吾与也"中的这个"与"，它的原始意义是同党、党羽的意思，就是跟我有密切关系的人，所以《后汉书》里说某人不好交朋友，就说"于人少所与"，不轻易相与，不爱交朋友。"民胞物与"中的"与"也是这个意思。孟子也好，张载也好，他们都是做理论的推演，用伦理学的推论，导出这样一个结论：人最亲近的是与他关系最密切的身边的人物，然后渐渐地由近及远，人们应该有这样的仁爱之心。

杜甫是用他的诗歌把儒家的这种观念形象地表达出来，他没有做过理论推演，他没有说过"亲亲仁民""民胞物与"之类的话，他是用他的作品，用他在作品中流露出来的对其他人物、其他物体的爱来表现这种理论。

杜甫的咏物诗很多，我们不能一一介绍，先来看这首《过津口》。诗中有这样两句："白鱼困密网，黄鸟喧嘉音。"杜甫在野外行走，看到一种白鱼被网眼很小的网困住了，无法逃脱，又看到黄鸟自由自在地在树枝上面鸣叫，发出很动听的叫声。"密网"的"密"字值得关注。中国古人是很注意环保的，周代对渔网眼子的大小都有具体规定的。网太密了，就会把小鱼都捕起来了，所以规定要用比较大的网眼，让小鱼都漏网。这当然是为了保证鱼可以生生不息地繁衍。舟山群岛本来盛产带鱼，但后来带鱼差点绝种，因为舟山一带的渔民用网眼很密的渔网，把两寸长的小带鱼都捕上来了。所以杜甫谴责"密网"，它使白鱼困在网里逃脱不了。面对这两种生物的不同命运，杜甫自然就产生了感慨，他说："物微限通塞，恻隐仁者心。"白鱼很小，说不定就是他后来写过的"白小"那一类的鱼，黄鸟当然不是很大的鸟。这些小生物有不同的命运，有的是"通"，有的是"塞"，有的很自由，有的不自由，这些都感动着我，我作为一个有仁爱之心的人，对它们深表关切。这是杜甫写咏物诗的一个出发点。

杜甫一生中写过很多咏物诗，我统计了一下，比较集中的有四组。第一组是杜甫48岁那年在秦州写的，一共有16首，就是从《天河》直到《铜瓶》，16首都是咏物诗，这可以看作一组。因为杜甫在秦州一共只待了三个月，写作时间非常集中。然后是50岁那年在成都写的一组，是4首。这4首肯定是一组，因为它们的标题是《病柏》《病橘》《枯棕》《枯楠》，是对一组生了病的、将要枯萎的、毫无生气的植物的吟咏。第三组是51岁时也是在成都写的，叫《江头五咏》，写的是"花鸭"等五个细小的物体。最后一组是55岁时在夔州写的，从《鹦鹉》到《白小》，共8首。

这里先说一下什么是白小。白小是一种白颜色的特别小的鱼，《白小》中有这样两句："白小群分命，天然二寸鱼。"什么叫"群分命"呢？钱锺书先生解释过，就是很多条鱼才分享一条生命，它太小了，几条鱼合起来才有一条命。钱锺书怎么会说到这一句杜诗呢？钱锺书是用来比喻南宋的"四灵派"。南宋有一个诗派叫"四灵派"，四位诗人都是永嘉人。钱锺书说他们四个人格局太小，就像白小一样，四个人才分一条命。

刚才介绍的这四组诗都是杜甫比较集中地写的咏物诗，我很少看到有专门讨论这几组咏物诗的文章，大家有兴趣的话可以写文章来研究它们，看看每一组诗中同和异的情况。

现在我们跳出这几组咏物诗，看看杜甫咏物诗的整体情况是怎样的。我们分别从主题和艺术这两个角度来看一下。

先看主题。明代竟陵派文学家钟惺所编的《唐诗归》中，有一个地方谈到了杜甫的咏物诗。他认为，杜甫对他所咏的物体有11种态度。我觉得钟惺分得太琐碎，我归纳了一下，可以分为三大类：第一类是赞美；第二类是悲悯；第三类是嗔怪。嗔怪就是批评，说这个物体不好。我们分别来看一看这三大类的代表作品。

讲到第一大类的时候，我觉得南宋的黄彻说得特别好。黄彻有一本书叫《碧溪诗话》，里面谈到了杜甫的这一类咏物诗，并举了杜甫咏马的诗和咏鹰的诗，黄彻说杜甫比较喜欢咏这两种动物。咏马的诗有什么意思呢？黄彻说是"致远壮心，未甘伏枥"，就是曹操说过的"老骥伏枥，志在千里"。一匹良马，即使老了，它的雄心壮志还没有消失。黄彻认为，杜甫之所以常常咏马，而且要咏骏马，主要是为了寄托"老骥伏枥，志在千里"的强烈的人生理想。那么杜甫为什么喜欢咏鹰呢？黄彻认为是因为杜甫"疾恶刚肠，尤思排击"，就是杜甫非常仇恨那些丑恶的、邪恶的东西，他一看到这些东西就想打击它们。儒家有一个观点，是孔子说的："唯仁者能好人，能恶人。"真正有仁爱之心的人必然有两方面，一方面非常爱一类人，另一方面非常恨另外一类人。仅仅有仁爱而没有恨，那不是真正的仁者。在黄彻看来，杜甫咏马和咏鹰的诗恰恰体现了这样的人生态度。口说无凭，下面我们来看具体的作品。

先看《房兵曹胡马》，这是杜甫早期写的诗，具体写作年代不清楚，但是历代注家都认为杜甫在进长安以前就写了这首诗。

看他是怎样写的。"胡马大宛名，锋棱瘦骨成。"这匹胡马是大宛的马，是产自西域的一种天马，也叫龙马，这在《汉书》中有详细的记载。汉武帝时代从大宛得到了这样的骏马。大宛是西域的一个国家。胡马非常瘦，骨头尖锐地耸着，像刀的锋棱一样，有很明显的棱角。骏马如果养成了肥马，肯定是跑不动路的，要日行千里的话肯定是比较瘦的马。杜甫看到的就是这样的一匹瘦马，骨头外露，像秦琼的黄骠马一样。"竹批双耳峻，风入四蹄轻。"这两句描写这匹马的外形。对"竹批双耳峻"一句，注家都引了《齐民要术》——这是古代的一本农业书，《齐民要术》写相马术说：什么样的马才是千里马呢？千里马有一个标志，就是"马耳欲得小而促，状如斩竹筒"。马的耳朵不能太大，不能是那种肥头大耳的马，"促"就是尖尖的；马耳的形状就像把一个竹筒一刀斩断，当然是斜着劈的。本来是一个竹筒，我这样斜着一刀把它斩断，这样的一双耳朵竖在那里，这种马才是千里马。胡马的耳朵不是耷拉着的，耳朵耷拉着的马肯定不是良马。"风入四蹄轻"是形容它跑得非常快，四蹄生风，简直是腾空而行。五六两句说"所向无空阔，真堪托死生"。对于这样一匹马来说，任何遥远的距离都不存在，因为它一下子就跑过去了。而且这样的马会跟马的主人同生共死，主人的命运都可以托付给它。最后两句是"骁腾有如此，万里可横行"。这两句就不用讲了。

这首咏马的诗，后人有很多评论，仇兆鳌注本引了张綖的几句话，说："此四十字中，其种其相，其才其德，无所不备。""其种其相"就是它的品种、外形，"其才其德"就是它的才能、品德。杜诗对这匹胡马做了全方位的描写。

我们再看一首咏鹰的诗，这不是一只真的鹰，是画中的鹰，诗题叫《画鹰》，这也是杜甫早期的诗作。此处我们只看首尾两联。"素练风霜起，苍鹰画作殊。"他首先说明这是一只画在一幅白练上的鹰，鹰画得好，不同寻常。看到这只鹰，就觉得整幅白练都充满着风霜，因为鹰是用来打猎的，古人一般都在秋天草枯以后打猎。王维的《观猎》诗就说"草枯鹰眼疾"，草枯了以后，猎鹰容易看见藏在草间的狐兔。最后两句是："何当击凡鸟，毛血洒平芜。"这样的鹰有什么用处呢？就是去扑击那些凡鸟。扑击的结果是"毛血洒平芜"，它在空中把那些鸟抓住了或者杀死了，毛啊、血啊，纷纷飘洒下来。班固《二京赋》描写当时皇家打猎的情形是"风毛雨血"，空中禽鸟的毛和血纷纷飘洒下来，像风雨一样。哎呀，这样做很不环保，太残酷了，但古代的打猎确实很壮观。杜甫借用成语来描写鹰的本领很大，它很能扑击凡鸟。"凡鸟"到底指什么鸟呢？有的人会钻牛角尖，说"凡鸟"就是平凡的鸟，说不定是善良的小鸟，怎么能扑击它们呢？应该爱它们才是。但在杜甫眼中，"凡鸟"就是那些不值得同情的鸟，他也没说到底是什么鸟，我们就姑且把它想象是害鸟吧，是那些比较平凡的害鸟吧！

"凡鸟"这个词本来是有典故的，三国曹魏时期的吕安是嵇康的好朋友，他大老远地跑来看嵇康，结果嵇康不在。敲门后，嵇康的哥哥嵇喜出来了，吕安看不起嵇喜，就在门上写了一个

"鳳"字，转身就走了，也不跟嵇喜说话。嵇喜很高兴，咦，他说我是鳳，鳳很好嘛，哈哈。后来有人说：鳳者，凡鸟也。一个"凡"下面加一个"鳥"，就是"鳳"字。"凡鳥"就是一个平庸的人，所以吕安不愿与他交往。杜甫只在字面上借用这个词，典故的本来意义已经不存在了。

这样一首写画鹰的诗，或者也可以看作咏鹰的诗，后人怎样评价的呢？我们首先看浦起龙的评价，浦起龙说："乘风思奋之心，疾恶如仇之志，一齐揭出。"就是说此诗借鹰喻人，奋发有为的心思，疾恶如仇的志向，都通过咏鹰表达出来了。浦起龙对《房兵曹胡马》也有评论，他说："此与《画鹰》诗，自是年少气盛时作，都为自己写照。""此"就指《房兵曹胡马》，他认为这都是杜甫年少气盛时的作品，都是杜甫抒写自己怀抱的。虽然是咏物诗，实质却是咏怀。中国古代的诗歌，凡是好的作品都是咏怀诗，写景也好，咏物也好，咏史也好，只要写得好，就必然是咏怀诗。杜甫的咏物诗也是这样。

下面我们看第二类。下面我要举的例子是《孤雁》，这是一首五言律诗。"孤雁不饮啄，飞鸣声念群。"雁本来都是群飞的，大家在小学课本上都学过：一会儿排成"人"字，一会儿排成"一"字。它都是一群一群地飞的，南来北往都是这样。而杜甫咏的恰恰是一只孤雁，一只离群的雁，它的伙伴都走了，只剩它孤零零地在空中飞，所以一边飞一边哀鸣，想念它的同伴。

下面从另外一个角度来说："谁怜一片影，相失万重云。"谁可怜这个孤零零的雁呢？它终于消失在茫茫的云海中。"一片影"就是非常轻的一个雁影，很渺小，很单薄。这两句诗字面上很简单，但画出了一个非常优美的意象。我读这两句诗的时候经常联想到李商隐的一句诗："万里云罗一雁飞。"天空中的云很细、很轻，像有细纹的绮罗一样，在这样的背景下，一只孤雁在飞翔。当然李商隐这首《春雨》不是咏物诗，他说的孤雁是比喻书信的。这一句的上句说"玉珰缄札何由达"，我寄了一封书信，什么时候才能到达呢？下句是答案："万里云罗一雁飞。"但是我们把这句诗单独取出来的话，它跟"谁怜一片影，相失万重云"所构成的意境是一样的。大家有没有看到过这种景象？我看到过，就在南京大学操场上。前年的一个秋夜，我在操场上散步，正好看到很多大雁南飞，不是孤雁，是一群一群的，在地面灯光的映照下呈银色的一群群大雁向南飞去。那天的夜空也有"万里云罗"，雁群就在这样的背景下飞过，真是美极了。

杜诗下面继续抒情："望尽似犹见，哀多如更闻。"孤雁已经飞得看不见了，但是我好像还能看到它，因为我的目光一直追随它的影子；刚才满耳都是它的哀鸣，现在也好像还能听到。诗人是用整个的心在关注孤雁，他的心随孤雁一起飞向远方了。

最后用一个野鸦来做反衬，野鸦怎么样呢？在杜甫看来，孤雁是一只志向远大的鸟，它要向远方飞去。野鸦就待在这里不动了，只要有东西吃就行了，正所谓"野鸦无意绪，鸣噪自纷纷"。

杜甫这首《孤雁》诗，可以与崔涂的《孤雁》诗来对比。为什么要对比呢？我不是比谁写得更好，这方面古人曾经比较过，我是想说明一个问题。钱锺书在《宋诗选注》的前言中提到过一种情况，他说在选作品的时候，小家永远占便宜，小家的好诗不会被遗漏。比如选唐诗，王之涣的那两首诗——"白日依山尽"和"黄河远上白云间"——一般是不会遗漏的，不管怎么选都会选进去的。大家就吃亏了，大家写的与小家的作品一样好的诗往往会漏掉，为什么？大家的好作品太多了，不能光选大家一个人的。小家就一两首好诗，怎么选都会选进去。我读这两首《孤雁》的时候就有这种想法。

下面我们读一下崔涂的《孤雁》（其二）。崔涂的《孤雁》也写得非常好，是他的名篇。"几行归塞尽，念尔独何之。"很多排成行的大雁都飞到塞外去了，只剩这一只孤雁，你往哪边飞呢？"暮雨相呼失，寒塘欲下迟。"在暮雨苍茫的春天，孤雁怎么也呼叫不到它的同伴，它想落下来栖息在寒塘里，但又是一番迟疑。"渚云低暗度，关月冷相随。"云层低压，只有凄冷的月亮跟随着它。"未必逢矰缴，孤飞自可疑。"孤雁不一定会碰到猎人来射它，但是它孤零零地飞行，心里充满了恐惧和怀疑。"矰缴"是猎人用来射雁的一种弓箭，后面系着一根绳子，因为怕射中了找不到，系一根绳子就可以把射中的雁拉下来。

崔涂这首《孤雁》的刻画、写景都非常好，而且确实是情景交融，他对孤雁的同情心很好地融入了描写中。崔涂因这首诗而得名，得到了"崔孤雁"的美名。诗歌史上有很多这样的现象，因为某一句、某一篇写得特别好，因而得到一个外号，比如"张春水"是张炎，张炎的《南浦》是咏春水的名篇，人家就叫他

"张春水"。当然，"崔孤雁"也好，"张春水"也好，他们得名的句或篇写的都是优美的物象，得到那样的称号还是不错的。但如果诗人描写的物体不是太优美，得到那样的外号就比较倒霉了。比如梅尧臣，梅尧臣写河豚写得好，人家就称他"梅河豚"。不知道大家有没有看到过河豚，河豚最丑了，圆鼓鼓的，非常难看。更倒霉的是金代诗人赵秉文，赵秉文有一句诗写蹇驴写得特别好，人家就称他"赵蹇驴"。

这里有一个问题，就是崔涂因《孤雁》这首诗而得到了一个称号"崔孤雁"，那么有人称杜甫为"杜孤雁"吗？没有，尽管杜甫这首《孤雁》诗也很好。这就是钱锺书说的，大家永远吃亏，因为好作品太多了。这首《孤雁》诗在杜甫的诗里不是最好的，我们要是编选一本一百首诗的《杜甫诗选》的话，都不一定会选到这首诗；它更不可能选到《唐诗三百首》里去。而"崔孤雁"这首诗就选到《唐诗三百首》里了。

关于杜甫和崔涂这两首孤雁诗，前人也注意到了，有的人还把它们做了一些比较。我这里介绍两个观点。一个是北宋的范温，范温在《潜溪诗眼》里说："尝爱崔涂《孤雁》诗云……公又使读老杜'孤雁不饮啄'者，然后知崔涂之无奇。"这里的"公"就是黄庭坚。黄庭坚让我去读老杜的《孤雁》诗，我读了以后就知道崔涂这首诗平淡无奇了，看来还是杜甫的好。这当然说得太过分了，即使跟杜诗相比，崔涂这首诗还是好的。宋末元初的方回评崔涂《孤雁》"渚云低暗度，关月冷相随"两句说，这一联也有味，但是"不及老杜之万钧力也"，就是说力量上还不及杜甫。我为什么要把这两句评语放在这里给大家看呢？我不知道大家读古代诗话时有没有这样一种感觉，就是当一个诗人或某一种倾向被确立为一个诗坛的典范以后，大家对它的评价有时会有过高之处。范温也好，方回也好，他们说这些言论的时候，杜甫已经被确立为诗坛的典范了，杜甫是唐诗的第一大家，是"诗圣"。在这种情况下，诗评家再来把他跟崔涂相比，往往说得不是很中肯，对杜甫的评价有时会过高。这两首诗是不是这样，大家自己去体会一下，这可以锻炼大家的欣赏能力。

以上说的分别是杜甫咏物诗里的前面两类，一类是赞美的，一类是悲悯的，对骏马、雄鹰是赞美，而对像孤雁这样的可怜柔弱的生物是悲悯，是同情。一般来说，杜甫的咏物诗我们都可以归类，或者归为第一类，或者归为第二类，当然也可以归为我们将会讲到的第三类。但是有时候这些类别是有所交叉的，是互相结合的。

下面我们看第三个例子，它是第一类和第二类结合在一起的一个例子，就是杜甫晚年在湖南写的《朱凤行》，"朱凤"就是一只红颜色的凤凰。这首诗很容易读。"君不见潇湘之山衡山高，山巅朱凤声嗷嗷。"潇湘附近的山以衡山最高，山顶上有一只红色的凤凰在那里痛苦地哀鸣。"侧身长顾求其曹，翅垂口噤心甚劳。"这只凤凰很孤独，它转过身来，四面眺望，"长顾"就是朝远处看，想找一个同类，但是找不到，心里非常悲苦。它的翅膀垂下来了，嘴中也停止了鸣叫，心里很苦恼。"下愍百鸟在罗网，黄雀最小犹难逃。"凤凰往下面看，悲悯地发现百鸟都在罗网中，连最小的黄雀都不例外。前一阶段《南方周末》上登了一整版的文章，专门回顾曾经发生过的一件事情——除"四害"，全民消灭麻雀。大家不知道有没有看到，我看到报上登了郭沫若讨伐麻雀的诗，郭沫若以中国科学院院长和中国文联主席的双重身份写了一篇咒骂麻雀的诗，说"麻雀麻雀兴太豪"，等等，最后说"看你哪里逃"，一定要消灭麻雀。黄雀本来是一种很小的鸟，它的需求很少，很容易存活，就像张华所写的鹪鹩一样，它只要吃几粒粮食就吃饱了嘛。但是在非常严酷的社会环境下，即使是这样微小的需求也难以满足。所以"朱凤"看了之后非常同情它们，同情百鸟都在罗网之中。

最后"朱凤"表达了自己的愿望："愿分竹实及蝼蚁，尽使鸱鸮相怒号。"我愿意把我的这份口粮分给所有的苍生，甚至分给蝼蚁那样的小虫子；让那些猫头鹰去怒号吧，对那些恶鸟我是坚决不理睬的，我仇视它们。"竹实"是竹子开花以后结的米，也叫竹米。竹子很难得开花的，开花结米就是竹子衰老了。传说中的凤凰"非醴泉不饮，非竹实不食"，很高洁，一般的东西它是不吃的，一定要饮非常清澈的泉水，吃竹子开花结的米。

这样一首诗，从咏物诗的主题分类来看，首先可以归入第一类，是赞美的，杜甫赞美那只凤凰。也可以归入第二类，因为诗人同情百鸟、蝼蚁等弱小的生命。但还包含着第三类主题，就是"嗔怪"，诗里写到了鸱鸮，杜甫对鸱鸮这类动物是排斥、仇恨的。所以《朱凤行》是一首具有综合性主题的咏物诗。

我要补充一点，杜诗中描写凤凰的作品比较多，如果我们把李白跟杜甫做一个比较研究的话，就会发现这两个人的不同思想倾向在每一方面都有标志性显示。同样是写鸟，杜甫最喜欢写凤凰，李白最喜欢写大鹏。凤是古代儒家认可的祥瑞，周文王要兴起了，就有"凤鸣岐山"。孔子临终时说"凤鸟不至"，凤鸟为什么不来啊？而大鹏鸟是道家的象征，庄子认为它是一种绝对自由的象征，自由自在，无所依赖。所以李白喜欢写鹏，杜甫喜欢写凤，这说明他们的思想倾向是不同的。

我们继续看杜甫的咏物诗，接下来我要举的例子是《初月》。这首诗是包括在刚才说的那四组诗的第一组里的，是杜甫48岁时在秦州写的。前人认为《初月》有嗔怪之意，就是有讽刺、批评的意味在里头，我们看一看是不是这样的。诗首先描写刚刚升起的一弯新月："光细弦欲上，影斜轮未安。"中国古人咏月亮的诗大多是咏满月的，咏新月、残月的比较少。当然偶尔也会有的，白居易就写过"可怜九月初三夜，露似真珠月似弓"，写得很美。杜甫这首诗也是写一弯新月。刚出现的新月，细细的一弯，像一根弦；而月影是斜的，月轮不满，好像放不稳似的。"微升古塞外，已隐暮云端。"一弯新月本来就很细，光很微弱，它刚刚升到古塞上头，就已经被暮云遮住了。既然这样，月光的照耀效果就不是很好，所以"河汉不改色，关山空自寒"，银河的明亮程度并没有改变。如果皓月当空的话，银河就会显得暗淡一些，星光被月光掩住了，但是现在银河并没有什么变化，关山还是有一股寒意。暗淡的事物会使人产生寒意。"庭前有白露，暗满菊花团。"地面上的景物暗淡无光，菊花上虽然满是露水，但是看不清楚。

从字面上看，这首诗完全是写初月的，古人还注意到诗人非常强调这个"初"字。"仇注"引张远的一句话说："句句有一'初'字意，细玩自见。"每一句中都有"初"的意思。这是咏物诗在艺术上的基本要求，如果你咏初月，人家一看你咏的跟满月差不多，那么你就是不成功的，一定要突出"初"来。大家看《红楼梦》里香菱学写诗的时候，她写了一首诗咏月亮，写得不错，作为一个初学者来说已经很不错了，但是薛宝钗一看就说：不像咏月，倒像咏月色，每一句写的都是月色。宝钗批评香菱，就是说她咏物不扣题，不准确。杜甫的这首诗写的是初月，而不是满月，也不是残月，他在这方面做得很好。

值得注意的是，这首诗有什么隐喻的意义吗？我要介绍下面几个观点。

第一个是北宋魏泰所记录的一个观点。魏泰在《临汉隐居诗话》中引夏竦的话，说这首诗"意在肃宗"，也就是说《初月》是讽刺唐肃宗的。这个观点后来被人反复地复述，清代浦起龙也这样说，浦起龙引的是王原叔的注。大家还记得吗？我们讲注本的时候说过，所谓王原叔注，也就是王洙注，是伪注，那是北宋南宋之交的人假托王洙之名作的。"伪王注"这样解释《初月》的写作动机："为肃宗新自外入，受蔽妇寺而作。"唐肃宗刚从外面进来入主朝廷，他被一些人蒙蔽了，被哪些人蒙蔽了呢？有两类人：一类是女人，就是他的皇后、嫔妃等；还有一类人是"寺"，就是宦官，被阉割过的人。这是指张皇后和李辅国，唐肃宗就是受了他们的蒙蔽。浦起龙引了这段"伪王注"后，又加上一句说得很好的话："存其说于言外可尔。"这句话你把它看作杜甫的言外之意就可以了，也就是说，不必过分地落实，不要把这点说得非常肯定，斩钉截铁地说这首诗就是讽刺唐肃宗，第一句说他什么，第二句说他什么，你只要体会到有一层言外之意就可以了。

我有一个博士生，她不同意这种解释，她认为这首《初月》诗没有讽刺，就是描写初月。我本人的看法是：假如后人所说的寄托，就是这首诗里的讽刺，是不违背这个文本的，假如你用它来解释文本、分析文本是合情合理的，逻辑上是讲得通的，也是符合这首诗的写作背景的，那么我们可以这样解读。因为杜甫刚刚弃官，离开肃宗朝廷到了秦州，他对于肃宗朝廷的政治完全绝望了。在这种情况下，杜甫完全有可能写诗讽刺唐肃宗。当然我们不能说一定是这样，这首《初月》一定是讽刺唐肃宗。这是没有根据的，杜甫又没有告诉你，你怎么知道？你只能根据文本来解读。我想我们最多只能说到这个程度，就是清人所说的："作者何必然，读者何必不然？"作者不一定有这种意思，但是读者可以合情合理地有这种解读，这样读是允许的。

所以像这样一首咏物诗，作者到底有没有讽刺？我说不能肯定，但如果你认为有的话，理由还是比较充分的。原因就在于杜甫对这弯新月的描写确实有点古怪。你看他再三强调这弯月亮刚升上来，然后又再三强调月光非常微弱，初月本身的光就很微弱，偏偏又被暮云遮住了，"微升古塞外，已隐暮云端"，初月刚升起来，就被暮云遮住了。在古人的心目中，那些奸邪的人，奸臣啊、宦官啊、嫔妃啊，他们对皇帝的蒙蔽，就是浮云把太阳挡住了。李白就说过"总为浮云能蔽日，长安不见使人愁"嘛。在这种背景之下，我们做出这样的解读，说这首诗暗含讽刺，应该说是比较合理的。但是，你不能说得太绝对，说得太绝对就根据不足了。这首《初月》可以被看作杜甫咏物诗中"嗔怪"这一类的代表作。应该说在杜甫的诗集里，这一类主题还有更好的代表作，其讽刺的意味是相当明确的。但我觉得从艺术上说，这一首写得更好，因为嗔怪之意如果太明显，就会影响诗歌的艺术水准，而《初月》好就好在它的讽刺似有似无，若隐若现，这是恰到好处的寄托。

第二个是宋人黄庭坚的一个观点。黄庭坚被贬到四川，为大雅堂写了一篇记。大雅堂是当地的一个人建的，那个人把杜甫在夔州作的诗都刻成诗碑放在大雅堂里，他认为杜诗跟《诗经》中的《大雅》同样重要，所以建了这座堂。黄庭坚说："子美诗妙处，乃在无意于文。"说杜诗最好的地方在于"无意为文"，杜甫写诗并不是有意识地表示某种微言大义。下面黄庭坚批评一种倾向，他说："彼喜穿凿者，弃其大旨，取其发兴于所遇林泉、人物、草木、鱼虫，以为物物皆有所托，如世间商度隐语者，则子美之诗委地矣。"那些喜欢穿凿附会的读诗人，丢弃了杜诗中重大的主题思想，专门关注杜甫对林泉、人物、草木、鱼虫的描写中的兴寄，以为杜诗中出现的每一个物体都是有所寄托的，都有某种隐喻意义。这种解读方式好像猜谜语，把杜诗的每一句都看成一个谜面，想把那些谜底猜出来。"商度"就是商量、探讨、揣测，"隐语"就是谜语。黄庭坚认为，假如用这种方式来解读杜诗，"则子美之诗委地矣"，也就是说杜诗没有任何意义了。"委地"就是倒在地上，崩塌了。黄庭坚对宋代杜诗学中曾经有过的这种倾向的批评是正确的。宋人在理解杜诗、评论杜诗的时候确实有这种倾向，认为杜诗中每一个物象都有所寄托，如果找不到，就不惜曲解诗意硬找，这样一来就歪曲了杜诗，忽略了对杜诗真正的思想意义的体认。但对黄庭坚的话我们也不能做机械的理解，不能因此而认为杜诗中的林泉、人物、草木、鱼虫都没有寄托，而仅仅是单纯的客观的描写，这样也不对。这句话应该辩证地看。

上面介绍的是杜甫咏物诗的主题倾向，也可以说是他对所咏物体的情感倾向，共有三大类。应该说，杜甫对于咏物诗主题的开拓，从逻辑上讲已经穷尽了咏物诗所有的主题倾向。后代的咏物诗没有超过杜诗，基本上就是这三大类，或者分得细一点，像明代钟惺分成十一小类，后代诗人也没有开拓出什么新的类别来，这是杜甫开创性的成就。

下面我们再从艺术的角度看一看杜甫的咏物诗写得怎么样，有这么三点内容要给大家介绍。第一点是，既然咏物诗是描写、吟咏物体的，出现在诗歌中的就是物象，是物体的外象，也就是所咏物体的形状、声音、颜色等，那么在刻画形貌的时候就必然会产生一个问题——所谓形似和神似的关系问题，你追求的是形似还是神似？这是中国古人在绘画和诗歌等艺术中经常探讨的一个问题，你是注意刻画它的外形，还是注意写它的精神，把它的精神风貌也写出来？让我们看看杜甫是怎么做的。

我们先看一段评语。明代的赵汸有一部书《类注杜工部五言律诗》，书里评《房兵曹胡马》，他说他通过读杜甫这首诗得出了一个结论："咏物诗戒粘皮着骨。"什么叫"粘皮着骨"呢？咏物诗当然不能完全离开所咏的物体，但是也不宜跟物体靠得太紧密，寸步不离，完全附着于物体，也就是说不能只注意物体自身。赵汸认为不应该这样做，这样写出来的不是很好的咏物诗。他下面说："所谓索之于牝牡骊黄之外者。"就是说对物体的把握应该超越外形，在形貌之外追求物体的精神、意义。又说："区区摹写体贴以为物象者，何足语此。"那些才力小的人，或者艺术水准不高的诗人，他们写咏物诗的时候，完全拘泥于所写物体的外形，一字一句都离不开物体的外形，那样的诗人是谈不上这一点的，他们与杜甫《房兵曹胡马》的水平相距很远。

"牝牡骊黄"是一个成语，《列子·说符》中记载，有一个人叫九方皋，善于相马，秦王就让他去找一匹千里马来。九方皋就去找，找了好久终于找到了，回来向秦王报告说：找到一匹千里马了。秦王问他那马是什么样子的呢？九方皋说是"牝而黄"，是一匹黄颜色的母马。结果牵来一看，偏偏是"牡而骊"，是一匹黑颜色的公马。他把马的性别搞错了，颜色也搞错了，秦王说你是怎么相马的呢？全都搞错了嘛。实际上没搞错，九方皋关心的是它是不是千里马，他只关心马的精神、马的能力，它是不是骏马。至于说它是黄的还是黑的，是公的还是母的，九方皋不关心，所以把它们搞混了。

当然寓言总是推向极端的，不推向极端就没法警戒世人。我并不是说你写咏物诗时可以完全不顾物象，你只关注物的精神，以致把它的外形完全搞错了，把一匹马说成一头牛了，这当然是不能允许的。但是古人强调一点：你一定要写出它的精神，一定要在形似的基础上进而追求神似，神似以后才能算是一首好的咏物诗。杜甫在这方面确实达到了相当高的水准。

我们再来看看纪晓岚是怎么评价这首《房兵曹胡马》的。纪晓岚经常批评杜甫，但他对这首诗很赞赏。纪晓岚说："后四撇手游行，不拘于题，妙仍是题所应有。"说后四句完全离开了马的形貌，完全不管这匹胡马到底是什么形状，"撇手游行"就是撇开手来自由行走，不拘泥于题目，奇妙的是所写的内容仍然是题中应有之义。也就是说，后四句仍然与胡马有关，写的是马的精神，是其才其德，而不是它的外貌。他又说："如此乃可以咏物。"

同样，古人在绘画艺术方面也有类似的认识，张彦远在《历代名画记》中说："以气韵求其画，则形似在其间矣。"你首先要追求所画物体的气韵，气韵就是风度，是精神面貌，你达到了这个目标，形似就在其中了。关于咏物诗的神似与形似的问题，杜甫以他的创作实践表明了他的认识，而其他古人是从理论上来探讨这个问题的。

首先我们来看《诗品》，这里指的是托名司空图的《二十四诗品》，根据现代学者讨论的结果，比较多的人认为《二十四诗品》不是司空图作的，应该是元代人的作品。这我们暂且不管，反正是古代的一个文本。《二十四诗品》里有一篇叫《形容》，其中说："离形得似，庶几斯人。"就是你要形容物体，怎样才算写得好呢？要离开了"形"而得到"似"，才算写得好，也就是要超越形似。这里没有提出神似，但超越形似实际就是达到神似了。

下面举一个比较可靠的文本。苏东坡在一首诗里提出了一个非常鲜明的观点，这个观点在后代引起很多争论。他说："论画以形似，见与儿童邻。"就是你讨论绘画的时候，假如你立论的焦点是形似，追究画得像还是不像，这是小孩子的见解，不是高深的见解。写诗也一样，这个诗当然是指咏物一类的诗，他说："赋诗必此诗，定知非诗人。"假如你写诗咏一个物体，你一定要写成这个东西，那么你不是诗人。反过来说就是你可以若即若离，可以离开所咏对象稍远一点，或者着重于写它的神，而不重于写它的形，这样你才是好的诗人。

苏东坡这个话后来引起很多非议，南宋的葛立方还替苏东坡辩护说：东坡并不是主张"画牛作马"。其实，东坡的意思无非是说在绘画艺术或咏物诗的描写艺术中，神似是比形似更高层次的艺术境界。苏东坡也许说得过分了一些，有点矫枉过正了，但这种观念就是神似高于形似的观念，基本上是中国古代画论家与诗论家都承认的。杜甫是最早大量写咏物诗的人，他的出众之处在于，他从一开始就把咏物诗的艺术境界提到了非常高的高度，他实际上已经超越形似而达到神似的境界。这是我们思考杜甫咏物诗的艺术性时必须注意的一点。

　　我还想谈一谈杜甫咏物诗的寄托问题，这在谈到"嗔怪"这一类的时候已经有所涉及，但我还想谈谈另外两类，尤其是第一类中的寄托问题。我们读过了《房兵曹胡马》，又部分地读了《画鹰》，一首是咏马的诗，一首是咏鹰的诗。根据黄彻的意见，杜甫最喜欢咏的就是马与鹰这两种动物，在这两种动物身上，杜甫有所寄托，虽然他的寄托并不十分明显，并没有非常清楚地说出来，但是我相信读者是会有这种体认的。《房兵曹胡马》中的这匹马，这匹"老骥伏枥，志在千里"的千里马，是可以让主人把生死都寄托给它，和它同生共死的，它显然是一匹能力非常强，品德又非常高尚的马。这首诗当然是咏马，但是你说这也是杜甫的咏怀诗，杜甫在诗中展现的也是他自我的形象，恐怕也离事实不远。杜甫咏鹰的诗也是这样。寄托肯定是古代优秀咏物诗应该达到的要求，凡是优秀的咏物诗必然有所寄托，我们甚至可以说没有寄托的咏物诗必然不够好。问题是寄托到什么程度，如何寄托，这在实际写作中还是会成为问题的，因为并不是只要有了寄托就一定能够写好咏物诗。

　　作为反例，我们来看一看王安石的例子。我这里要提到两首王安石的咏物诗，这两首诗都跟我们南京有关系，写的是我们的本地风光。第一首是王安石青年时代写的《华藏院此君亭》，咏金陵的一个亭子。"此君亭"的周围肯定长满了竹子，因为"此君"这个词在古人的话语中如果指植物的话，一定是指竹子，这是王徽之说的："不可一日无此君。"生活中不可一日无竹，竹子是高尚品格的象征。竹子后来被列入"岁寒三友"了嘛，它是古代士大夫非常喜欢的一种植物。王安石在四周长满竹子的亭子里题诗，当然也就是一首咏竹诗。诗里有这样两句："人怜直节生来瘦，自许高材老更刚。"这是以竹子的口气来说的，说谁爱竹子的这种品质呢，它的竿都非常直，又很瘦削，而且越老越是刚强。世上也有粗壮的竹子，但王安石没有见过，我在成都的望江亭公园里见过很多种竹子，有四十多种，其中有的相当粗壮，简直有点肥了。这两句诗当然是咏竹子的，但是字里行间有没有王安石对自己的人品、对自己的理想的期许和评价呢？当然是有的，确实是咏物诗中有寄托。应该说这是一首写得不错的咏物诗，但我们看看王安石自己对这首诗的态度。刚才说过，这首诗是他青年时代写的。王安石晚年又来到此君亭，看到他早年写的咏竹诗被刻在一块木板上，挂在亭子的中央。王安石看了直皱眉头，说："少时作此题榜，一传不可追改。大抵少年题诗，可以为戒。"说这是我年轻时候偶然写的，没想到就流传开来了，现在居然挂在这里，我感到很后悔，看来少年时候不该轻易题诗。

那么，王安石为什么认为这首咏竹诗写得不好呢？我们再看下面一个例子《北陂杏花》，这首诗也是王安石在南京写的，是他晚年写的。他咏杏花说："纵被东风吹作雪，绝胜南陌碾成尘。"这首诗吟咏杏花，是不是寄托着王安石对自身的遭遇、对自己的人生、对自己的品质的某种期许、某种安慰呢？我觉得这种读法是合理的。王安石晚年罢相，虽然是他自己请求的，但实际上是被人排挤的。在王安石变法过程中，一方面旧党拼命反对，另一方面新党内部矛盾重重。到了后来，王安石亲手提拔的吕惠卿等人开始排挤他，甚至造谣诽谤他。几十年的宦海风波，使王安石感到心灰意冷，但他对自己的人格品质仍然充满自信，所以他说：我这样的人即使罢官了，即使归隐了，甚至去世了，也像生长在钟山北麓的杏花，它飘落下来也是在洁净的地方，而不像那些长在红尘中的花，会被人踩成一团肮脏的泥土。所以，王安石对北陂杏花的吟咏，跟他早年的咏竹诗一样，都是在咏物中有所寄托的。

那么，王安石为什么对早年的咏竹诗感到后悔，而在晚年依然用比兴手法来咏杏花？原因在于：晚年的王安石在诗歌艺术上已经成熟了，已经达到他的最高境界了。为什么说这首咏杏花的诗是另外一种境界呢？我想关键就在于咏物诗里的寄托，这种寄托应该是似有似无、若隐若现的，不能太直截了当，不能太浅显。王安石咏竹子的诗里直接用"高材"这样的词，这个词虽然也有双关的意义，但它本来就是用于评论人物品格的一个词。虽然诗中有所寄托，但是他把对人物评价的某种标准生硬地叠加到竹子的形象上，就不够含蓄了，不是若有若无的那种寄托。而晚年写的杏花诗，表面上看全是写杏花，一个字都没有涉及人物，一个字都没有说到人的品格、人的才能等，仅仅是就花论花，但言外之意却是很清楚的。所以，这是两种不同的境界，从《华藏院此君亭》到《北陂杏花》，是诗人在不同阶段写的咏物诗，标志着王安石的诗歌艺术从青年时代的较低水准发展到晚年的较高水准。这两个例子说明了咏物诗中的寄托应该怎样处理的问题。我们回过头来看杜甫的咏物诗，就可以发现杜甫的咏物诗与王安石晚年写的《北陂杏花》是在同一个水准的，这才是好的寄托。

怀世
感身

《秋兴八首》

秋兴八首

其一

玉露凋伤枫树林，巫山巫峡气萧森。江间波浪兼天涌，塞上风云接地阴。丛菊两开他日泪，孤舟一系故园心。寒衣处处催刀尺，白帝城高急暮砧。

其二

夔府孤城落日斜，每依北斗望京华。听猿实下三声泪，奉使虚随八月槎。画省香炉违伏枕，山楼粉堞隐悲笳。请看石上藤萝月，已映洲前芦荻花。

其三

千家山郭静朝晖，日日江楼坐翠微。信宿渔人还泛泛，清秋燕子故飞飞。匡衡抗疏功名薄，刘向传经心事违。同学少年多不贱，五陵衣马自轻肥。

其四

闻道长安似弈棋，百年世事不胜悲。王侯第宅皆新主，文武衣冠异昔时。直北关山金鼓振，征西车马羽书驰。鱼龙寂寞秋江冷，故国平居有所思。

其五

蓬莱宫阙对南山，承露金茎霄汉间。西望瑶池降王母，东来紫气满函关。云移雉尾开宫扇，日绕龙鳞识圣颜。一卧沧江惊岁晚，几回青琐点朝班。

其六

瞿塘峡口曲江头，万里风烟接素秋。花萼夹城通御气，芙蓉小苑入边愁。珠帘绣柱围黄鹄，锦缆牙樯起白鸥。回首可怜歌舞地，秦中自古帝王州。

其七

昆明池水汉时功，武帝旌旗在眼中。织女机丝虚夜月，石鲸鳞甲动秋风。波漂菰米沉云黑，露冷莲房坠粉红。关塞极天惟鸟道，江湖满地一渔翁。

其八

昆吾御宿自逶迤，紫阁峰阴入渼陂。香稻啄余鹦鹉粒，碧梧栖老凤凰枝。佳人拾翠春相问，仙侣同舟晚更移。彩笔昔曾干气象，白头吟望苦低垂。

《秋兴八首》是杜诗中非常引人注目，同时引起争议比较多的一组诗。这组诗最好的参考材料就是叶嘉莹教授的《杜甫〈秋兴八首〉集说》这本书，有40万字。《秋兴八首》是八首七言律诗，一共是448个字，而关于这448个字的评论有40万字，材料非常丰富。应该说叶先生收得还不全，里面还有遗漏，但是重要的都收进去了。后人关于《秋兴八首》的材料如此之多，可见对这组诗的重视程度。

《秋兴八首》是杜甫晚年的作品，是他在夔州时写的。杜甫在夔州一共停留了21个月，两年不到的时间，但是一共写了430首诗，占杜甫现存作品总数的三分之一弱。杜甫到夔州的时候，人已经垂老，身体不好，处境又不好，心情非常郁闷，一般的人到了这个境地，就没有心情再写诗了，但是杜甫在这两年不到的时间里，居然写了430多首诗。杜甫不当"诗圣"，谁当"诗圣"？

我们先看一看《秋兴八首》的具体写作背景。首先从题目入手。什么叫"秋兴"？我们来看一看前人的注，"钱注"注"秋兴"引了南朝诗人殷仲文的诗，他没有引标题"南州桓公九井作诗"。殷仲文在诗里说："独有清秋日，能使高兴尽。"殷仲文的意思是说，只有到了天高气爽的秋天，人的兴致才会很高。钱谦益认为这可以注"秋兴"二字。我觉得这个注不好，因为杜甫《秋兴八首》里写的这个"兴"不是高兴，不是一种很高的兴致，不是兴高采烈的"兴"，而是另外一种含义。我觉得仇兆鳌注得好。"仇注"是引潘岳的《秋兴赋》，"秋兴"二字正是《秋兴赋》和《秋兴八首》的共同标题，这个注文就更加准确。我们看一看潘岳的《秋兴赋》，它写的是一种很高的兴致吗？不是的，它写的恰恰是秋天悲哀的心情。他说："嗟秋日之可哀兮，谅无愁而不尽。"潘岳认为秋天是使人悲伤的季节，他所抒发的显然不是一种很高的兴致，不是"高兴"。那么这个"兴"是什么意思呢？就是"感兴"的意思，就是看到外界的景物以后，内心被激起的一种状态，从而要表达，要倾诉，是"感兴"的"兴"而不是"兴致"的"兴"。

我们说仇兆鳌注得对，有一个旁证，我们可以看看杜甫本人是怎么说的。杜甫有一首诗是寄给高适和岑参的，叫《寄彭州高三十五使君适虢州岑二十七长史参三十韵》，是759年写的，也就是在写《秋兴八首》的七年之前写的。杜甫在这首诗里写到了"秋"与"兴"，他说："故人何寂寞，今我独凄凉。"朋友都在远方，大家都很寂寞，我一个人更加凄凉。"老去才难尽，秋来兴甚长。"到了秋天，"兴"很长。这个"兴"是高兴、兴致吗？不是的，是感兴，是非常强烈的写诗的冲动、写诗的欲望。"以杜证杜"，我觉得仇兆鳌的说法比较对。

这组诗写于大历元年，也就是766年，这一年杜甫55岁，55岁在杜甫一生中是一个什么概念呢？他只活到59岁。也就是说，四年以后他就去世了，这时候他已经暮年了，已经走到生命的最后关头了。这时杜甫的处境很不好。在这以前，他在成都度过了一段还算安稳的生活，但是随着严武的去世，随着蜀中开始动乱，那一段生活也结束了。他离开成都，孤舟东下，甚至没有一个固定的方向。他一开始想到去吴越，想到去长江下游，但到了洞庭湖后又转向湘江，沿着湘江向南走了一段，又北上，简直不知道要到哪儿去。在此期间，他在夔州就耽搁了21个月，在那里住了将近两年，然后再东下。这分明是居无定所，分明是漂泊四方。而且这段时间杜甫身体不好，有很多疾病。杜甫最后是病死的，他患了风痹症、消渴症等好几种病。

还有一件对他刺激很大的事情是，这个时候唐帝国的形势也不好，唐军收复长安之后，杜甫一度怀有希望，以为唐帝国可以走向中兴，但此时希望已经完全破灭了，朝廷政治动乱、黑暗，军阀割据，吐蕃入侵，回纥骚扰，他一点都看不到国家、民族有什么前途。

更重要的对杜甫更直接的刺激，可能是他的朋友、他所认识的熟人、对他有帮助的那些人这时候都去世了。在大历元年，就是杜甫写《秋兴八首》这一年，王维已经死了五年了；李白死了四年了；房琯，杜甫非常尊敬的曾经做过宰相的一位政治人物，已经死了三年了；苏源明、郑虔，他的两个好朋友，已经死了两年了；严武、高适已经死了一年了。他所熟悉的人，他在文学界的朋友，他在政界的同道，这个时候差不多都死了。就在这个时候，杜甫写了《八哀诗》，哀悼他一生所崇敬的，他给予崇高评价的八位优秀人物，他们都离开人世了。

《秋兴八首》就是杜甫在这样一种境况中写的诗。

杜甫的夔州诗有430多首，一向是后人评价的一个焦点，宋代以来，有很多人评价夔州诗到底写得怎么样。比如，在宋代就有两种针锋相对的意见：黄庭坚认为夔州诗是杜甫一生的创作高潮，杜诗中写得最好的就是夔州诗；朱熹恰恰相反，认为夔州诗写得不好，夔州诗与杜甫以前的诗相比是一个退步。他们的着眼点主要都在于艺术水准，他们从艺术成就上来考察夔州诗。我觉得可以暂时撇开这一点，首先从诗歌内容、诗歌题材上来做些考察。夔州诗430多首，一方面延续了杜甫以前所写过的所有题材，反映国家大事的、记录民生疾苦的、写个人遭遇的、写风景的都有，以前写过的这些题材在夔州诗中继续存在。另一方面夔州诗中出现了一些非常新的题材，在杜甫以前的诗中没有或者比较少的题材，那就是回忆和怀旧。回忆和怀旧肯定是一个人年纪大了才会有也才应该有的一种行为。梁启超有一篇名文叫《少年中国说》，梁启超赞美少年中国，说那个老大中国不行了，垂老了，呼吁一个少年中国的出现。所以这篇文章处处把少年人跟老年人对比：少年人好，老年人不好；少年人朝气蓬勃，老年人暮气沉沉。我现在也老了，我最不满意他说：少年人像白兰地酒，老年人像鸦片烟。我怎么就像鸦片烟呢？但是梁启超有一点说得非常好，他说：少年人喜欢展望未来，老年人喜欢回忆往事。为什么？因为少年人有未来，他的人生之途刚开始走，他对前途充满着希望。而老年人已经接近人生的终点，他没有什么前途了，他能做的就是回首往事，说过去怎样怎样。说老年人喜欢回忆往事，其实有一个最好的例证，可惜梁启超没有举出来，那就是杜甫，就是杜甫的夔州诗。夔州诗430多首，其中最引人注目的新出现的题材走向就是回忆。

我们来看一看杜甫是怎样回忆的。首先，他回忆自己的生平。我们在这个时期的杜诗中读到了《壮游》和《昔游》，都是杜甫回顾生平的名篇。可以说，假如没有这两首诗，我们对于杜甫青少年时代的生活状况、人生经历几乎一无所知，因为杜甫青年时代写的诗都没有流传下来。比如，他少年时代曾经到过长江下游一带，到吴越这里来旅游，曾经到过浙江的天姥山，到南京参观过几个寺庙等，都是在这两首诗里回忆的。《壮游》和《昔游》中更多的是回忆他的生平，十年长安，向朝廷献赋，虽然受到重视但是没有结果；后来遭遇"安史之乱"，直到晚年一事无成。这是回忆个人的生平，可以说是第一个层次的回忆。

第二个层次是回忆他的朋友，回忆他结交过的文学界的朋友、政界的同道，最好的范本是《八哀诗》等作品，诗人由个人的回忆扩展到他的整个交游圈子。

更深一层的回忆是反思整个国家的近代历史，主要是"安史之乱"前后的一段历史，这方面最好的代表作就是《忆昔行》。诗中回忆开元时期唐帝国怎么强盛、怎么富裕，而"安史之乱"以后又怎么萧瑟、怎么衰落，等等。类似的诗还有《诸将五首》。仅仅回忆近代史还不够，杜甫又开始回忆古代历史，最著名的就是《咏怀古迹五首》，他的思绪一直推到古代，回忆屈原、宋玉、王昭君等历史人物。

之前说到"诗史"的时候，我说过，一个民族的历史记载，尤其是古代的历史记载，对我们有什么用呢？最大的用处不在于这个记载本身，而在于它的意义，它是富有意义的，也是活生生的。意大利的克罗齐说："一切历史都是当代史。"为什么是当代史呢？因为历史是一个民族、一个人群的集体记忆，它存在于我们的精神血脉之间。杜甫的回忆就是这样，他不仅回忆自己的生平，还回忆别人的，甚至整个国家、民族的，一直追忆到古代，到屈原那个时代。

晚年的杜甫全方位地展开了回忆，刚才说过，《壮游》《昔游》是回忆平生的，《八哀诗》是回忆朋友的，《诸将五首》是回忆近代史的，《咏怀古迹五首》是回忆古代史的。除此之外，杜甫还有一种综合的回忆，一种没有确定目标的全面的回忆，那就是《秋兴八首》。《秋兴八首》回忆的对象不像刚才举的那些诗那么明确，但是它的内容更加广阔，思绪更加深沉。我们读《秋兴八首》之前应该注意上面所说的写作背景。

现在我们开始读《秋兴八首》。

请看第一首。"玉露凋伤枫树林，巫山巫峡气萧森。"钱谦益说："首章，秋兴之发端也。"这个"秋兴"，秋天的感兴，是从什么地方开始的呢？是从秋天的景物开始的。对于第一句，我们看看金圣叹的分析："露也，而曰玉露。树林也，而曰枫树林。"本来就是普普通通的露水嘛，秋天的露水，非要说是"玉露"；本来只是江边普通的树林，非要说是"枫树林"。这是为什么呢？金圣叹进而分析说："止一凋伤之境，白便写得白之至，红便写得红之至，此秋之所以有兴也。"我觉得这个分析很有意思，金圣叹认为，第一句暗含着非常鲜艳的色彩，露不是一般的露，而是玉白色的露珠；树林也不是一般的树林，而是鲜红如火的枫树林。金圣叹的话使我想到法国巴黎的一个地名，叫枫丹白露。这一句写江边的秋景，色彩非常鲜明。

那么杜甫为什么要这样写？为什么要写红得鲜艳的枫树林？为什么要写白得耀眼的露珠？我觉得这不是偶然的，他是有意识地这样写的。我们把它与其他的作品做一下对比。钱谦益看到第一句里的枫树，马上联想到宋玉的《招魂》，钱谦益说："宋玉以枫树之茂盛伤心，此以枫树之凋丧起兴也。"《招魂》写的是春景："湛湛江水兮上有枫，目极千里兮伤春心。魂兮归来哀江南。"江南的春天，枫树长得非常茂盛，但是宋玉恰恰在这春色中觉得非常伤心。

我们再看一些类似的写法。有一首杜诗叫《滕王亭子》，有一句是"清江锦石伤心丽"，就是非常清澈的山溪，水底有五彩斑斓的石子。这个石子美丽到什么程度呢？"伤心丽"，美丽得使人伤心。再看看相传是李白写的《菩萨蛮》，说"寒山一带伤心碧"，到了暮色沉沉的时候，远远的一带寒山，绿得伤心。为什么锦石的"丽"与山色的"碧"要用"伤心"来形容？我想可能是这样一种情形，就是当一个人心情不好的时候，特别触目惊心的不是灰暗的景物，而是颜色特别鲜艳的景物。李白看到寒山格外碧绿，杜甫看到锦石格外美丽，感到触目惊心，因为外界的鲜艳色彩与他们内心的伤心欲绝正好构成反衬。当然，《秋兴八首》的第一句，并没有非常明显地把这一层意思写出来，这是含在字里行间的，杜甫仅仅说"玉露凋伤枫树林"。至于"红是红，白是白"，这是金圣叹读出来的，我想，我们也不妨这样读。金圣叹的读法确是一种细读。

第二句由树木转到江山，"巫山巫峡气萧森"。不知道大家有没有在建三峡大坝以前去过三峡？我劝你们不去也罢，现在的景色已经比原来大为逊色了。我曾经于20世纪80年代路过三峡，那时候真是"巫山巫峡气萧森"。非常窄的一道江面，两边矗立着陡峭的绝壁，江水在绝壁之间奔腾而过。到了秋天，如果天气阴晦，那真叫"气萧森"。所谓"气萧森"，就是一个阴暗的、封闭的环境，它无法与外部交通，整个的自我封闭着、压抑着。作者的心境也是如此，不开朗、不能发散。

我们再读三四两句："江间波浪兼天涌，塞上风云接地阴。"第三句先从江面写起，从巫峡写起。三峡的江水终年奔腾不息，因为长江有很多的支流，到了这里，突然束为一个很窄的江道。杜甫有两句诗说："众水会涪万，瞿塘争一门。"就是写瞿塘峡的形势，上游有很多的支流，到涪州、万州这里汇聚起来了，然后一齐从瞿塘峡这个很窄的江道奔腾而过。加上秋天风大，江面上涌起很大的波浪。"江间波浪兼天涌"，本来在峡谷中很深的水面，波浪竟然涌到天上去了。注意，这是从下往上。那么从上往下呢？是"塞上风云接地阴"。杜甫经常把远离长安、远离京城的地方称为边塞、关塞。他在秦州的时候就喜欢用"塞"字，这里也是。"塞上"就是山上、城上。白帝山上云层压得很低，一直压到地面上，而江面的波浪一直涌到天上，这个环境完全封闭，阴晦萧瑟，这就是"气萧森"。而此时诗人的心境也完全是封闭的、阴森森的、低沉的。

下面读第五句："丛菊两开他日泪。"先要解释一下"他日"这个词，在古汉语中，"他日"这个词有两个意思，用得比较多的就是将来的某一天。但是在杜甫这首诗里，它却不是这个意思，它指的是过去的某一天，已经发生的某一天。因为这个用法比较少见，我们先看看它的出处。《左传·宣公四年》中记载，有一个郑国人叫子公，自称食指一动就有好东西吃，说："他日我如此，必尝异味。"就是他过去只要食指一动，每次都能尝到异味。有一天，子公的食指又动了，原来郑灵公得到了一个很大的鼋。但郑灵公把鼋放在鼎中烹熟了，却故意不请子公吃。子公就自己动手捞了一块，结果差点招来杀身之祸，这就是"食指大动"的故事。"他日我如此，必尝异味"，这个"他日"当然不是说的将来，而是过去，是过去的某一天。那么杜甫有没有这种用法呢？杜甫也有。我们还是"以杜证杜"，请大家看一个例子，杜甫的《赠王二十四侍御契四十韵》："粗饭依他日，穷愁怪此辰。"这个"他日"也不是说的将来的某一天，而是过去的某一天。就是我的日子依然像过去一样穷苦，还是粗茶淡饭。《秋兴》中的这个"他日"，指的也是过去。"丛菊两开他日泪"，说的是他在夔州已经度过两个秋天了，两次看到菊花，两次都因为看到菊花而伤心流泪。也就是说我今年又看到菊花了，也像以往一样地流泪了。

第六句是"孤舟一系故园心"。杜甫在夔州是暂时栖身，他虽然也有房子住，但心里一直想着继续东下，所以他说我的孤舟一直系在江边。系在江边，最后是想到哪里去呢？当然是想回到故园去。所以系在江边的客舟实际上是系住了我对故乡的思念。

"故园心"三字，钱谦益认为是《秋兴八首》的关键。我们先看一下"故园心"的指向是什么。杜甫有两处家园，一处在洛阳，一处在长安，洛阳的其实在巩县，现在改名叫巩义市——这个地名改得非常愚蠢，巩义谁知道是个什么地方，本来叫巩县多么有名，杜甫的家乡嘛。我到那里去过，在笔架山下，是一个黄土的山，下面有一个窑洞，据说杜甫就诞生在那个窑洞里，那是一个很好的古迹。这是杜甫的出生地，有他的田园。他的另外一处家园在长安，在长安的杜陵，又称少陵。杜甫一生很少提在巩县的那个家园，他自己起的号叫"少陵野老""杜陵布衣"，他始终关注的是长安杜陵的故园。所以我说这里的"故园"也就是长安，是故国，是唐帝国的首都。所以他在第一首里说的"故园"和第三首里说的"故国"其实是同一个地方，就是长安。当然，他在第一首中更强调的是他的故乡，因为他时时刻刻想念着故园，一心想回到那里去。

最后两句："寒衣处处催刀尺，白帝城高急暮砧。"在苍茫的暮色中，从高高的白帝城里传来了急促的捣衣声。这两句话，前代的注家大多没有很详细的注释，因为他们觉得这是其义自明的。可是今人来讲它的时候，就经常出问题了，我们看看问题出在哪里。

山东大学中文系的《杜诗选注》引了一种旧注，说"寒衣处处催刀尺"指的是"裁新衣","白帝城高急暮砧"指的是"捣旧衣"。这本《杜诗选注》认为这两句话是互不相干的，一句是说做新衣服，另一句是说捣旧衣服，就是说只有旧衣服才需要捣。这个理解是错误的。

北大陈贻焮先生的《杜甫评传》也讲到这两句话，他的解释也不对。他说：到了深秋，家家户户都要做寒衣，就把那个"纨素之类的衣料"拿来捣。这也是大错特错，衣料是不能捣的。做衣服的面料，不管是丝的还是麻的纺织品，你要是放在一块砧石上，再用木棒来捣，捣上几百下早就破烂不堪了，是不能用来做衣服的，用来做拖把还差不多。

那么古人捣的是什么？是填充在棉衣里面的丝绵，古代没有棉花，植物的棉花是宋代以后才有的，所以苏东坡有一句诗叫"江东贾客木棉裘"，木棉裘当时还是很新潮的服装。到了元代的黄道婆，棉花才开始在北方大量种植，这才开始纺纱织布。苏东坡穿了一件木棉的衣服，觉得很新奇，因为木棉衣服只有做生意的人才穿的。唐代哪里会有？汉代哪里会有？所以古代的捣衣是指做寒衣的时候，捣那些往衣服里面填充的丝绵，丝绵如果不捣的话，就会结块、板结，只有把它捣得蓬松了，才能保暖，这跟弹棉花的道理一样。"捣衣"不管是做新衣还是旧衣，都是捣里面的填料。也正因为这样，所以只有做寒衣的时候才会捣衣，做春衣、夏衣是不需要捣的，所以砧声总是伴随着秋风传来。李白说："长安一片月，万户捣衣声。秋风吹不尽，总是玉关情。"他没有说"春风吹不尽"，春风吹的时候没有捣衣声。

杜甫这两句诗使我们联想到古代诗歌中有很多写因秋风起而添置衣服的句子。最有名的是清代黄仲则的两句："全家都在风声里，九月衣裳未剪裁。"黄仲则说的只是他的一家人，而杜甫的过人之处在于他始终想着其他百姓，一听到从高高的白帝城传来急促的捣衣声，就想起"寒衣处处催刀尺"，百姓都很寒冷，这个时候必须做寒衣了。白帝城就是现在的奉节县，江边有一座山叫作白帝山，城就建在山腰上。在三峡建坝以前，那里水位很低，从江边到城门有好几百级的台阶。

这首诗从江边的枫树林写起，一直写到暮色中的捣衣声，从色彩、声响两方面为"秋兴"的环境做了一个铺垫。他的"兴"是从什么地方感发的呢？就从这满眼的秋色、满耳的秋声中来。

下面我们读第二首。"夔府孤城落日斜"，"夔府"就是夔州，这样写实际上是为了平仄。七言律诗要讲究平仄，"二四六分明"嘛，第二个字一定要论的。这里第二个字应该是一个仄声字，他本来可以写夔州的，但"州"是平声字，所以改成"夔府"。那么"夔府孤城"是不是没有根据，随意地把夔州叫成"夔府"了呢？也不是的，夔州原来设过府，在贞观年间曾经设过提督府，所以可称"夔府"，"夔府"就是夔州的古地名。太阳快沉下去了，落日的余晖照着一座孤城。"每依北斗望京华"，繁星满天，诗人站在江边向北眺望京城。夔州离长安几千里路，山川阻隔，当然是望不见的，他只能朝着长安的那个方向望，那个方向当然是北方，他就朝着北斗星的方向眺望。这一句有异文，有的本子作"每依南斗望京华"，钱谦益的本子与金圣

204

叹的《杜诗解》都作"南斗"。那么如果作"南斗",此句又是什么意思呢? 那就是说: 我背靠着南斗, 眺望北边的京城。

我觉得这个异文不好, 我们在判断古代作品的异文的时候, 当两个文本在版本上都有根据, 仅凭版本无法确定孰是孰非时, 我们就要看它好还是不好, 要取一个较好的文本。我觉得这里用"北斗"比用"南斗"好。钱谦益他们所以把"北斗"改为"南斗", 大概是把这个"依"理解为依靠, 杜甫正在南方嘛。我觉得这个"依"字是指目光的方向。杜甫的眼光朝哪个方向来望长安呢? 他按照北斗星的方向。所以, 我觉得还是"北斗"比较好。而且"北斗"隐含着这样一层意思, 大家知道, 北斗星有很明确的方位, 把北斗七星的最后两颗星, 也就是天璇和天枢, 连成一条直线, 就会一直指向北极星。在茫茫的夜空中怎么找北极星? 一般人是找不到的, 那就先找北斗星, 北斗星很容易找, 大熊星座嘛, 很显眼。找到以后, 把最后两颗星连起来, 大概是五倍距离的地方, 就是北极星。而北极星是中国古代政治学说中代表皇帝、代表朝廷的星辰。孔子在《论语》中说过: "譬如北辰, 居其所而众星共之。"因为地球绕着地轴运转, 而地轴是朝着北极星的, 所以无论何时, 北极星的方向永远不变。自孔子以来, 古人就把北极星看作朝廷的象征、皇帝的象征。杜甫在南方眺望长安, 他当然会想着朝廷, 想着皇帝, 象征着皇帝和朝廷的北极星当然是他的思绪中的方向, 所以北斗星就会牵引他的目光。所以, 这句诗中的"北斗"虽然一作"南斗", 但我觉得作"北斗"更好, "北斗"在文义上更好, 用古人的术语来说, 就是"义胜"。

第二联："听猿实下三声泪，奉使虚随八月槎。"这一联中最值得关注的是一个"实"跟一个"虚"，是不是为了要对仗，就在上句用一个"实"字，下句用一个"虚"字呢？"听猿实下三声泪"的"实"字曾经受到过后人批评，有人理解为杜甫实实在在听到了猿声，流下了眼泪，说这个"实"字用得呆板。其实，批评的人忘记了，在杜甫写这句"听猿实下三声泪"之前，早已存在一个有关三峡的历史文本——"猿鸣三声泪沾裳"，而且这个文本众所周知，见于郦道元的《水经注》，杜甫当然非常熟悉。实际上，它不是郦道元自己写的，而是引了盛弘之的《荆州记》，就是经常出现在中学语文课本上的描写三峡风景的那一段文字。课本上一般署名为北魏的郦道元，这简直是剽窃，当然不是郦道元本人想剽窃。郦道元《水经注》里全文引了盛弘之的《荆州记》，郦道元从未到过南方，《水经注》里关于长江水系的注文大多是从其他书上转抄来的，关于三峡的那段文字就是盛弘之写的。总之，三峡一带流传着这样的民谣："猿鸣三声泪沾裳。"人们路经三峡，心中充满对旅途艰险的恐惧，再听到猿猴的哀鸣，就情不自禁地流泪了。据说猿猴的叫声非常凄厉，我们现在没有福气听到了，我路过三峡时也没有听到，它们在那里已经没有容身之处了。杜甫这句诗的意思就是：从古就传说在巫峡边会听到猿声，然后就会流泪，我现在确确实实置身在这个环境里，我真的听到了猿鸣，也真的流泪了。应该说，这个"实"字是不可缺少的，用得非常好，它把眼前的实景与古代的传说、与一个历史文本联系起来，使诗句的内涵更加深沉。

"奉使虚随八月槎"也与古代的传说有关，这个传说的文字比较复杂，感兴趣的读者去看仇兆鳌的《杜诗详注》。晋代张华的《博物志》记载说：有一个人住在黄河边，每年八月，总会看到一个木筏漂过去。他忽发奇想：木筏漂到哪里去了呢？来年八月，他备好干粮、行李，爬到那个木筏上，竟然漂到银河里去了。古人认为黄河的源头直通银河。说他漂到一个地方，白天黑夜都分不清楚，始终是昏昏然的。他看到河边有一个女子在那里织布，对岸有一个男人在放牛。他就向他们打听：这是什么地方啊？那个放牛郎就说：你回到成都去问严君平吧。严君平是汉代一个精通天文、卜卦的人。此人回到成都，真的去问严君平。严君平说：某年某月某日，我看到一颗客星到了牛郎星和织女星的中间，那个客星就是你。此人这才知道原来他乘着木筏漂到银河里去了。这是张华《博物志》里记载的一个美丽的传说。后来，《荆楚岁时记》又把这个传说与汉代通西域的张骞联系起来了，说那个人就是张骞。张骞奉了汉代皇帝的命令去寻找河源，结果乘着木筏走到银河里面去了，等等。杜甫是把两个典故合起来用，但他为什么要用一个"虚"字呢？

要回答这个问题，我们先从陈寅恪的一个观点说起。陈先生认为，诗歌中的典故有两种，一种叫古典，另一种叫今典。古典就是历史的文本，典故的本来意义；今典就是诗人写作时所针对的现实对象。我们来看一看，这句杜诗中的今典是什么？我想，今典应该是这样的。杜甫虽然离开了朝廷，但是他毕竟有一个官职，他曾经是严武的幕僚，后来严武还推荐他做了检校工部员外郎。杜甫本人不是朝廷委派的独当一面的使者，但他是使臣严武的幕僚，所以也算是奉使在外。后来情况有变，首先严武死了，然后他本人的职务也落空了，所以他说：我本来是奉使随着一个木筏漂到这遥远的江边来的，现在却不能再随着木筏漂回去，所以是"虚随八月槎"。这个"虚"字包含着深沉的人生感慨，不是为了与上句的"实"字对仗而凑合着用的。

这里牵涉典故的意义的问题。胡适之在新文化运动时写的《文学改良刍议》，提倡"八不主义"。"八不"中的"七不"我都同意，但是"不用典故"我不同意。典故何罪之有？在传统的诗词中，典故是万万不可缺少的。你要把典故完全去掉，那么古典诗词差不多有三分之一或者四分之一就无法存在了，没法写了。好的典故并不是作者要炫耀学问，也不是要故作深沉，不是的。用了典故以后，表面上虽然还是写一件事情、一个细节，但是它负载着这个典故本身所承载的历史文化内涵。典故是一个历史文化的载体，它是经过千百年的群体接受才积淀下来的。凡是约定俗成的典故，读者一看就知道这儿有典故，这说明这个典故深入人心。如果你在诗中把这个典故用得恰到好处，你的文本除了字面上的意义，还有字面以外的意义。原来积淀在这个典故内部，但是并没出现在文本中的那些意义，都会渗入文本，从而使文本变得更加深沉、更加厚重。"奉使虚随八月槎"这句杜诗虽然只有七个字，但却是杜甫的一段人生经历。如他与严武比较相得，得到了平生官阶最高的检校工部员外郎的职务，严武死后他孤苦无依地漂泊在江边，无法回到长安，乃至他感慨万分的情感内蕴，都淋漓尽致地体现出来了。我们很难想象，假如不用典故，他怎能在七个字中表达如此丰富的意义？所以，典故是合理的，好的典故是事半功倍的一种手段。古人哪有那么傻？竟然把一个不合理的东西奉为宝贝长达一千多年，非要等到胡适之出来为他们指点迷津？杜甫、韩愈、李商隐、苏轼、黄庭坚、辛弃疾都是灵心慧性的才士，他们的诗词中充满着典故，难道都是在犯傻不成？

"奉使虚随八月槎"一句把诗人的思绪引向长安。《博物志》里的那个无名氏也好，《荆楚岁时记》里的张骞也好，他们都是乘着木筏漂去又漂回的，这个木筏年年漂去，到了一定的时候又漂回来。但杜甫现在是"虚"了，他没能再随着木筏漂回出发点，所以他的思绪就指向长安了。既然想到长安，他就想起自己的官员身份来了，于是他说"画省香炉违伏枕"。"画省"指尚书省，是朝廷里的一个重要部门。唐宋时代凡是在诗文中说到政府部门，往往喜欢用汉代的典故。汉代的尚书省里画着很多壁画，画上是一些贤人和烈女的形象，所以尚书省又叫"画省"。这不是正规的称呼，而是一个约定俗成的称呼。唐代的尚书省里有没有壁画我们不知道，但是既然汉人叫"画省"，唐人也就跟着叫"画省"了。这就好像宋代苏东坡遭遇的"乌台诗案"一样，"乌台"就是御史台，宋代的御史台里有没有很多乌鸦我们不知道，仅仅是因为汉代御史台里的树上有很多乌鸦，人们把御史台称为"乌台"，后人也就随着叫"乌台"了。这一句写的是汉代的尚书省里应该有的景象，尚书省的官员值夜班，宫女就点了香炉给官员熏衣服。所以杜甫想象如今的尚书省里也是香烟缭绕。杜甫此时仍带着检校工部员外郎的官衔，工部是属于尚书省的，可是他正漂流在外，他这个官职也仅是一个虚衔。事实上杜甫并不能到尚书省去值夜，所以说"违"。"违"是离开的意思，远离京城。什么原因呢？我生病了。"伏枕"就是卧病，当然这是一种委婉的说法，其实并不是因为生病，而是因为他早就被朝廷疏远了，被朝廷放逐了。

"山楼粉堞隐悲笳"，这一句又回到了眼前。既然是"违伏枕"，远离了尚书省，诗人在一念之间又回到眼前了。眼前看到了什么景色呢？"山楼"就是建在山上的城楼，"堞"是城上的矮墙，呈齿牙状，古代士兵躲在后面放箭。"堞"涂成白色，所以叫"粉堞"。在苍茫的暮色中，悲笳阵阵，诗人隐隐看到城楼上的"粉堞"。"粉堞"与末句的"芦荻花"可以对照着读，"粉堞"是白色的，芦花也是白色的，在暮色苍茫乃至夜色浓重之后，只有白色的景物才能看得见，其他颜色的物体都已隐没在黑暗中了。诗人特地点出的两个景物都是白色的，可见观察之细，描写之精，绝不是轻易下笔的。

"请看石上藤萝月，已映洲前芦荻花。"诗人在江边久久地眺望，从夕阳西下一直看到满天星斗，再看到月上中天。"石上藤萝月"就是指山顶上的月亮。夔州地处江南，水汽弥漫，石头上爬满了藤蔓，从山上露出来的月光已经照到江边的芦花了。芦荻在秋天开花，所以古人诗文中出现"芦荻花"，都是形容秋意。宋代张炎有一句词叫"折芦花赠远，零落一身秋"，我很喜欢。折一根芦花赠给远方的朋友，而我的遭遇也像芦花一样，已进入肃杀的秋天。这是非常萧飒的一种景象。这句杜诗也是如此，月光照到什么地方了呢？照到江边的芦荻花上了。在月光下面，芦花呈一片惨白。

请大家注意，第二首是写杜甫在江边眺望江景、思绪飞扬的过程，从黄昏一直写到深夜。

我们再看第三首。第一联很简单："千家山郭静朝晖，日日江楼坐翠微。"时间又到了清晨——当然是到了第二天的清晨，太阳又出来了，山城一片静悄悄。诗人日日如此，坐在半山腰的江楼眺望景色。"翠微"指淡青的山色，整个白帝城都建在山腰上。

第二联比较复杂："信宿渔人还泛泛，清秋燕子故飞飞。""信"是两夜，尤其指过两夜。《诗经·周颂·有客》："有客宿宿，有客信信。"《毛传》说："再宿曰信。"所以《郑笺》解释"有客宿宿，有客信信"说，第一句是过了两夜，第二句是过了四夜。因为"信信"嘛，两倍的"信"，就是四夜。不管郑玄说得对不对，杜诗中的"信宿"，就是指两夜。"信宿渔人还泛泛"，杜甫接连两个晚上在这儿眺望，看到江上的渔人还在那里泛舟捕鱼。"清秋燕子故飞飞"，深秋了，燕子还在江面上飞。"故"是"还""依旧"的意思。为什么说"燕子故飞飞"呢？就是说到了"清秋"，燕子应该飞到南方去了。当然，从客观上说，夔州已经在南方了，夔州比长安、洛阳的纬度要低很多，夔州的气候要温暖一些，燕子南飞的季节也比北方晚。杜甫是北方人，看到深秋仍有燕子，觉得很奇怪。

这两句杜诗，我们读过后会明显有一种不耐烦、很厌烦的感觉。诗人在江边看景，怎么看来看去老是这个景色？江面上的渔舟老在那里漂，天空中的燕子老在这里飞，一成不变，使人腻烦。这是为什么呢？这两句表达了一种特殊的心理状态，杜甫是故意这样写的。王嗣奭的《杜臆》解释这两句说："渔舟之泛，燕子之飞，此人情物情之各适。而以愁人观之，反觉可厌。"就是渔民当然要在江上打鱼，燕子当然要在江面上飞，它要吃飞虫嘛，这是人情和物情最合适的状态，事物本该如此。那么杜甫为什么觉得烦闷乃至烦躁呢？说渔人"还泛泛"，说燕子"故飞飞"，这个"还"字跟"故"字为什么要用在这里呢？王嗣奭说，杜甫是因为自己心里烦闷，自己心里忧愁，所以觉得这样的景色很讨厌。

作为王嗣奭的这个解释的佐证，我们举一首杜诗来"以杜证杜"。杜甫的夔州诗中有一首叫作《闷》，请看这两句："卷帘唯白水，隐几亦青山。"卷起帘子就看到一道白水，凭几坐着朝窗外眺望，就看到一座青山。"隐几"这个词要稍微解释一下。我以前搞不大清楚，几年前《读书》上有一篇文章专门研究这个几，说古代的几是什么东西，我这才清楚什么叫"隐几"。几不是用来坐的，以前我以为"几"是像椅子、凳子一样的家具，可以坐在上面，所以不懂"隐几"是什么意思。其实"几"是用来支撑身体的，古人席地而坐嘛。《庄子》里说："南郭子綦隐几而坐，仰天而嘘，嗒焉似丧其耦。"这个"隐几"是什么状态呢？古人席地而坐，坐久了会累。你要是到韩国和日本去，在他们席地而坐的饭店里吃饭，一顿饭吃的时间长一些，你会累死的，两条腿不晓得怎么放才好。我在韩国过了一年，最怕跟那些韩国教授坐在地上喝酒，坐得累死了，左也不是，右也不是。古人为了解决这个问题，就发明了"几"，"几"是一种矮桌子状的家具，放在前面，把手支在上面，这样才能坐得长久。

"卷帘唯白水，隐几亦青山"这两句杜诗引起了宋代一个诗话家的评论。蔡絛在他的《西清诗话》里说：满眼看去，不是白水，就是青山，这么好的景色就在你书房的窗外，要换了我，简直快活死了，怎么还闷啊。他是忘掉了，诗人当时处于一种什么心境。杜甫这首诗的标题就叫《闷》，他是在非常烦闷的时候，用大家的话来说就是"郁闷"，心里烦躁不安，所以看到一切景物都觉得讨厌。他今天也看到白水、青山，明天也看到白水、青山，怎能不烦闷呢？

《秋兴》中的两句也是一样的，渔人泛舟，燕子飞翔，本来是秋天常见的景色，也算得上是美景，可惜杜甫心里烦躁、烦闷，所以就觉得讨厌了，于是就用了"还"跟"故"这两个字。这两个字虽然是虚词，但却很好地衬托了杜甫此时的心情，把他的心境写出来了。

"匡衡抗疏功名薄，刘向传经心事违。"这里用了两个汉朝人的典故。王安石写诗有一个特点，当时的人都赞赏不已。王安石写诗要是上一句用一个汉朝人的典故，下一句一定也用汉朝人的典故，不用唐朝人对汉朝人，他认为这样的对仗才算精工。现在我们看到，杜甫早就如此了，这两句中都用了汉朝人的典故。匡衡是汉朝的一个经学家，他曾经向朝廷上书言事，说得很好，受到朝廷的重视，因而升官了，所以杜甫认为匡衡是一个由于上书而得到朝廷重视的人。刘向也是汉代的著名学者。汉代有很多学者都是通一经的，只要精通一种经典就可以当博士，做官了。刘向居然通五经，五经他都能讲，学问特别大，汉朝给他的官职也比较特别，叫"内府五经秘书"。

　　那么杜甫用这两个典故是什么意思呢？他说"匡衡抗疏功名薄"，事实上匡衡的功名不薄，他抗疏以后升官了，做了光禄大夫。杜甫是反用这个典故，他说自己虽然也像匡衡一样抗疏，向朝廷直言进谏，但并没有得到匡衡那样的结果，朝廷并没有采纳他的意见，他反而被朝廷疏远了，功名反而更薄了。杜甫出身一个有儒学传统的家庭，他的十三代祖先杜预是研究《左传》的名家，他自己也精研儒学，所以他说他本来也想像刘向一样研究、传授儒家经典，可是这个愿望没能实现。"心事违"就是没有实现像刘向那样的志向。所以说，这两个典故都是反用的。顺便说一下，匡衡这个人也是讲经讲得特别好的人，他很会讲《诗经》，当时的人说："无说诗，匡鼎来。匡说诗，解人颐。"你不要说《诗经》了，匡衡要来了，他比你说得好得多。这个"鼎"字是"正"的意思。匡衡说《诗经》，说得大家都开怀大笑，觉得很有趣，很有意味。杜甫诗里没有取这一点，他仅仅是取了匡衡抗疏的事迹。总之，这两句诗是回忆生平而引起的感慨，他功不成，名不就，平生的理想一个也没有实现。

最后一联："同学少年多不贱，五陵衣马自轻肥。"自己功名未成，理想没有实现，作为对比，杜甫就想起了同学。杜甫诗中多次说到他的同学，在《咏怀五百字》中有"取笑同学翁"。可能杜甫年轻时的一些同学后来功名顺利，事业发达，当然我不知道那些人的名字，但是杜甫经常说到他们。而杜甫本人呢，却非常不顺利。他说"同学少年多不贱"，不是说他们现在还是少年，是说昔日的少年同学，他们后来在仕途上非常发达，官高必定禄厚，所以"五陵衣马自轻肥"。五陵是汉代贵族聚居的地方。汉王朝为了让豪贵们离开故土便于控制，把他们都迁徙到五陵一带，代代相传，五陵就成为贵族子弟居住的地方。那些身居高位的人当然是"乘肥马，衣轻裘"。

我们要注意"五陵衣马自轻肥"中的"自"字，它大有深意。从字面上看，当然是说"同学少年"的"衣马轻肥"是应该的，他们地位高嘛，当然应该享受优裕的物质生活。但是其中暗含的一层意思是什么呢？就是《论语》中的一段话。《论语》记载，孔子的学生子路说："愿车马，衣轻裘，与朋友共。敝之而无憾。"就是我有很好的车马、很好的衣服，我都愿意跟朋友分享，朋友把这些衣服穿破了，把车马用坏了，我也没有遗憾。杜甫说"五陵衣马自轻肥"，就是说他的那些同学虽然官高禄厚，但是一点都不照顾朋友，只管自己享受"衣马轻肥"，不像子路一样跟朋友分享。所以杜甫在句中插进一个"自"字。当然这只是杜诗的言外之意，但我们阅读的时候不妨有这样的联想。"道不同不相为谋"，其实杜甫已经选择了与"同学少年"完全不同的人生道路，他当然会与"衣马轻肥"的生活渐行渐远。

我们已经读完了前面三首，对于《秋兴八首》这一组诗来说，这里是一个停顿。为什么是一个停顿呢？从第一首到第三首，它们的顺序是按时间推进的，写的是一位老诗人在深秋的夔州江边眺景所经历的时间过程。从第一首的白天写到第二首的傍晚、半夜，再写到第三首的清晨，用我们现在的话来说，时间过去了整整24小时，完整的一天一夜过去了。杜甫一直站在江边眺望。杜甫这个人，我怀疑他是经常失眠的，可能他满腹忧愁，所以睡眠不好。他半夜三更的总是醒在那里，还在那里写诗，在那里看星星、看月亮。不像现代人，哪个去看星斗、看月亮？所以我们都成不了诗人。杜甫在这里写了完整的一天一夜，他一直在那里眺望着江景，一直在那里思考、回忆。

从第一首到第三首，既然整个白天跟整个夜晚都包含在里面了，如果他继续写下去的话，就不可能再依照时间顺序了，否则就要重复了。所以从第四首开始，它的结构就改为空间结构。第一首到第三首在章法上是一个时间结构，是跟着时间推移的，从第四首起就改为空间结构了，就改为让思绪在夔州江边和长安两地之间不停地转换、来回，一会儿说夔州，一会儿说长安，一会儿又说夔州，完全变成了空间的次序。

现在看第四首。第四首一开始就把思绪投向长安，诗人站在瞿塘峡边眺望长安，思念长安，这与前面三首不一样，前面三首都是立足于夔州。第四首一开始就直接从长安写起："闻道长安似弈棋，百年世事不胜悲。"棋局是反复不定、胜败多变的，本来是胜的形势，但一着不慎满盘皆输，而败势也可以反败为胜。说局势像下棋一样，表明局势极度地不安定、多变。那么这个多变的局势有什么具体表现呢？我们看王嗣奭《杜臆》中的解释："长安一破于禄山，再乱于朱泚，三陷于吐蕃，如弈棋之迭为胜负。"长安本是唐帝国的首都，它先被安禄山攻破，沦陷了，虽然收了回来，但接着朱泚又在此作乱，后来吐蕃又把它攻陷了。王嗣奭说的史实有点错误，三个史实的次序有点乱，我稍微纠正一下。"朱泚之乱"发生在783年，这时杜甫已经去世了，那是杜甫身后的事。而吐蕃攻陷长安发生在763年，这是杜甫生前的事情，也是在他写《秋兴》以前的事情。杜甫在写《秋兴》以前，已经看到长安两次被攻陷，一次被安禄山的东胡攻陷，一次被西边的吐蕃攻陷。在杜甫看来，长安作为国家的首都，居然经常被从不同方向来的敌人攻陷，真像棋局一样多变。对于"闻道"二字，金圣叹说："'闻道'，妙！不忍直言之也，亦不敢遽信之也。"他说这两个字用得好，为什么呢？他推测杜甫的心理是"不忍直言之也"，不忍心直截了当地说长安反复沦陷，就故意用了"闻道"二字，就是听说曾经发生过这样的事。他不愿相信也不敢相信这是真的，不敢相信如此令人匪夷所思的事情居然发生了。在事实前加上"闻道"两个字，诗的语气就变得非常委婉。

"百年世事不胜悲"，"胜"在这里念平声。有的字在古代是可以平仄两读的，有时读平声，有时读仄声，都可以。这种地方大家不要以为古人把平仄搞错了，"胜"字在这里就读平声。"不胜悲"就是经不起这个悲伤，非常悲伤。对"百年世事"我们也要细读一下。"仇注"说："百年，谓开国至今。"他没有做具体的计算，我们来计算一下。唐朝618年开国，到杜甫写这首诗的766年，算下来应该是148年，从约数来讲也可说是百年。但是更准确地说，我认为，应该从唐太宗以后算起，因为唐太宗的贞观时期，杜甫不可能认为是"百年世事不胜悲"的。杜甫对唐太宗的"贞观之治"是非常仰慕推崇的，"贞观之治"时没有什么值得悲伤的事情。唐太宗以后，唐代的政治就多变、动荡了，包括武则天时代，包括唐玄宗时代。所以应该从唐太宗以后，也就是从649年算起，从649年到766年，一共是117年，刚好超过百年。所以，杜甫是说唐太宗以后的百年中，朝廷的政治使人觉得很悲伤，国家非常不稳定、非常动荡。

既然从长安写起，下面就写长安的形势："王侯第宅皆新主，文武衣冠异昔时。"长安的多变体现在什么地方呢？除了长安反复沦陷，整个形势像弈棋一样，还有其他的体现吗？杜甫觉得，还体现在人的变化，以及附属于人的住宅的变化。身居高位的人不停地在变，一会儿是这些人当王侯将相，一会儿是那些人当王侯将相，长安城里的豪华住宅经常更换新的主人。朝廷里的文官也好，武官也好，都不再是以前的老面孔了。那么这两句的旨意是什么呢？当然，从史实来看十分明确，就是说国家的每一次动荡，朝廷政治的每一次变化，都会带来统治阶级内部人员的变化，原来身居高位的人倾覆了，甚至被杀了，原来身居低位的人升上来了，等等。问题是杜甫对之采取什么态度？他认为这是非常不好的，这是国家动乱的象征，并认为朝廷应该稳定，一个稳定的国家，它的统治阶层也应该是相对稳定的。也许从今天的价值观来看，有人会说这不是很好吗？不停地变化，穷人翻身，当家做主，原来身居高位的人被拉下马来，不是很好吗？但一个国家的政治局势不停地变化，绝对不是一件好事情，这说明国家不稳定。一个稳定的国家，各个阶层应该是各安其位的。《老子》说："治大国若烹小鲜。"煎一锅小鱼，如果不停地翻动，小鱼很快就糜烂了。一个国家的人事也不宜急遽地变化不止。

那么杜甫最不满的是什么呢？就是"安史之乱"后有一批宦官占据了高位，掌握了国家的重要权力。宦官甚至掌握了军权，像李辅国、鱼朝恩等人都亲掌军权。不仅如此，就在杜甫写这首诗之前不久，宦官头子鱼朝恩，这个斗大的字不识几个的人物，居然到太学里升座讲经，让儒生坐在下面听。这可能是杜甫非常不满的事情。我也有同样的感觉，如果一个国家、一个社会，它的尊严、它的道德标准都受到扫荡，受到颠覆，那么最后保持尊严的地方就是太学，或者是我们今天的大学。这是最后一块净土，如果连这个地方都不能保持尊严了，整个社会就都被颠覆了。太学是封建社会里最高的学术机构、教育机构，居然让一个宦官头子去讲经，在杜甫看来简直是乱了套了，斯文扫地了。国家的行政权力，包括军权，都落入了不该掌权的人的手中，国家政治文化的解释权也被不该掌握它的人掌握了，杜甫觉得这是国家动乱的象征，他对此非常不满。

这个态度在杜诗中反复表示过，不止这一处，例如《洗兵马》，这是杜甫当年在长安时写的诗。在长安的时候他就说过："攀龙附凤势莫当，天下尽化为侯王。"那些原来地位低贱的人通过不正当的手段纷纷爬上了高位。他晚年写的《锦树行》里又说："五陵豪贵反颠倒，乡里小儿狐白裘。"从富贵与贫贱互相置换的角度指出社会阶层的颠倒。那么杜甫心目中正当的政治秩序是什么样的呢？就是《行次昭陵》这首诗里写的"朝廷半老儒"。他肯定的是这种状态，他觉得朝廷里应该由那些德高望重的儒生出身的老成之人占据高位，这对国家是有利的。他不满的是《送陵州路使君赴任》里写的"高官皆武臣"的政治。所以，我们读"王侯第宅皆新主，文武衣冠异昔时"，就不能认为杜甫说的仅仅是住宅、衣冠等物质层面的东西，这就误会了杜甫的意思，他表达的是对国家政治局面不稳定的焦虑感。

说过人事上的变迁以后，接下来就写长安的另一种形势，就是军事形势："直北关山金鼓振，征西车马羽书迟。""直北"就是正北，杜甫此时在夔州，正北的方向就是长安，是国家的首都地区。但这里居然"金鼓振"，充满了战声，这当然是很不正常的。"征西车马羽书迟"的"迟"字要稍微说一下。这个"迟"有异文，另一种文本做"奔驰"的"驰"。这里采用的是"迟缓"的"迟"，根据的是钱谦益的本子，还有《全唐诗》用的也是这个字。但是仇兆鳌、浦起龙、杨伦的本子都作"奔驰"的"驰"。当时我觉得这个"迟"好，现在我又觉得这个"驰"好了。"驰"就是拼命地奔跑，很急。因为西征的军队在前线，实际上就是抵御吐蕃、回纥的军队，前线就在长安的西边，所以传递军事情报的羽书不停地在长安和前线之间奔跑，非常忙乱。这也是说长安局势的不稳定。本来是一个国家的核心地区，最稳定的地方，现在偏偏很不稳定，战火纷飞。

前面六句写了长安以后，最后两句就回到眼前，回到夔州了。诗人现在处于什么情况呢？诗人就站在深秋的长江边上，感受着"鱼龙寂寞秋江冷"。古人认为，秋天的江水变冷了，江水里的动物全都沉下去了，那些鱼啊、龙啊都不再出来游动了，变得非常寂寞。这里用外物来衬托诗人心境的寂寞，于是"故国平居有所思"了。在寂寥的心境中，诗人非常想念自己的故国。这里的"平居"二字要解释一下，大家如果看现代人的选本，比如说山东大学中文系编的《杜甫诗选》，里面解释"平居"就是"平时居处"，平常居住的地方。如果按照这种解释，这句诗是什么意思呢？就是杜甫说：我非常想念我在故国平时居住过的地方。我觉得这个解释是错的，因为"平居"在古代其实就是平时的意思，跟居住没有关系。这两个字最早的出处是《战国策·齐策》："此夫差平居而谋王，强大而喜先天下之祸也。"不是说夫差在平时居住的地方怎样，而是说夫差平时就想取得霸权，所以"平居"就是平时。这句诗就是说诗人经常地、不时地想念自己的故国。

第四首写的是杜甫对长安形势的思考和对故国的怀念。想到长安自然会联想到皇帝，所以第五首就从皇帝写起。"蓬莱宫阙对南山"，"蓬莱宫"就是大明宫，是很重要的一座宫殿，是皇帝上朝接见大臣的地方，大明宫又名蓬莱宫。《唐会要》中记载，龙朔二年大明宫改名蓬莱宫。"南山"就是终南山，蓬莱宫正好对着终南山。"承露金茎霄汉间"，"承露金茎"指的是汉武帝时在长安设立的承露铜盘。汉武帝相信方士的话，方士对他说，在从天上承接的露水里放入捣碎的玉屑，喝了可以长生不老，所以他造了两个高入云霄的铜柱，上面做一个人形，两只手各举着一个巨大的盘子，用来承接露水。汉宫里的铜人铜盘到唐代已经不存在了，李贺的《金铜仙人辞汉歌》中写到了，汉代的承露铜盘早被魏明帝派人拆下搬到洛阳去了，已经不在长安了。后来铜人铜盘还被熔化制成兵器，所以"承露金茎"到唐代已经没有了。那么为什么杜甫还说"承露金茎霄汉间"？他是用汉代的典故来形容唐代宫殿的壮丽。唐人写本朝的事情，比如本朝的宫殿、本朝的官职，最喜欢用汉代的典故。这里就是用汉代的宫殿来描写唐代宫殿的壮丽。当然，句中也隐含着对唐玄宗喜好神仙的讽刺，因为汉武帝正是以迷信著称的。

三四两句开始写皇帝周围的情况，诗人的视野渐渐地缩小了。"西望瑶池降王母，东来紫气满函关。"上句写的是杨贵妃。《穆天子传》中记载，周穆王到处漫游，一直走到西方的昆仑山，会见了西王母，西王母在瑶池为他举行酒宴。不仅是杜甫，唐朝人都非常喜欢用这个典故来指唐玄宗和杨贵妃，比如王维的诗中也出现过。诗人回想当年在长安曾目睹唐玄宗宠爱杨贵妃，到骊山上的华清池寻欢作乐，就像传说中的瑶池宴饮一样。下句是说整个京城充满了祥瑞之气。"紫气满函关"本来是道家神化老子的一种传说，司马迁在《史记》中就记载了，说老子出函谷关的时候，紫气东来，函谷关的关令尹喜一看就知道有圣人要来了，果然，第二天老子骑着青牛从东而来。唐朝尊崇道教，唐朝的王室认为道教的始祖老子是他们的祖先，老子姓李，他们也姓李。为什么要攀上一个李耳呢？因为李家的祖先在历史上找不出什么名人来，他们的祖先李暠是西凉的胡族，不是汉族血统，为了文饰自己，皇族一定要找一个在历史上有重大影响的人物做祖先，于是就攀上了老子，说这是我们的祖先。所以唐朝尊崇道教，至少官方的态度是这样，在唐朝的各种宗教间，道教第一，佛教第二，道教的地位最高。在唐玄宗统治期间，各地不断地献祥瑞，这里发现一个道教的祥瑞之物，那里也发现一个，不停地献，因为献了以后可以得到封赏。上有所好，下必甚焉。仇兆鳌就指出"明皇好道"，还有钱谦益的注："天宝元年……有灵宝符在函谷关尹喜宅旁。"有人报告说函谷关的尹喜故宅旁出现了一个灵宝符。这当然都是人们伪造出来的，对国家政治毫无益处，是一些乌烟瘴气的事物。所以杜甫说"东来紫气满函关"，表面上是颂扬之辞，字面很壮丽，说祥瑞之气充溢着长安一带，骨子里当然是讽刺。

通过对皇帝周围的祥瑞之气、热闹场面的渲染，下面就推出皇帝本身了："云移雉尾开宫扇，日绕龙鳞识圣颜。"据《唐会要》卷二十四记载，唐玄宗开元年间重定朝仪，就是把朝廷的礼仪重新做了一番规定，增加了一条内容，就是："上将出，扇合。坐定乃去扇。"当皇帝上朝时，两个宫女各持一把用雉尾做成的大羽扇，两边交叉着挡住皇帝，使下面的大臣看不见皇帝。皇帝坐好后，羽扇向两边移开，皇帝才露出来。这不是夸张，不是形容，是实有其事，文献记载当时的朝廷礼仪就是这样规定的。这个礼仪有什么意义呢？皇帝自己走出来就行了，为什么还要演戏一样地拿两把扇子遮住，坐好了才移开扇子？所有的统治者，特别是独裁政权的统治者，他一定要把自己神秘化，神秘化才能使人产生敬畏之心，产生畏惧之感。如果他平易近人，整天和大臣嘻嘻哈哈的，谁还怕他？刘邦当年刚得天下，还没有制定上朝的礼仪。上朝时大臣一片喧哗，大呼小叫，想叫他们静下来都不行，因为那些大臣以前都是与刘邦一起打天下的，是一起杀狗的、卖酒的一帮穷哥们儿。后来叔孙通帮刘邦定了朝廷礼仪，操练一番后，上朝的时候御史手持宝剑站在旁边，谁要喧哗，御史立刻把他的头砍下来，所以谁也不敢出声了，大家都战战兢兢的。刘邦大喜，说："今日乃知天子之为贵也。"我今天才知道皇帝是这么尊贵！从古至今的统治者都要把自己神秘化，"云移雉尾开宫扇"就是这种神秘化的一个生动场面。扇子一移开，唐玄宗就露出来了，于是就"日绕龙鳞识圣颜"，臣子们只觉得一片日光照着皇帝。唐玄宗的龙袍是丝织品，金光闪闪的，大家就看到唐玄宗的圣颜了。诗人在这儿有没有讽刺？我们不能肯定，但诗句的客观效果有讽刺的意思，尽管字面上写得非常庄重、典雅、华丽，符合皇家的气象。

再下来思绪又回到夔州："一卧沧江惊岁晚，几回青琐点朝班。"前面写了当年亲眼看到的朝廷里庄严华丽的场面，但是现在我怎样了呢？我现在是卧病在长江边上，非常吃惊地发现又是一年将尽。当然"岁晚"也可指年老了，青春的岁月已经过去了。"青琐"是皇宫的宫门，那时候皇宫的宫门不是漆成红色，而是漆成绿色。"琐"是一种连环的花纹，铸在铜门上的花纹。"几回青琐点朝班"，当年我曾经多少次地走进宫门去点名上朝啊！言下不胜感叹。古代上朝时有专门的官员点名，又得按照一定的次序，所以叫"点朝班"。这两句所写的思绪都是在长江边，在夔州发生的。"几回"两个字，前人的解释各有不同，钱谦益认为"几回青琐"是指"追数其近侍奉迎"，就是回忆自己当年去上朝的一段经历。王嗣奭说是"惊年岁之衰晚，虽幸入青琐，而点朝班者能有几回哉"，就是说我现在已经老了，即使能够再回去上朝，又能有几次呢。王嗣奭认为说的是现在的情况，现在不能再回去上朝了。山东大学的选本也是一样，说"几回"实际上是"没有一回"，现在不能再回去上朝了。相比之下，我认为还是钱谦益的解释比较好，因为此诗前面六句都是写当年他在长安所见的上朝时庄严肃穆的景象，现在虽然身处江湖，但是回首过去，就想起自己曾经多次上朝的经历。这样解读，有思绪曲折、语气回环的优点，文气也很通顺。如果最后两句都是说现在处境很糟，不能再去上朝了，就很直白，没有什么回味了。遇到这种后人有多种解释的文本，如果各种解释从意思与史实上都能讲通，我们无法评判是非，只能取一种最好的解读法。当然这就会有见仁见智的问题，各人的感觉可能不一样，甚至同一个人每次读也会有不同的感觉，这无伤大雅，不一定强求一律。

第六首写皇帝出游的地方以及皇帝出游时的豪华热闹场面。第六首的写法又有变化，我也简单地讲一下。从第四首到第八首，后面五首的写法都是先回忆长安，然后把思绪拉回夔州，最后归结到自己如今在夔州怎么样。如果五首都是这样写，就可能嫌单调，而杜甫写组诗时会尽力破除单调，体现变化。关于这一点，大家可以去看程千帆先生的一篇文章《古典诗歌描写与结构中的一与多》。他举了很多例子，说明古人写组诗时总是力求有变化，杜甫表现得特别明显。杜甫的组诗如果内容相近的话，其中肯定有一首的结构是与众不同的。我们读第六首的时候就发现它的章法有变化。第六首实际也是先写长安，但是第一句却从瞿塘峡口写起，然后再写曲江头。一句中嵌进两个地名，一个是诗人身处的瞿塘峡口，一个是长安郊外的曲江。这两个相距万里的地名怎么能组合在一起，它们在逻辑上的联系是什么呢？第二句就交代其原因"万里风烟接素秋"，这两个地方虽然相距万里之遥，但到了秋天，都是一片风烟，而风烟是弥漫一气的，这就把两个地方连接起来了。第二句是交代第一句的原因的，这里的句法非常巧妙。浦起龙说："瞿塘曲江，相悬万里，次句钩锁有力。"前面一句把两个相隔万里的地名放在一句中，第二句用"万里风烟"把它们连接起来，连接得非常有力。浦起龙紧接着又说："趁便嵌入秋字。"因为这是"秋兴"，所以诗人顺便嵌入一个"秋"字，紧紧地抓住季节的特征。王嗣奭的《杜臆》也有类似的说法，不过没有从句法上讲，王嗣奭说："风烟相接，同一萧森也。"一个是瞿塘峡，本来就是冷清的地方，另一个是曲江，本来应是热闹繁华的地方，但如今都是一派萧瑟的秋景。是相同的氛围把两个地方融入一句，构思非常巧妙。

三四两句开始具体地描写长安，尤其是唐玄宗游览过的地方。先看第三句"花萼夹城通御气"。"花萼"指的是花萼宫，唐朝的一个宫殿。为什么叫花萼宫呢？这是用《诗经·小雅·常棣》中的诗句："常棣之华，鄂不韡韡。"后人常用"花萼"来比喻兄弟相亲，就像花瓣总是生长在花萼上一样。唐玄宗登基后专门建了一座"花萼宫"，让他的五个兄弟一起住在里面。他还做了一张大床和一床大被子，让五个兄弟晚上睡在一张床上，同盖一条被子，表示兄弟很友爱。为什么要这样做呢？在唐玄宗以前，从来没有哪个皇帝这样做过。我猜想这大概是因为唐玄宗排行老三——唐朝人都叫他"三郎"嘛，他为了表示自己对大哥、二哥及其他兄弟很友好，他的皇位并不是抢夺来的，所以才这样做。按照封建伦理，应该是由皇长子继承皇位，然后还有老二，而唐玄宗身为老三却继承了皇位，为了掩饰这一点，所以建了花萼宫。花萼宫当然是唐玄宗经常去的地方。钱谦益说，安禄山造反的消息传来，唐玄宗"登花萼楼，四顾凄怆"。他觉得很悲哀，孤立无援。叛军打来了，没有良将带兵去抵挡，虽有兄弟却帮不上忙。所以花萼宫是与唐玄宗有特殊关系的宫殿，跟其他皇帝关系不大。夹城就是夹道，古代皇帝为了把自己神秘化，也为了保卫自己，从秦始皇就开始修夹道，用两面墙把道路夹在中间，只让皇帝通行，外人看不见。唐代的夹城从花萼宫一直通到郊外的曲江，因为皇帝经常要去那些地方游玩。"通御气"是针对第一句的曲江说的，是说唐玄宗在夹城里走，从花萼宫走到曲江，所以帝王之气也就通过去了。

再看第四句"芙蓉小苑入边愁"。现在西安南郊有一个假古董的芙蓉苑，我没去看过，据说里面花里胡哨的，是个游乐场所。唐代在曲江那儿确实有一个芙蓉苑，也是唐玄宗时修的，当时是游览胜地，也是唐玄宗经常去游玩的地方。"边愁"就是一个国家在边疆地区受到外族侵略时引起的不安和忧愁。芙蓉苑本来在"曲江头"，就在长安郊外，怎么会"入边愁"呢？这说明长安局势极不稳定。

三四两句的对仗非常工整，但这种对仗不是我们刚学写诗时那种呆板的对仗，这一联的意思是跳荡的，内在的意脉是流动的。读到这里，我就想到《文心雕龙·章句》里的两句话："外文绮交，内义脉注。"就是一篇作品外表上看非常美丽，好像交错着的各种花纹，但是内在的意思却像脉络一样一气贯注，非常通顺。这就像人体的经脉，是贯通的，要是不通就生病了。刘勰那时还没有律诗，但如果移用这句话来评价写得好的律诗，评杜甫《秋兴八首》这样的律诗，真是太贴切了。《秋兴八首》，尤其是第六首，第二联和第三联字面上对得非常工整，真的是"外文绮交"，美丽的花纹交错出现，非常匀称，非常平衡。但是你细看内在的意脉，却是一气贯注的，丝毫没有被工整的对仗截断。对仗太工整是容易截断意脉的，大家如果试着写律诗的话就会有这种感觉，对仗太工整了，意思就不通畅了。但是杜诗在对仗非常工整的同时，意脉也非常贯通。具体到这首诗来说，意脉贯通体现在什么地方呢？我觉得就是在这么繁华的地方，这样的歌舞升平，甚至专门修了夹道通到芙蓉小苑去，结果却导致了边愁。正因为唐玄宗贪图享乐，骄奢淫逸，结果就导致了动乱，导致了国家的危机，导致外族军队打到长安来。这几句的意思是一气直下的，以因果关系为内核的意脉是畅通无阻的。

长安从来就是歌舞繁华之地，杜甫也曾亲眼看到过，所以末联就说："回首可怜歌舞地，秦中自古帝王州。"长安自古就是帝王州，言下之意就是现在快要不是了，现在已经动荡不安，甚至快要被攻陷了。与前面几首相比，第六首在结构上的独特之处在于，按照前面几首的结构，瞿塘峡本应在尾联出现，但是这首诗在第一联就出现了，后面反倒全部都是写长安，诗人把自己的思绪整个地转向长安。由此可见杜甫对组诗章法的良苦用心。

第六首的内容是写长安附近皇帝游览过的地方，第七首开始写长安一般的名胜，主要是写昆明池。"昆明池水汉时功，武帝旌旗在眼中。"这又是用汉代的典故来写唐代的事情，昆明池是汉武帝时代开挖的。汉武帝要南征，要征服南方的少数民族，南方多水，一定要有水军，于是在长安附近开挖此湖，专门用来训练水军。这个大湖一直留存下来，现在当然已经完全干涸了，但是唐代还在。因为是汉武帝时开凿的，所以在杜甫看来，当年武帝的旌旗仿佛还在眼前飘扬。

接下来是具体的描写："织女机丝虚夜月，石鲸鳞甲动秋风。"写的是昆明池岸边的一些景物，湖边用玉石雕刻的织女啊、鲸鱼啊，等等。这些东西在唐代还在不在，是诗人亲眼看到的还是从《西京杂记》之类的典籍中读到的，这就不清楚了，没有很明确的证据。反正诗里说汉朝留下来的景物依然存在，但是已经非常凄凉。你看，前一句写夜晚，后一句写秋天，非常凄凉，非常萧瑟，不再像汉武帝时代那样繁盛了。

"波漂菰米沉云黑，露冷莲房坠粉红。"写的也是深秋季节昆明池凄凉的景色。菰就是茭白，南京人叫茭瓜，是水边的一种植物，现在我们一般吃它的茎。当然到了秋天它也会结果实，它结的果实就叫菰米，形状像小米，一点儿都不好吃，一般在灾荒时才吃。我当知青时插队的那个生产队就有很多菰米，但是没有人吃。昆明池边上长满了菰米，像云一样，黑压压的一大片。到了深秋，在冰冷的露水中，红色的荷花也凋零了，花瓣纷纷坠落下来。大家注意，这首诗的景色不像上面两首那么华美、繁盛，而是有一种凄凉的气氛，这也是一组诗内部的一、多关系的体现，不过它不是体现在结构上，而是体现在氛围上。这也是杜甫组诗章法的体现。

"关塞极天惟鸟道，江湖满地一渔翁。"末联又回到夔州江边来了，回到杜甫眼前的真实环境中来了。杜甫说：我现在身处南边，在离长安很远的地方，在这里眺望长安满眼都是崇山峻岭，根本无路可行，只有鸟儿才能飞过去；而我就是漂泊在无边无际的江湖中的一个渔翁。用广阔的水面来衬托渔翁本身的渺小和寂寞，杜甫很喜欢这样写。我们"以杜证杜"，杜甫的另一首诗《天池》有"九秋惊雁序，万里狎渔翁"两句，也是这样的写法。一片很大的水面，衬托着一个渺小的渔翁，显得格外地孤苦伶仃，无依无靠。

第七首有一个特点，就是至少从字面上看，与另外几首诗所写的长安非常繁盛、非常华丽的景象不同，第七首是写一种比较萧瑟、凄凉的景象。这里顺便讲一个问题，一般都认为《秋兴八首》是一个完整的整体，所以王嗣奭在《杜臆》中说这八首诗只是一篇文章，所以很多人都认为这八首诗是不能节选的，不能在八首里单独选几首出来。八首诗是一个整体，要么就全选，要么就一首也不选。关于这一点，王夫之说得很好，王夫之在《唐诗评选》卷四中说："八首如正变七音，旋相为功，而自成一章，或为割裂，则神理尽失矣。选诗者之贼不小。"就说这八首诗是自成一章，不能把它割裂开来，否则，神气就没有了，就受到损害了。王夫之甚至骂想从《秋兴八首》中选诗的人是"贼"！当然，这个"贼"字是"害"的意思。但是就有人愿意做"贼"。我举几个例子，一个是明人高棅，他在《唐诗正声》中选了《秋兴八首》中的四首；李攀龙的《唐诗选》中也选了其中的四首；最值得注意的是明人钟惺，钟惺的《唐诗归》对《秋兴八首》只选了一首，选了哪一首呢？就是第七首。这是什么原因呢？第七首并不是八首中写得最好的，但是钟惺单独选第七首，这就体现了选家的眼光，或者体现了选家在风格上的嗜好。第七首最接近竟陵派的诗风，竟陵派喜欢这种萧飒、孤峭的风格倾向，所以钟惺对第七首情有独钟。

最后我们来读第八首。"昆吾御宿自逶迤，紫阁峰阴入渼陂。""昆吾"和"御宿"是两个地名，都是汉代上林苑中的地名，这两个地名到唐代还在。这两句写杜甫当年在长安郊外游览的过程，他沿着一条弯弯曲曲的小道走过了昆吾、御宿，一直走到渼陂。"渼陂"的"陂"在现代的辞书里都读作bēi，意思是一个池塘、湖泊，但是在"渼陂"这个名词里，古音ून念pí，我们还是念它pí吧，否则就不押韵了。渼陂是长安郊外的一个名胜之地，杜甫当年曾到那里游览过。"渼陂"的景色最能勾起杜甫回忆的是一片平静的水面，整座紫阁峰倒映在水中。紫阁峰是终南山的一座山峰。我对杜甫的记忆深有同感，一片平静的水面，水中浸着山峰的倒影，这种美景是令人难忘的。我以为漓江的景色就是以此见长。

第二联写长安郊外丰富的物产："香稻啄余鹦鹉粒，碧梧栖老凤凰枝。""香稻"有的本子作"红稻"。关于这一联我要稍微多说几句，因为这两句可能是《秋兴八首》中受到非议最多的句子。当然，对于整组《秋兴八首》也有非议，有的人不喜欢，我等会儿还会讲到。但是具体到字句，这两句受到的批评最多。我们先看一看较有代表性的两个说法。先看王世贞是怎么说的。明人王世贞在他的《艺苑卮言》中批评这两句诗，说是"藻绘太过，肌肤太肥，造语牵率而情不接"。"藻绘太过"就是修饰得太厉害了、太华丽了、太丰满了。"肌肤太肥"的具体意思说不清楚，大概就像贬低一个美女，说她长得太胖了。"造语牵率而情不接"是说这个句子也造得牵强、轻率，不合语法，句中的感情也断裂了。这是古人的说法。今人的批评中最有代表性的是新诗人臧克家的看法。臧克家有一本书叫作《学诗断想》，这本书我在插队时读过，书中又谈古诗，又谈新诗，里面有两句话我记得很牢："我是一个两面派，旧诗新诗我都爱。"我很欣赏这种观点。但是我不同意书中对这两句杜诗的批评。臧克家特别不满意这两句诗，把它们当活靶子来大加贬斥，他指责这两句诗"把字句推敲到不合常规的程度"。推敲字句是可以的，但是推敲到"香稻啄余鹦鹉粒"这样的程度，臧克家认为太过分了。

现在我们来看看这两句诗到底如何？为什么王世贞和臧克家都说不好？

首先，我们一眼就能看出这是倒装句。古人早就说过了，吴景旭《历代诗话》卷三八说"此为倒装句法"，"重在稻与梧，不在鹦鹉、凤凰"。古人已经指出，这两句话采用的不是正常的语序，而是倒装句，之所以倒装，是为了强调前面的那个物体，就是"稻"跟"梧桐"，而不是后面的"鹦鹉"跟"凤凰"，后面的是为了衬托前面的。那么我们再来看一看它倒装的效果怎么样。为了有助于理解这两句诗，我们有必要看一看杜诗中其他的倒装句。我刚才说过，"香稻啄余鹦鹉粒"，这个"香"字有异文，它的异文是"红"，按照更细致的对仗法，应该是"红"更好，因为下句是"碧梧"嘛，"红稻"对"碧梧"。那样的话，这两句诗的倒装就把两个颜色的字眼放到句首了，突出了句首的两个写颜色的字。杜诗中还有类似的例子，比如《陪郑广文游何将军山林》中有一联："绿垂风折笋，红绽雨肥梅。"还有一首是《放船》，里面有两句："青惜峰峦过，黄知橘柚来。"都是把一个颜色字放在一个句子的开头，也都是倒装句法。倒装句法当然是允许的，问题是为什么要倒装，有这个必要吗？

我们看第一例："绿垂风折笋，红绽雨肥梅。"如果按照正常的语序，我想这个句子应该这样写："风折笋垂绿，雨肥梅绽红。"就是风把笋吹断了，然后垂下来一片绿色。雨水很足，梅子结得很肥大，饱满的梅子绽开成一片鲜红。所以正常的语序应该是："风折笋垂绿，雨肥梅绽红。"那么杜甫为什么倒装？我想，倒装是为了强调、突出放到句首的那个因素，在这里就是两种颜色。杜甫强调，他到何将军山林去赏景时，一眼就看到了非常鲜艳的色彩，两个大色块映入眼帘，一个是绿的，另一个是红的，非常鲜艳，非常耀眼，所以他先要把这种感觉写出来。也就是说，杜甫先看到两个色块，仔细一看，哦，原来是折断的笋，原来是饱满的梅子。

我们再看第二例，我觉得这个例子更有说服力。这首《放船》不是在夔州写的，而是在阆州写的。杜诗中有两首《放船》，后面一首是在夔州写的，前面一首是在阆州写的，写的是阆水。四川的河流都有很大的落差，水流都很湍急，如果乘船在河里走，简直是一泻千里，就像李白说的"轻舟已过万重山"。《放船》里说："青惜峰峦过，黄知橘柚来。"前一句的意思是相当清楚的，就是说船太快了，青青的山峰一闪就过去了，还没来得及细看，诗人觉得很惋惜。后一句写前方的视野中刚刚冒出的景象，船在飞快地朝前走，前方的视野中出现了一片金黄色的东西，远远的看不清楚是什么，但诗人知道那是一片橘林或柚林，秋天橘树和柚树都挂果了，一片金黄色直冲船头而来。所以，"青惜峰峦过，黄知橘柚来"写的是诗人在一艘飞快行驶的船中观景所得到的观感。这种观感在他心上产生的最鲜明的印象，也是最能吸引诗人的印象，就是颜色，就是鲜明的色块，那些色块一会儿是青的，一会儿又变成黄的，从眼前一闪而过。这两句诗产生了很好的艺术效果，读者闭目一想，仿佛随着诗人一起经历了急流放船的过程。

现在我们回过头来读"香稻啄余鹦鹉粒"这一联。我觉得情况是差不多的，诗人强调的是长安郊外物产之丰美，稻是"香稻"，树是碧绿的梧桐树。这个"香稻"还不是一般的"香稻"，而是鹦鹉啄余的香稻，鹦鹉可是一种很珍奇的鸟啊。那个梧桐也不是一般的梧桐，而是凤凰栖过的梧桐，凤凰是一种美丽的、吉祥的鸟。也就是说，杜甫想要赞美的并不是鹦鹉和凤凰，而是香稻和碧梧，鹦鹉和凤凰在句中充当定语，当然是后置的定语。既然如此，他当然要采用倒装句法了。所以我觉得后人对这两句诗的批评，比如，臧克家说的"句法上推敲到不合常规的程度"，又如，王世贞说的"藻绘太过，肌肤太肥"，好像都有点过火，其实这两句杜诗是一种相当常见的倒装句法，不过比较引人注目而已。

五六两句回忆当年游览的经过："佳人拾翠春相问，仙侣同舟晚更移。"当年在渼陂，杜甫看到美丽的女子在那里"拾翠"，就是捡翡翠鸟掉下的漂亮羽毛，也可能是拾翠绿的香草，而他自己跟一些很有才华的人一起坐船游览，一直玩到晚上还不回家。作为参照，大家可以读一首《渼陂行》，那是杜甫当年在长安写的："岑参兄弟皆好奇，携我远来游渼陂。"杜甫是跟岑参兄弟同游渼陂的，岑参那样的杰出诗人当然可称"仙侣"了。

"仙侣同舟晚更移"这句诗是暗含着典故的。《后汉书》中记载：郭泰是东汉太学生的领袖，那时的太学生有三万人之多，郭泰的才德最为杰出。郭泰一说话，立刻一呼百应，所以他曾经发动过学潮。郭泰离开洛阳的时候，有数千人去送他，大家都留在岸上。只有李膺亲自登船送他过河，李膺是当时士大夫的领袖。其他送行的人在岸上看着李膺与郭泰站在船头，船慢慢地远去，"望之若神仙焉"。李、郭两人都是当时的领袖人物，是万人仰慕的品学兼优之士。"仙侣同舟晚更移"就暗含着这层意思，我们也是非常杰出的人物，我与岑参同舟游览，也深得众人的仰慕。当然，这未免有点夸张，其实杜甫当年在长安还没有很高的声望，不会有很多人来仰慕他，他正落拓潦倒着呢。

还有，这两句的意思是与前面两句密切结合的。三四句说渼陂一带物产丰美，五六句说在渼陂一带游览的人都是佳人和仙侣，用我们今天的话来说就是俊男靓女，美丽的环境与靓丽的游人相得益彰。大家想想看，一个地方虽然景色很美，物产也很美，但是如果充满着一帮獐头鼠目、粗鲁无礼的游客，大家也会觉得很扫兴的。杜甫从物产、人物两个角度来赞美渼陂，堪称全面、周到的描写。

回忆了当年的游览经历以后，诗人不禁想起自己的身世来，他说："彩笔昔曾干气象，白头吟望苦低垂。"杜甫在长安时最得意的事就是曾以文章引起皇帝的注意。"气象"就是云霄，皇帝当然高居云端，他高高在上嘛。然而如今我又老又穷又有病，在江边一边吟诗，一边眺望。"吟望"这个词，王嗣奭说得很对，就是"且吟且望"。此时的杜甫再没有什么话可说了，该回忆的也都回忆过了，他只能低头无语。这一首诗就结束了，整组诗也就结束了。

刚才我们把八首诗逐字逐句地读了一遍，下面再把它作为一个整体来考察一下。王夫之也好，王嗣奭也好，都认为《秋兴八首》是一组诗，是一个完整的整体，不能割裂开来，我们来看一看他们为什么要这样说。我想至少有这样两点理由。

第一，它有一个完整的主题，有一个统一的集中的主题，八首诗都围绕着这个主题。这个主题是什么呢？王嗣奭说："'故园心'三字是八首之纲。"杜甫在第一首就说"孤舟一系故园心"，"故园心"就是对故园的思念。钱谦益不同意这种说法，钱谦益说这个纲不在第一首的"故园心"，而在第二首的"每依北斗望京华"。我们之前说过，杜甫的故园和故国是重合的，他的故园在长安，他的故国当然也在长安，两者是一个地方，所以王嗣奭、钱谦益的观点其实并不矛盾，而且可以合二为一。总之，对长安的思念就是《秋兴八首》的纲，是它的核心内容，是它的主题。

第二，写法多变，而意脉贯通。《秋兴八首》的第一到第三首有共同的内在脉络，每一首都从夔州江边写起，然后思及长安。从第四到第八首则换了一种顺序，每首诗一开头就直接把思绪引向长安，最后才返回夔州。后面五首所思念的对象又是不一样的，第四首说长安，第五首说皇帝，第六首说皇帝游览的地方，第七首说长安一般的景物，第八首回忆自己当年游览的经历。每一首都是回忆长安，但是每一首都回忆不同的内容。八首诗的写法多变，但分明有一个统一的主题，万千思绪都围绕着思念长安这个主题。这就说明《秋兴八首》是一组完整的诗，它不像别的组诗，比如阮籍的《咏怀诗》82首、陶渊明的《饮酒》诗20首，它们不是诗人作为一个整体来创作的，甚至是后人编集的时候才合在一起的，所以主题多样，甚至貌合神离。而《秋兴八首》则有一个统一的主题，整组诗的结构也经过深思熟虑，一气呵成。前面三首写时间的推移，从白天到傍晚、深夜，再到第二天清晨。时间推移了一整天，一个完整的循环已经结束，不能再从时间着手写了，于是后面五首转以空间为序，让思绪在长安和夔州两地之间来回跳动。从时间结构变为空间结构，井然有序，一丝不乱。

　　无论从主题，还是从结构来看，八首诗都是经过整体构思的，是思考成熟以后才落笔的，他不是写好第一首然后构思第二首，一首接着一首，最后正巧写了八首，也完全有可能写成《秋兴七首》，不是的。他是事先就全部构思好了，动笔之前已经成竹在胸，就写八首。所以我们说《秋兴八首》是一个完整的整体，王夫之的观点也是正确的，不能把它割裂开来选录其中的某几首。编一个唐诗选本或者杜诗选本，要么就选八首，要么就一首也不选，不能把它割裂开来。我们现在看到的山东大学中文系的《杜甫诗选》，聂石樵、邓魁英先生的《杜甫诗选》，都是把这八首诗全选进去的。这说明把《秋兴八首》看作一个不可割裂的整体已经成为学界的共识。

下面再说一下对《秋兴八首》的评价的问题。刚才说到"香稻啄余鹦鹉粒，碧梧栖老凤凰枝"的时候已经提到，有人不喜欢这一联，认为这一联语言太华丽了，字句太雕琢了，反而影响了它的艺术感染力。其实对于整个《秋兴八首》，也有人持这种观点，认为整组诗字面上都写得太华丽了，内在的意蕴反而不足。是哪些人呢？首先是冯至先生。冯至在他的《杜甫传》里对《秋兴八首》特别不满，认为《秋兴八首》就是杜甫后期诗不如早期诗的一个标志。冯至的《杜甫传》我还是多年以前读的，我记得他对《秋兴八首》是持否定态度的。萧涤非先生在他的《杜甫研究》中对《秋兴八首》的评价也不高，认为这组诗不是杜甫水平最高的诗。他们的着眼点都在于这一组诗字面上太华丽，跟其他杜诗不一样。关于这个问题，我觉得还应进行再思考，此处我举三本书。第一本是孟元老的《东京梦华录》。孟元老是南宋人，他的《东京梦华录》是写什么的呢？写他对北宋的首都汴京的回忆。此时汴京已经沦陷了，被金人占领了，作为南宋人的孟元老就在书中反复回忆当年汴京怎么繁华，怎么富丽。第二本是周密的《武林旧事》。周密是南宋的遗民，他写书时南宋已经灭亡，已经入元了。《武林旧事》是周密对南宋的首都临安的繁盛状况的回忆。第三本书是张岱的《陶庵梦忆》。张岱是明末清初人，入清以后，他成为明朝的遗民。他回忆的是他在明代所见的种种繁盛局面以及自己很富裕、很安定的生活。这三本书的性质是相同的，都是在一个国家灭亡，进入另外一个朝代以后，作为遗民的作家对故国盛况的回忆。我们读这三本书的时候，会产生一种深刻的感受，与我们读杜甫的《秋兴八首》的感受十分相似。舒芜先生最早指出这一点，我受他的启发，也去读了这三本书，我很同意他的观点。

那么原因何在呢？请大家看一看《四库全书总目提要》对《武林旧事》的评价。《四库全书总目提要》说："湖山歌舞，靡丽纷华，著其盛，正所以著其衰。"周密之所以要反复回忆杭州当年的繁盛景象、西湖多么美丽、西湖上如何歌舞纷纷，等等，正是为了反衬宋亡以后杭州的衰落。又说："遗老故臣，恻恻兴亡之隐，实曲寄于言外。"通过对故国首都繁华的回忆，作为一个遗民，周密对故国的思念，他的兴亡之感，就寄托在文本中了。

我们再来看王士禛对于《秋兴八首》的评价。王士禛说："其有感于长安者，但极言其盛，而所感自寓于中。"《秋兴八首》为什么要反复描写当年长安的繁盛呢？写长安的宫殿多么富丽、气氛多么热闹、长安周围的景色多么优美、物产多么丰富、杜甫本人当年的游览经历又多么愉快等，为什么要反复地写这些内容呢？为什么要这样"极言其盛"呢？是因为"所感自寓于中"，其中蕴含着沧桑变化在诗人心中引起的种种感触。一个国家的繁盛局面已经消失了，盛世已经过去了，唐帝国已经衰落了，杜甫本人也已经远离长安，而且衰老多病，在肃杀的秋天，独自站在冷落的江边。国家命运的由盛转衰，自身生活的巨大落差，使诗人思绪万千，百感交集。所以我觉得，当我们读《秋兴八首》的时候，不能光注意它字面上是多么华丽，字面越是华丽，里面所蕴含的悲凉之感就越是深刻，字面上的华丽正是为了反衬那种深刻的悲哀。这才是《秋兴八首》真正的价值。如果我们同意这种价值判断的话，那么冯至也好，萧涤非也好，他们从字面华丽这个因素来否定《秋兴八首》的价值，显然是不可取的。

在刚开始讲《秋兴八首》的时候，我说过，杜甫在夔州的写作出现了一个新的主题倾向，就是回忆。回忆自己的生平，回忆当年的交游，回忆从前的经历，也回忆整个帝国走过的一段历史，乃至回忆整个民族的历史。这种种的回忆散见在各首诗里，《壮游》《昔游》回忆自己的平生，《八哀诗》回忆朋友，《诸将五首》回忆帝国走过的一段历史，《咏怀古迹五首》回忆古人，只有《秋兴八首》这一组诗，它是一个立体性的整体的回忆。我们很难说《秋兴八首》回忆的是什么，回忆的是个人经历吗？是，但不仅仅是。回忆的是唐帝国的一段近代史吗？是，也不完全是。《秋兴八首》里也用了很多典故，说到了很多古人，所以它也回忆了整个历史，它是全局性的整体性的回忆。是已到迟暮之年的杜甫对平生、对他所经历的一切的整体性的回忆。它的边界是模糊的，也可说是没有边界的，我们很难说它究竟回忆了什么，这是《秋兴八首》最重要的特征。我一直觉得杜甫在夔州写的所有的回忆主题的诗中，《秋兴八首》的内容是最深广的。其他的诗都有很明确的回忆对象，它没有，正因为它没有，所以它是整体性的回忆，它引起的感触也是漫无边际的。

余音绕梁的《江南逢李龟年》

杜甫不长于绝句，后人多有此论。在明人高棅的《唐诗品汇》中，杜甫的五古、七古、五律、五排、七律诸体均被尊为"大家"，但是五绝与七绝则仅入"羽翼"，其地位远逊于"大家"。更有甚者，如明人胡应麟说："子美于绝句无所解。"（《诗薮》）但事实上杜甫的绝句自有其独特的艺术成就，正如清人潘德舆所云："杜公绝句，在盛唐中自创一格，乃由其才大力劲，不拘声律所致。而无意求工，转多古调，与太白、龙标正可各各单行。"（《养一斋李杜诗话》）其实即使是李白、王昌龄所擅长的那种以含蓄蕴藉、意在言外为特征的绝句风格，在杜甫集中也并非完全绝迹，《江南逢李龟年》便是明证。

《江南逢李龟年》在版本源流上并无可疑之处，但宋人曾对其所写内容提出质疑。胡仔云："此诗非子美作。岐王开元十四年薨，崔涤亦卒于开元中，是时子美方十五岁。天宝后子美未尝至江南。"（《苕溪渔隐丛话》前集）黄鹤亦云："开元十四年，公止十五岁，其时未有梨园弟子。公见李龟年，必在天宝十载后。诗云岐王，当指嗣岐王珍。据此，则所云崔九堂前者，亦当指崔氏旧堂耳。不然，岐王、崔九并卒于开元十四年，安得与龟年同游耶？"（《杜诗详注》引）其实，唐玄宗置"梨园弟子"虽在天宝年间，但梨园早在开元初年就已成立。况且正如清人浦起龙所云："龟年等乃曲师，非弟子也。曲师之得幸，岂在既开梨园后哉？……则开元以前，李何必不在京师？"（《读杜心解》）至于说杜甫天宝后未尝至江南，则是将"江南"限定在长江下游，即杜甫青年时代曾经漫游过的"江东"。其实古人称"江南"，往往是泛称长江以南，其中包括今湖南一带，从楚辞《招魂》的"魂兮归来哀江南"，到《史记》中把秦军伐楚称为"王翦遂定荆江南地"，都是如此。况且杜甫遇李龟年是在潭州（今湖南长沙），在唐代的行政区划中正属于"江南西道"，安得云"天宝后子美未尝至江南"？杜甫在《壮游》诗中回忆自己早年的经历说："往昔十四五，出游翰墨场。斯文崔魏徒，以我似班扬。"可见他在十余岁时出游京师，从而得以欣赏李龟年的歌唱，是毋庸置疑的。至于"岐王"究竟指岐王李范还是嗣岐王李珍，"崔九堂"究竟指秘书监崔涤之堂还是崔氏卒后留下的旧堂，既难以考定，也无关宏旨。

《江南逢李龟年》作于大历五年（770），此时距离杜甫在长安初逢李龟年已近五十年，对于"人生七十古来稀"的唐人来说，如此长久的一段时间足以令人感慨万端。况且在这段时间里，国家和社会发生了天翻地覆的巨变，个人的命运也发生了惊心动魄的变化，这会给诗人带来何等深重的沧桑之感！清人黄生评曰："此诗与《剑器行》同意。今昔盛衰之感，言外黯然欲绝。"（《杜诗说》）的确，《观公孙大娘弟子舞剑器行》作于大历二年（767），上距杜甫亲睹公孙大娘舞剑器浑脱的开元三载（715）五十二年。据此诗序中所云，公孙大娘是开元年间名动京师的舞蹈家，其舞艺"浏漓顿挫，独出冠时。自高头宜春、梨园二伎坊内人泊外供奉，晓是舞者，圣文神武皇帝初，公孙一人而已"。五十年后，诗人在夔州见到公孙大娘的弟子李十二娘舞剑器，虽然舞蹈艺术与其师"波澜莫二"，但"亦匪盛颜"。至于公孙本人，则是"绛唇珠袖两寂寞"，早已不在人世。个人的盛衰变化如此巨大，那么国家呢？诗中说："五十年间似反掌，风尘澒洞昏王室。梨园弟子散如烟，女乐余姿映寒日。金粟堆南木已拱，瞿塘石城草萧瑟。"是啊，这五十年可不是太平无事的五十年，而是包括"安史之乱"在内的五十年，四海翻腾，天崩地裂，其间连大唐帝国的京城长安都陷于"安史"叛军，再陷于吐蕃，用杜甫的诗句来说，就是"中宵焚九庙，云汉为之红"（《往在》）！连大唐帝国的皇帝都相继出奔，唐玄宗奔蜀于前，唐代宗奔陕于后，用杜诗来说，就是"呜呼，得不哀痛尘再蒙！"（《冬狩行》）在这天翻地覆的动乱时代中，普通百姓迭遭苦难，深陷于水深火热之中。仅在"安史之乱"的十年间，唐帝国的总人口就从5288万下降到1690万，成千上万的百姓在战乱、灾荒中悲惨地死去，用杜诗来说，就是"丧乱死多门，呜呼泪如霰"（《白马》）！至于杜甫本人，也与他所热爱的祖国与人民一起在艰难时世中备受煎熬：困守长安十年以致幼子饿死，入蜀途中在雪原上挖取黄独以求充饥、成都郊外秋夜在漏雨的茅屋里盼着天明、离蜀前后寄人篱下的委屈、流落湖湘无处安身的凄惶……对杜甫来说，身世之感与家国之恨是密切相关的，甚至纠结缠绕、无法分开。人到暮年，本来喜欢怀旧，也容易伤感，更何况杜甫的怀旧情思中包含着如此复杂的内容！于是怀旧成为晚期杜诗中压倒一切的题材倾向，连一幅张旭的草书也会使他慨叹"斯人已云亡，草圣秘难得"（《殿中杨监见示张旭草书图》），几幅画鹰竟使他"忆昔骊山宫，冬移含元仗。天寒大羽猎，此物神俱王"（《杨监又出画鹰十二扇》），更不用说亲眼看到公孙大娘弟子的舞蹈，亲耳听到李龟年的歌曲了。公孙的潇洒舞姿，李龟年的美妙歌声，本是开元盛世的一种象征，是繁华长安的一种点缀，如今诗人竟在远离长安的夔州、潭州得以重见重闻，怎能不使他心潮澎湃！

然而，《观公孙大娘弟子舞剑器行》与《江南逢李龟年》虽然写了类似的内容，也蕴含着同样的感慨，其写法却绝不相同。前者是七古，充沛的篇幅使它挥洒如意，所以开头用八句来细写公孙的高超舞技，后面又用十句来抒发自己的内心波澜。中间一节也把与李十二娘相见、问答的经过交代得清清楚楚。正如清人所评："前如山之嶙峋，后如海之波澜，前半极其浓至，后半感慨'音响一何悲，弦急知柱促'也。"（《唐宋诗醇》）不但叙事详细，抒情也很畅尽，比如因公孙身世而思及国运之盛衰，这层思绪在诗中表达得相当清晰，先交代了公孙大娘与唐玄宗的关系："先帝侍女八千人，公孙剑器初第一。"又叙说王室倾颓、唐玄宗下世的结局："风尘澒洞昏王室""金粟堆南木已拱"。总之，此诗虽也运用了虚实结合的手法，比如对李十二娘的舞姿只用"妙舞此曲神扬扬"一句点到辄止，浦起龙因而称之为"虚实互用之法"（《读杜心解》），但总的来说，全诗笔歌墨舞，淋漓尽致，把诗人"感时抚事增惋伤"的情愫交代得非常清楚。

《江南逢李龟年》只有寥寥四句：

岐王宅里寻常见，崔九堂前几度闻。正是江南好风景，落花时节又逢君。

前两句回忆当初在长安城里与李龟年几度相见，后两句交代两人重逢的地点及时令，全诗到此戛然而止。李龟年何许人也？诗中一字未及。诗人与李龟年在江南重逢，心中有何感慨？诗中亦一字未及。当然，李龟年是名人，其生平事迹人所共知，《明皇杂录》卷下记载："唐开元中，乐工李龟年、彭年、鹤年兄弟三人皆有才学盛名。彭年善舞，鹤年、龟年能歌，尤妙制《渭川》。特承顾遇，于东都大起宅第，僭侈之制，逾于公侯。……其后龟年流落江南，每遇良辰胜赏，为人歌数阕，座中闻之，莫不掩泣罢酒。"又据《云溪友议》所载，李龟年流落江潭，曾在湘中采访使筵上唱王维之诗，"歌阕，合座莫不望行幸而惨然"。二书中都提到了杜甫赠诗之事，完全可以视为杜甫此诗的写作背景，也可以帮助读者理解此诗蕴含的意义。但是就此诗的文本而言，这些内容却彻底地隐去了。那么，这样的写法效果如何呢？

"岐王宅里寻常见，崔九堂前几度闻。"从表面上看，这两句只是追忆当年在长安城里与李龟年数度相见的地点而已，其实内蕴非常丰富。岐王李范，是唐玄宗之弟，曾从唐玄宗诛杀太平公主，所以又是唐玄宗宠信的功臣。李范卒后，唐玄宗哭之恸，彻常膳至累旬。况且李范"好学，工书，爱儒士，无贵贱为尽礼。与阎朝隐、刘廷琦、张谔、郑繇等善，常饮酒赋诗相娱乐。又聚书画，皆世所珍者"（《新唐书》）。秘书监崔涤，是唐玄宗在藩邸时的知交，及唐玄宗即位，"宠昵甚……侍左右，与诸王不让席坐"（《新唐书》）。可见李范与崔涤是开元年间唐玄宗宠信的王公大臣，他们的府第是长安城里文艺活动的中心。李龟年是开元年间特承顾遇、名动京师的歌唱家，从而经常出入岐王、崔九的府第。不难想见，李龟年肯定会在两处府第里一展歌喉，以展示其才艺；也不难想见，当少年杜甫在两处府第中亲闻李龟年的美妙歌声时，他那敏感、多情的心灵会受到怎样的震撼。毫无疑问，开元就是杜甫心中的盛世典型。说到唐代的盛世，首推贞观与开元。但是唐太宗的贞观年代久远，杜甫未得亲历。而唐玄宗的开元却是杜甫亲身经历过的，所以晚年的杜甫经常用深情的笔触追忆开元年间的盛况："忆昔开元全盛日，小邑犹藏万家室。"（《忆昔》）当然，杜甫对开元盛世的追忆与他对自身青春年华的回顾是同步的，所谓"往昔十四五，出游翰墨场"，所谓"放荡齐赵间，裘马颇清狂"（《壮游》），正是发生在开元年间的少年经历。对开元盛世的追忆，既体现了杜甫对国家命运的深切关怀，也表达了对自身遭遇的无限感慨。所以"岐王宅里寻常见，崔九堂前几度闻"这两句诗虽是淡淡说来，但字里行间凝聚着多么丰富的情思！

上两句完全沉浸在对往事的追忆中，下两句却一笔兜转，把读者拉回到眼前的情景中来："正是江南好风景，落花时节又逢君。"江南山明水秀，本是风景名胜之地。然而江南又是远离京师的地方，对于名动京师的歌手李龟年而言，他最好的人生舞台当然是在长安。对于胸怀大志的杜甫而言，他得以实现报国宏图的人生舞台也应是长安。然而现在两人却在江南相逢了。毫无疑问，李龟年与杜甫都不是怀着愉快的心情来潭州游玩的，他们是被命运抛到这遥远的异乡来的，江南相逢肯定会使他们产生暮年流离的感受。不但如此，相逢的时节正是落花纷飞的暮春。此时此地，斯人斯景，诗人心中该有多少感慨！从晚期杜诗可以看出，此时的杜甫对远离长安也远离故乡的江南怀有极为复杂的感情。早在夔州时，杜甫就写下了"形胜有馀风土恶"（《峡中览物》）的奇怪诗句。而在湘江之畔所写的"湖南清绝地，万古一长嗟"（《祠南夕望》）也流露出既欣赏风景又慨叹身世的复杂情愫。至于落花，则一向是触动诗人愁肠的景物。至德三载（758），杜甫在长安城南的曲江边上看到落花，即不胜怅惘地吟道："一片花飞减却春，风飘万点正愁人！"（《曲江》）更何况人到暮年、流落异乡，在落英缤纷的时节重逢故人？然而，如此丰富、如此深厚的万千情思，诗人偏偏一字不提。他只将产生这万千情思的时空背景略做交代，全诗便戛然而止。正因如此，末句的"又逢君"三字，看似平淡，实则包蕴着无限感慨。正如近人俞陛云所评："此诗以多少盛衰之感，千万语无从说起，皆于'又逢君'三字之中，蕴无穷酸泪。"（《诗境浅说》续编）

从前两句到后两句，中间有五十年的时间间隔，况且那正是国家由盛转衰、个人由幼及老的五十年，正如《观公孙大娘弟子舞剑器行》所说的"五十年间似反掌"，诗人心中有多么浓重的沧桑之感！然而此诗中只用"正是"和"又"两个虚词略作斡旋，此外竟不着一字。所以除了诗句意蕴的含蓄深沉以外，此诗在结构上也具有简练蕴藉之妙。若与《观公孙大娘弟子舞剑器行》相比，则繁简各得其妙，感慨俱能动人，但此诗更有余音袅袅、绕梁三日的韵味。后人对此诗的赞颂，大多从此着眼。《唐宋诗醇》评曰："言情在笔墨之外，悄然数语，可抵白氏一篇《琵琶行》矣。"沈德潜评曰："含意未伸，有案无断。"（《唐诗别裁集》）黄生更进而申述："见风韵于行间，寓感慨于字里，即使龙标、供奉操笔，亦无以过。乃知公于此体，非不能为正声，直不屑耳。"（《杜诗说》）说杜甫不屑写作此类与王昌龄、李白风韵相近的七绝，恐无根据。但说杜甫也能写出风调极似王、李的七绝，确非虚语。谓予不信，就请读《江南逢李龟年》！

杜甫的文化意义

听众们好！今天我演讲的题目是《杜甫的文化意义》。

大家知道"文化"这个词的含义太复杂，太容易混淆，据说有人统计过，这个词有160种含义。我们现在只从最普通的一种含义来说它，就是指人类的物质创造和精神创造的总和，而且偏重于后者。

杜甫这个话题，应该说是一个比较沉重的话题。我到各地去参观一些历史名人的遗迹时，非常注意观察历史名人的雕像。我觉得雕得好的，我是说在唐代诗人中雕得好的，一个是四川江油李白纪念馆的李白塑像，还有一个就是河南巩县杜甫陵园的杜甫雕像。江油的那尊李白雕像，雕的是李白青年时代将要走出四川的那种意气风发的形象。他佩着一把剑，昂首阔步，非常像我们想象中的李白。而巩县的杜甫雕像呢，也像我们所想象的那样，是一个垂暮的老人。他愁眉苦脸地充满怜悯地俯视着满目疮痍的大地。那是一尊使人看了以后心情很沉重的雕像。

杜甫一生并不都是这样的，他也有过他的青年时代，有过他的少年时代，我们在杜诗中看到过他对自己青少年时代生活的种种回忆。比如说，他在《壮游》这首诗里回忆，自己年轻时曾经在山东、河南一带游玩，他说是"放荡齐赵间，裘马颇清狂。春歌丛台上，冬猎青丘旁"。那时候，春天他在丛台上唱歌，秋冬之季在野外打猎，过着一种裘马清狂的生活。他甚至有对更早年的生活的回忆，他在50岁时写过一首诗，叫《百忧集行》，诗中回忆他10多岁时候的情况："忆年十五心尚孩，健如黄犊走复来。庭前八月梨枣熟，一日上树能千回。"大意是说，他15岁的时候还像一个孩子那样活泼，他的心灵完全是一个孩子的心灵，他像小牛犊子一样健壮，东奔西跑，他家院子里面有梨树、枣树，秋天，这些果实成熟了，他一天要爬树一千回（当然这是夸张的说法），爬上去采果子吃。可以看出，杜甫在35岁以前曾是一个裘马清狂的青年；10多岁的时候，是一个活泼健壮的少年。

但是，假如现在有一位雕塑家要塑造一个青年时代裘马清狂的杜甫，像李白那个样子，或者进而塑造一个少年时代的杜甫，趴在树上摘果子，然后指给大家看，说这是诗人杜甫，即使他说明这是青年杜甫，这是少年杜甫，我想大家都不会认可。因为我们认可的杜甫，就是那样一种忧国忧民的形象。宋代的黄山谷有一首诗写杜甫画像，里面有一句写得非常好，叫作"醉里眉攒万国愁"，也就是说，杜甫即使在喝醉的时候，他对天下的忧虑，或者说天下的所有忧愁都凝聚在他的眉间。后人评黄山谷这一首诗，说它"状尽子美平生矣"，一句话把杜甫一生写透了。所以我认为，杜甫的形象已经被历史定格为一位忧国忧民的形象，杜甫这个话题也就必然是一个沉重的话题。

一个沉重的话题要拿来跟青年朋友们谈，或是对着电视机前的广大观众来讨论，我想这不是一件使人愉快的事情。大家听了以后，也许会觉得有几分沉重。但是正像宋代的严沧浪在他的《沧浪诗话》里说的，我们读有些作品，需要进入这样一种境界。比如说读《离骚》，怎样读才最好呢？你要读得泪如倾盆雨，衣服都打湿了，这个时候，你才真正懂《离骚》了。我本人的阅读经验也是这样的。我读我最喜欢的诗，读得肝肠如火，读得热泪盈眶，我觉得我这时才受到最大的审美感动。所以我们今天尽管是讲一个比较沉重的话题，但我还是希望大家能够耐下心来，听我从容道来。

杜甫是中国文学史也是世界文学史上的一位伟大的诗人，这一点似乎不用再讲，可以说地球人都知道。我今天要讲的是杜甫在整个文化史上的意义，因为他的影响早就逸出文学之外，逸出诗歌之外。那么，我们从哪里来切入话题呢？我们首先从后人对杜甫的评价来看。大家都知道，杜甫在文学史上的崇高地位是由宋人开始奠定的，那么我们先从宋人看起。北宋的王安石，他是我心目中人品最高尚、理想最远大的一位政治家，他真正是政治家而不是政客。王安石对杜甫就非常尊敬，他在一首题杜甫画像的诗里这样说："惟公之心古亦少，愿起公死从之游。"您的心灵是非常高尚、非常伟大的一颗心灵，在古代都是少有的；我希望您能够起死回生，让我做您的朋友。王安石对杜甫是多么的仰慕啊!

南宋的著名爱国诗人陆游在《读杜诗》里对杜甫的文学成就给予高度的评价，同时对杜甫的思想、杜甫的道德以及杜甫在政治上的一些见解，都给予了极高的评价。陆游甚至认为，假如杜甫有机会的话，他完全可能在政治上有一番轰轰烈烈的作为。因此这首诗最后说："后世但作诗人看，使我抚几空嗟咨！"意思就是说，后人仅仅把杜甫当作一个诗人来看，我对这一点感到非常惋惜、非常不满。可见杜甫的意义远远逸出文学家、诗人之外。

我们再看一下南宋理学宗师朱熹的评价。大家知道，理学家，尤其是南宋的理学家，对历史人物的评价是非常严格的，有时甚至是苛刻的，朱熹就是这样。我们看一部《朱子语类》，里面不受到他批评的历史人物是非常少的。在他们这种非常严格的道德标准的审视之下，很多历史人物都受到无情的批评。但朱熹认为中国历史上有五位伟大的人物。这五位人物是哪五位呢？第一是汉代的诸葛亮，然后是唐代的杜甫、颜真卿、韩愈，最后是北宋的范仲淹。

诸葛亮和范仲淹这两位人物不用我多讲，大家都很熟悉，他们在政治上、道德上都有很高的建树，这是历史早有定评的。值得讨论的是唐代的三位人物。朱熹把这五个人称为"五君子"，唐代就有三君子，其中第一位就是杜甫，第二位是颜真卿。大家知道颜真卿是伟大的书法家，是颜体的创始人。但颜真卿也是一位著名的忠臣烈士，他是为了坚决维护国家统一，坚决反对藩镇的叛乱而被杀害的，是被军阀李希烈杀害的。第三位韩愈，大家知道，他是儒学史上的著名人物，也是文学史上的大人物，是"文以载道"的提出者，发动了唐代的"古文运动"。韩愈在他一生的政治生活中，每当国家需要有人站出来说话的时候，他总是仗义执言，奋不顾身，多次被贬到南方荒远之地。由此可见，"五君子"中除了杜甫以外的四位人物，他们的一生都在政治方面有很多建树，是功业彪炳的政治家，或是为国捐躯的烈士。唯独杜甫算不上一个政治人物。杜甫一生在政治上的建树，几乎没有多少值得提起的东西，因为他根本没有得到过那样的机会。他要报效祖国，他要忠于朝廷，他坚决反对叛乱，但是历史没有给他多少机会。他除了在肃宗的朝廷里偶然地仗义执言，从此受到朝廷疏远以外，其他时候始终是默默无闻，甚至很多时候是在民间。但就是这样一位人物，为什么也得到了朱熹的高度赞扬？为什么在朱熹看来，杜甫可以在从诸葛亮到范仲淹的这样一张名单中占有一席之地？朱熹说得很清楚，关键在于他们五个人有共同点，他们都有一颗伟大的心灵，他们在道德上、人格上都有伟大的建树。

朱熹的原话是这样说的："皆所谓光明正大，疏畅洞达，磊磊落落而不可掩者也。"意思就是他们都是光明正大、磊磊落落的人，是在人格上成为楷模的人。这显然不是一种文学的评价，而是一种道德的评价、一种文化的评价。

到了近代，闻一多先生写过一篇文章，题目就叫《杜甫》。闻一多先生是诗人，他的古典文学的论文，不像我们今天的教授写的论文，写得干巴巴的，枯燥无味，他是用诗歌一样的语言来写的。在这篇《杜甫》的最后，闻一多这样说杜甫：他是我们"四千年文化中最庄严、最瑰丽、最永久的一道光彩"。请注意，闻一多不是说杜甫是我们三千年文学史上的一道光彩，而是说他是我们"四千年文化中最庄严、最瑰丽、最永久的一道光彩"，这是一种极高的文化方面的评价。

到了现代，1961年，有一个国际组织世界和平理事会，在瑞典的首都斯德哥尔摩召开了一个主席团会议，会上确定，1962年号召全世界人民纪念四位世界文化名人，其中有一位就是杜甫。由此可见，从宋代一直到现代，从中国到外国，人们都认可杜甫的意义，而且不仅仅限于文学史。杜甫确实是一位文化史上的伟大人物，他的意义属于整个中华文化，这是我要讲的第一点内容。

下面讲第二点。大家可能会问，为什么杜甫能成为中华文化的一个代表性的人物？他在哪些方面起了这种代表作用？这里我们必须稍微阐释一下中华文化的核心精神。我个人认为，中华文化虽然博大精深，内涵非常丰富，但是它最主要的一个特征就是人本精神，它始终是一种以人为本的文化，是以人为一切价值判断的出发点的一种文化。这与世界其他民族的文化是有所区别的。我们从中国远古的神话看起。在世界各民族的神话中，很多的主要人物都是天上的神灵，希腊神话中的诸神，都是住在奥林匹斯山上的，他们在天上俯视着人间，他们为人间恩赐幸福，有时也为人间带来灾难。但中国古代的神话传说就不是这样的。我们的大禹治水，我们的女娲补天，我们的后羿射日，这些神话里的主角都是凡间的人，都是人间某些具有非凡本领的、建立了丰功伟业的杰出人物，是某些氏族首领的代表。因为他们造福于民，或者为民除害，所以他们的人格就升格为神格，这样才构成了中华的神话谱系。在先秦时代，虽然诸子百家争鸣得很厉害，各种思想流派都提出了不同的观念，但我觉得他们有一个共同的精神，就是当他们思考问题的时候，不管是思考社会还是思考自然，他们的出发点在人，他们最后的落脚点也在人，这是一种人本文化、人本思想。

先秦诸子百家中对后代影响最大，后来成为我们中华文化主流的两派，可能就是儒家和道家。这两派虽然互相论争，看上去好像水火不相容，但是它们的共同点就是非常重视人。所不同的是，道家所重视的是个体的生命价值，而儒家所重视的是群体的利益，儒家是在重视个体的基础上更重视群体，重视一个家族、一个宗族乃至一个民族、一个国家的利益。所以在价值观方面，儒家与道家是互补的，是相辅相成的。因为中国的古人，我们中华民族的先民，他们所处的自然环境不是非常优越，所以他们不能像印度人那样在热带森林里简易地谋生，非常容易地维持生命。我们在黄河流域，在这个水深土厚、气候也不是很温暖的地方，而且有滔滔的大河需要治理，不治的话就会有水患。所以对中华民族来说，如果太强调个体生命而忽视群体利益的话，就不利于我们这个民族的生存、繁衍。因此，以儒家的孔孟之道为代表的这种伦理观念、道德理想，就历史地被选择为我们这个文化的核心精神。也就是说，道家只是一种补充，儒家才是核心。这不是由于儒家特别善于宣传，善于著书立说，或是某个杰出的儒者努力奋斗的结果，这是一种自然的选择。换句话说，中华民族在古代只能做这样的选择，否则的话，中华民族就难以维持下来。因此到了后代，尽管我们的中华文化不停地发展，不停地演变，出现了很多的支脉，也吸收了很多外来的新的养料，但儒家思想在这个变化过程中始终占据着核心地位，儒家思想自身的复杂演变，基本上就是中华传统文化演变的主要脉络。

下面我们来看一看，杜甫在这一过程中起了什么作用，或者说他具有何种代表性。我们回顾儒学的发展史，儒学基本上可以分成两大流派，一派被称为汉学，另一派被称为宋学，这是清代的儒生提出来的。前一个思想流派的代表是汉代的儒生，他们所做的工作主要是对儒家经典进行阐释，从训诂意义上进行阐释；而另一派就是宋代的理学家，他们主要从义理的方面，从哲学的角度，对儒家的一些原理进行追问，进行更加哲学化的演绎、推论。这两派也形成了思想史上的两个高潮。在这两个高潮之间，唐代应该说是处于一个低潮阶段，不管看哪本思想史或哪本儒学发展史，唐代占的地位都是不高的。唐代前不能比汉代，后不能比宋代。那么请问：儒学的发展在唐代停顿了吗？唐代有没有值得注意的儒学的代表人物？钱穆认为唐代有两个最主要的儒学代表人物，一个是杜甫，另一个是韩愈。很有趣，两位都是文学家。我们不谈韩愈，我们看看杜甫。那么，在何种意义上，我们能够说杜甫对唐代的儒学发展起了很大的作用呢？

一提到儒学的发展，一提到唐代的儒学，大家马上就会想到唐初的《五经正义》。有的同学也许不同意我刚才说的观点，说唐代儒学有发展啊，我们的《五经正义》就是唐初编定的，是孔颖达他们撰写的嘛。但是我想说，《五经正义》尽管从唐代一直到现代都非常受人重视，是《十三经注疏》中最重要的读本，但是《五经正义》中的观念，它的义理，基本上是从汉儒那里来的，它在学理方面没有太多的新的阐发。我们也可以说，儒学的发展到了初唐，由于出现了《五经正义》，出现了定于一尊的权威读本，反而基本上停滞了。

但是杜甫不然。杜甫是用他的整个生命，用他一生的实践行为，丰富、充实了儒家的内涵。儒家学说从本体上来说，它是一种实践的哲学，它非常重视人的行为、人的实践。所以孔子也好，孟子也好，他们在青年时代，在中年时代，当他们还年富力强的时候，都不写书，不忙着从事著作。他们终年栖栖遑遑，奔走于天下，主要是从实践的角度推行他们心目中的道，等到最后觉得"道之不行 已知之矣"，明确知道自己的道不行了，年纪也大了，没有精力再东奔西走了，才定下心来写著作，把他们的思想用著作的方式留给后人，扩大影响。儒家在本质上最强调的是实践，强调的是人生中的行为，追求生前的功业建树。从这个意义上说，杜甫最好地体现了儒家精神，甚至是发扬着儒家精神的一个历史人物。

我们举几个小例子。儒家重视仁政，重视仁爱思想，主张在天下推行仁政。杜甫就用他的诗歌不遗余力地鼓吹这种思想，宣扬这种理想。儒家谴责贫富不均，认为贫富不均是国家最大的危害。杜甫对于这种现象进行了非常严厉的批判，尽管历代揭露民生疾苦、揭露贫富不均的好作品相当多，但是我想，大家肯定都认可杜甫的两句诗"朱门酒肉臭，路有冻死骨"是在这方面描写得最为惊心动魄的名句，以至我们凡是听到贫富不均的事情，首先会想到这两句诗，杜甫在这方面体会得最深切。再比如儒家强调夷夏之辨，强调我们要有民族的尊严，要维护民族的利益，在与外民族的交往中既要追求和平，也要反对侵略，维持我们民族、国家的独立性。这一方面杜甫也做得非常好，"安史之乱"爆发后，由于"安史"叛军很快就占领了长安，唐朝的很多大官都投降了，都变节做了"安史"伪王朝的伪官，包括当时的宰相陈希烈、驸马张垍等人。杜甫的好朋友王维等人也这样做了。唯独杜甫，唯独这个官居从八品下的一个小官，芝麻绿豆官，他坚持了民族气节。当然杜甫因为官太小，也没有受到"安史"叛军太多的注意，仅仅是被关在长安。但是他冒着生命危险逃出长安，逃过唐军与叛军对峙的一片战场，九死一生地逃回唐朝临时政府所在地。当时其他人都没有这样的举动，只有杜甫这样做了。在这些方面，杜甫确实是身体力行地体现着儒家的精神，用他的实践展示着儒家的道德风范。所以我完全同意钱穆的观点，在唐代的儒学发展史上，杜甫是一个不可忽略的人物，他用他的行为阐释着儒家的经义，说明儒家提倡的道德规范应该是什么样子的。

另外，儒家非常重视修身养性，这一点因为长期受批判，以致大家觉得这好像是一个应该否定的命题。其实不然，这一点是非常重要的。在一个文明高度发达的社会里，社会的基础是什么？应该是文明的个体，是有道德自觉的无数个体。个体不应该是受到外在力量的强制才做一些符合道德的举动，道德应该发自内心，来源于内心的自律，这样才能真正实现社会的和谐。所以儒家非常重视个体的道德建树，儒家崇尚人格精神。

在这一点上，杜甫堪称典范。我们知道，孟子曾提出一种大丈夫精神："富贵不能淫，贫贱不能移，威武不能屈。"能体现这种大丈夫精神的人，如果要在历史上找一个名人的话，会是谁呢？我认为是杜甫。杜甫很好地实践了这种精神，体现了这种精神。在这里，我想请大家注意杜甫的身份，中国历史上的仁人志士不算少，我们可以开出一张长长的名单来，但是这张名单中的大部分人，都在政治上有比较重要的地位，这些人物在国家危难的时候，需要他承担起天下的责任。唯独杜甫是一个例外。杜甫一生基本上是一个平民的身份，他经常称自己是"杜陵布衣"（"杜陵有布衣"），又自称是"少陵野老"（"少陵野老吞声哭"）。布衣也好，野老也好，杜甫认为自己不过是民间的一个普通人，一个平凡的百姓。他以一介布衣的身份展示了儒家所崇尚的人格典范，我觉得有特别重要的意义。因为对我们普通人来说，学习诸葛亮，学习范仲淹，当然有意义、有价值，但是大家会觉得很难学，他们距离我们太远了，他们的地位太高了。而且我们一般人可能一辈子也没有那样的机会，展示自己的政治才能或忠肝义胆。那么，一个普通人，过了平凡的一生，他能不能实现道德人格的完善呢？完全可以，杜甫就是一个典范。儒家本来是主张人皆可以为尧舜的，孟子说凡是人都可以成为尧，成为舜，都可以成为圣人。为什么呢？因为人性善，人的本性就是善良的嘛。明代的王阳明甚至宣称满街都是圣人，他一眼看上去，满街都是善良的人，这些人都可以成为圣人。假如我们对"圣人"这个名词取一个很严格的定义，树立很高的标准，像朱熹那样高的标准，那么也许有人会问王阳明：你说满街都是圣人，你给我拉一个出来看看，哪个是圣人？哪个是按严格的标准都能称得上是圣人的人？我想，对于这样的问题，我们至少可以请出一位人物来，那就是杜甫。杜甫就是平民中的一位圣人，虽然他诚心诚意地站在平民百姓中间，但是他是一位圣人。这是我要讲的第二点。这一点的要点是，在以人本精神为核心内涵的中国传统文化中，杜甫是一个代表人物。

下面讲第三点。杜甫不仅用实践体现着儒家的道德伦理观念，而且用他的行为丰富了这种观念的内涵，甚至使它变得更加切实可行，这也是对儒学、对传统文化的一个重大的贡献。我们说杜甫有仁爱之心，说杜甫忧国忧民，说他关心人民、关心民族、关心国家，这一点大家都知道。因为大家肯定从中学课本中看到了有关的论述，在读杜诗的时候也肯定会有深切的体会。然而杜甫的仁爱之心还不止于此，他除了爱自己的家人，爱自己的朋友，爱自己的同胞之外，他的仁爱之心还推而广之，扩展到更大的范围，比如说爱其他民族的人。盛唐时期经常发生边境战争，以唐为一方，以其他少数民族建立的其他政权为另一方。这些战争的性质很难确定，但是至少有几场可以肯定是唐帝国所发动的战争，是非正义性质的。比如说与南诏的战争。南诏是云南地区的一个少数民族建立的政权。不管从《新唐书》《旧唐书》，还是从《资治通鉴》来看，那一次战争都可以肯定错在唐、曲在唐。唐帝国对南诏发动战争以后，多次失败，甚至全军覆没。在这种情况下，当时有很多人，包括很多有名的诗人，都被鼓起了一种错误的爱国热情，鼓吹要打南诏，要把它打败！这些诗歌的作者包括高适，包括储光羲，他们都写诗歌讨伐南诏。唯独杜甫清醒地看到了那场战争的非正义性质，清醒地看到了那场战争给人民的和平生活带来了巨大破坏。所以他写了《兵车行》。《兵车行》这样的诗当时其他诗人都写不出来，只有杜甫能写，原因就在于杜甫具有特别深厚的仁爱精神，他觉得外民族、异民族的人也是人，我们的仁爱之心也要施及于他们，我们应该与他们保持和平。杜甫把仁爱之心一直推广到外民族的人民去了。

爱人本来是儒家学说的精髓。仁是什么？儒家说，仁就是爱人。除了爱人以外，杜甫的同情心、仁爱之心，还推广到了人以外的其他动物，推广到了宇宙中的一切生命。这一点也是非常突出的。我们在杜甫的诗中无数次地看到他充满爱怜地描写动物、植物，不但那些外形美的，外形雄壮、坚强有力的，比如马啊、鹰啊、松树啊，这些能够引起人的审美愉悦和崇高感的对象，而且一些细小的并不那么美的东西，杜甫在写到它们的时候都充满了爱心。杜甫看到江面上横着一张密密的渔网，很多鱼都被困在那张网里，他就很同情那些鱼。他说："物微限通塞，恻隐仁者心。"他认为生物有的大，有的小，它们的命运有的好，有的不好，但人对它们都应该有一种关爱之心。

我们知道，"恻隐之心"本来是孟子提出来的。但孟子提出"恻隐之心"的时候，他关注的对象仅仅是人。他说有一个小孩子将要掉进井里去了，我们大人看到了都会产生恻隐之心，都会去救那个小孩子。他关注的仅仅是人。而杜甫的关注却推广到所有的生命，宇宙间的一切生命，杜甫的有些作品在描写生物的时候，可能有一种隐喻或者象征意义在内。比如说他在成都的时候，他曾经写诗咏过病柏、病橘、枯棕、枯楠，就是咏那些生了病的柏树和橘树以及枯萎的棕树和楠树。关于这一组诗，后代很多注家都说这实际上是隐喻，或者说是象征，是象征遭受战乱之苦，又忍受沉重的苛捐杂税的劳动人民，劳动人民在生活的沉重负担下奄奄一息，好像那些垂死的植物。这也许是对的，但是杜甫还有很多诗歌并没有这样一种隐喻意义，他关注的就是那些细小的生命本身。有一次他坐船从一条河上经过，看见船前有一群小鹅游过，幼年的鹅是黄色的，杜甫诗里就说"鹅儿黄似酒"，小鹅的颜色像黄酒一样，黄得可爱。他又说："对酒爱新鹅。"他对这群小鹅非常喜爱，担心它们体小力弱，他说："翅开遭宿雨，力小困沧波。"鹅儿很小，翅膀也很弱，在江中的波浪间能游泳吗？雨点沾湿了它们的羽毛，还能浮在水面上吗？最后，诗人喃喃地问那些鹅："客散层城暮，狐狸奈若何？"等到黄昏来临，人们都散去了，狐狸跑出来了，你们的安全怎么办呢？会不会被狐狸抓去呢？诗中对于弱小生命的深切同情，对小鹅的那份呵护之意，令人感动。

我觉得，把仁爱之心从人推广到普通的生物，这本来是儒学的一种发展方向。大家知道，到了宋代，理学家张载提出了一个有名的命题，叫作"民胞物与"。原话是："民吾同胞，物吾与也。"他的意思就是说，老百姓，所有的人民，都是我的同胞兄弟，而所有的生物都是我的朋友。这样一种精神在理论上要等到宋人才阐发出来，但是在文学中，唐人杜甫早就用他的美丽诗篇广泛地予以弘扬了。我觉得这是杜甫对于儒学思想的一大贡献。

此外，杜甫以他本人的行为和实践使儒学所提倡的仁爱之心变得更加切实可行。在这里，我们要把中国古代的仁爱精神与西方的博爱精神稍微做一些对比。我个人认为，西方博爱精神的最初来源是宗教。来源于宗教的博爱精神，本身当然是一种很可贵的价值观、伦理观，但是我们推到它最初的起源，西方人最初怎么会产生这种博爱精神的呢？一是服从于神灵的指点，是神灵叫你要博爱；二是对于人类祖先所犯下的原罪的赎买，亚当、夏娃就犯了原罪嘛；当然还有一种等而下之的、境界比较低的动机，就是生前做善事，是为了死后进天堂，这样的博爱之心是一种对于将来进入天国的入场券的预付，我先买好一张入场券在这里，死了以后就可以进天国。但是中华民族的仁义之心不是这样的。

儒家强调"仁义理智根于心"，一切的爱心都是从内心自然流露出来，自然生发出来的。孟子有一个很好的判断，他说："老吾老以及人之老，幼吾幼以及人之幼。"就是我们的仁爱之心是哪里来的呢？首先是由于我关爱自己的家人，我敬爱自己的老人，孝顺自己的老人，推而广之，我也爱别人家里的老人；我爱自己的孩子，推而广之，我也爱普天下的儿童。这是一种由近及远、由亲及疏的自然的情感流动。我觉得这样一种情感流动，在这个意义上生发出来的仁爱之心，更自然，更符合人的本性，也更切实可行。

杜甫用他的诗篇、他的行为很好地阐释了这种伦理价值观。杜甫在诗歌中有很多地方都既写到他本人以及他的家庭所遭受到的不幸、所产生的痛苦，又延伸到普天下的百姓。当他到奉先县去探亲的时候，突然发现家里最小的儿子已经因挨饿而夭折了，他非常悲痛。一个小孩子饿死了，怎能不悲痛呢？他也感到非常惭愧，觉得自己身为父亲，居然没有为孩子提供足够的食物，让他饿死了。但与此同时，他马上又想到了普天下还有很多比他更贫困的人，那些失业之徒——他说的失业之徒就是失去田地的农民，那些在前线戍守的将士，他们遭受的痛苦比他更加厉害。所以他就把关怀之心从家庭扩展到整个民族、整个社会。在一个暴风骤雨之夜，他的茅屋被大风刮破了，雨漏下来了，床上都是潮湿的，他整夜不得安眠。这个时候他想到的是"安得广厦千万间，大庇天下寒士俱欢颜，风雨不动安如山"。他希望的不仅仅是他一个人拥有一所牢固的、安稳的茅屋，有一个容身之地，他更希望普天下的穷人都能够有一个安居乐业之所。

杜甫的仁爱之心是由近及远地逐步推广开来的。我觉得在这方面最典型的作品是杜甫乾元年间在同谷写的那一组诗，叫《乾元中寓居同谷县作歌七首》。那个时候杜甫从甘肃的天水向四川的成都逃亡，因为他生活不下去了，想逃到成都去。途经同谷——同谷就是现在甘肃的成县，在宝成铁路上，我到那里去看过。正是寒冬腊月，他在那里停留了一个月，生活陷入了绝境。他在那里写了一组诗，共有七首。我们看看这七首诗的顺序。第一首说："有客有客字子美，白头乱发垂过耳。"就是说有一个客人，他叫杜子美。他已经白发苍苍了，但生活潦倒。第二首就写到他的家人。岁暮天寒，诗人全家都没有饭吃。为了给家人找一些东西充饥，他就拿了一个铁铲，到冰天雪地中去挖一种野生植物，挖一种叫"黄独"的东西，想挖它的块根，带回去给家人充饥。可惜大雪封山，什么也没有挖到，空着手回到家里。家里正是"男呻女吟四壁静"，一家老小都饿得靠在墙壁上呻吟，话都说不出来了。第三首说："有弟有弟在远方，三人各瘦何人强？"诗人想念他离散在各地的三个弟弟。第四首说："有妹有妹在钟离，良人早殁诸孤痴。"诗人想到他一个已经守寡且独自拖着三个幼小孩子的妹妹远在钟离。然后第五、第六、第七首都想到的是国家的命运，想到现在战乱不止，天下动荡。他的整个的思考的过程，他的感情的流露的方向，也是由近及远，由亲及疏。这样的一种情感流程，这样一种仁爱之心的发扬，我觉得是最符合人类的本性的，也是最切实可行的，最自然的。因此在这一方面，杜甫堪称儒家仁爱精神的杰出阐释者。

中华文化最后积淀下来的内容是什么？是对中华民族的文化性格的陶铸。传统文化有博大精深的内容，有多种多样的形式，最后都凝聚在我们的民族性格上，凝聚在中华民族的文化性格上。陶铸一个民族的文化性格，当然不是某个人的贡献，也不是一朝一夕之事，这是在很长的历史时期内，很多人物共同努力的结果。我现在要说的是，杜甫在这个过程中是做出了杰出贡献的，杜甫的行为、杜甫的言论、杜甫的诗篇就是我们民族性格的一个组成部分。下面我做一些具体的阐述，有这样三点值得我们注意。

第一，中华民族极其重视群体利益，极其重视国家、民族的利益，崇尚一种把群体利益看得比个体利益更高的精神境界。在这方面，我觉得杜甫是一个杰出的代表。杜甫这个人有一个很奇怪的举动，以致后人经常感到困惑，就是他虽然身居下位，很多时间还是身在民间，却始终对国家的命运、对朝廷的政治非常关心，甚至在那里出谋划策，指出很多地方应该要补救，怎么样才能补救，或者怎么预防。一句话，他对国家、民族的前途充满了忧患感，而忧患感的基础正是责任感。他虽然身在民间，但他觉得自己对国家负有不可推卸的责任。宋代的范仲淹有两句名言："先天下之忧而忧，后天下之乐而乐。"前面一句"先天下之忧而忧"，我觉得最形象地体现这句话的就是杜甫以及他的作品。一部杜诗，有很多作品可以看作"先天下之忧而忧"的具体的表现，而这正是中华民族性格的一个特点。

第二，中华民族主张仁爱，同时也主张宽容，倡导宽容精神。孔子曾经对他的弟子说过："吾道一以贯之。"我的学说可以用一根红线来贯穿它的。他的弟子曾参就很好地理解了这句话，说："夫子之道，忠恕而已矣！"就是孔子之道的核心内容是忠和恕。恕就是宽恕。中华民族有一种宽容精神，对异族的文化、异族的风俗习惯，都用一种很宽广的胸怀去理解它们、接纳它们。中国历史上没有发生过宗教战争，不像很多别的国家，不同的宗教徒之间互相残杀。中国历史上很多宗教并行不悖，许多外国的宗教传进来了，但是没有发生过宗教战争，这与中华民族的宽容性格有很大的关系。

杜甫也是这方面的一位典型人物。我刚才花了很多时间讲杜甫对于儒学的依恋，对于儒学的贡献。但不可否认，杜甫对于其他的学说，对于道家、对于佛家的思想，他都是很尊敬的。他不排道，不排佛，与很多道人、僧人都有很密切的交往，跟他们结为好朋友。杜甫有一首诗，我觉得很有趣，他写他到一个寺庙中去听一位高僧讲道理，讲《止观经》——这是佛家的一个重要经典。他听得很高兴，觉得这个经讲得很好，道理很深奥，很正确，但是他后面说："妻儿待米且归去，明日杖藜来细听。"他说他虽然崇尚佛家的道理，觉得高僧讲得很透、很好，但他首先得回去照顾一下家人的生活，家里的妻儿等待他带米回去呢。等他回去安排停当以后，明天有空再来细细地听讲经吧。杜甫对于其他宗教的态度就是这样的，他对儒家之外的各种宗教都很尊重、宽容，但又不违背他以儒家为安身立命之本的基本立场。这样一种宽容的态度，正是中华民族性格的一个特点，也是优点。

第三，中华民族讲宽容，但绝不是无原则的宽容。孔子曾经说过："乡愿，德之贼也。"就是那些不讲是非的、不辨爱憎的、没有是非感的老好人，孔子称之为"乡愿"。"乡"是家乡的乡，"愿"是愿望的愿。孔子说这是"德之贼也"。这是一种对道德有巨大损害的行为，所以孔子坚决反对"乡愿"。我们主张仁爱，主张宽容，都是有原则的，都是建立在原则立场上的。对于那些丑恶的事物，我们应该憎恨，要批判它，要消灭它。这一点在杜甫的身上也有很好的体现。杜甫因为热爱人民，所以他对那些损害人民的势力，对不利于人民的种种丑恶现象，不遗余力地进行批判，哪怕批判的矛头要涉及君主、涉及高官，他也一概不回避。我觉得在古代诗人中，批判力度最大的当首推杜甫。强烈的批判精神是一部杜诗光芒四射的精华。在这一点上，杜甫非常突出地体现着我们的民族精神。

中华民族的文化性格当然有很多方面，但是我个人认为，这三方面是其中最重要的部分。在这三方面，杜甫都表现得非常好，他以他一生的行为参与这种民族性格的陶铸，又使之变得更加丰富、更加生动。我们从哲学著作、伦理学著作或者其他一些格言性的著作中，当然能得到一些道德上的训诫，得到一些道德上的启示，但是大家有时候会觉得索然寡味，觉得不那么亲切、不那么生动。但是假如我们通过阅读优美的诗篇，通过阅读杜甫的诗篇，来获得这样一种感受，那么我想会觉得很亲切，也会觉得很容易接受。这正是杜甫对我们民族性格、文化性格的一大贡献。

第三，我想从文化史的角度谈一谈杜甫对后代的影响。一位杰出的历史人物，我们为什么要评价他为杰出的历史人物呢？我们为什么评价杜甫为"诗圣"呢？我们主要是看他的影响。杜甫对诗歌史的影响，当然不用我再说，这也不是我们今天的话题。可以说，自从有了杜甫以后，中国的古典诗歌就再也不能摆脱他的影响了。至少在"五四"以前，不管你是什么人，不管你怎么写诗，你都无法逃避杜甫的影响，他的影响已经潜在地渗透在一部诗歌史中了。这个我们就不用再谈了。

我们来看一看在文化上面，在诗歌以外的一些文化领域中，杜甫产生了什么影响。杜甫一生漂泊江湖，走过许多地方。他的死亡、他的安葬至今都是一个谜。他到底是怎样去世的，他安葬在什么地方，现在还是学术界讨论的一个话题。现在在中国各地留下了很多杜甫的遗址，杜甫的坟墓就有八座之多。八个地方有杜甫的坟墓，其中湖南的耒阳和平江、河南的巩县和偃师，这四个地方的杜甫墓都被当地人认为是真的。大家争得很厉害，都说这里才是杜甫的坟墓。这说明什么呢？说明很多地方的人民，都非常希望这位伟大的诗人是安息在他们那个地方的，安息在他们的家乡。当然，更加著名的就是成都的杜甫草堂。我每次到成都去，一定要到杜甫草堂去朝圣，去缅怀杜甫。杜甫草堂现在是一个非常美丽的园林，里面亭台楼阁，花木扶疏，环境幽静，整个氛围都使人肃然起敬。当然杜甫生前没有住得这么好，杜甫生前住的草堂，就是他在《茅屋为秋风所破歌》里描写的那个破草房。那么，为什么现在会有这么一座园林被称为杜甫草堂呢？我想成都草堂呈现出今天这样的面貌，这是后代的人民为杜甫落实政策。后代的人民觉得，我们的伟大诗人不应该住在一个漏雨的破草房里，他应该住在一座安静的、优雅的园林里，让他对着花木、对着亭台楼阁更好地写他的诗篇。所以，成都草堂已经成为我们中国文学史上的一块圣地。这是杜甫在文化上的一个巨大的影响。

与此同时，杜甫的影响也深入其他的艺术领域。现在有很多的书法作品是写杜诗的，很多的绘画是以杜诗为题材的，数量非常多，我在成都草堂就看到过50多种历代名人的书画，都是以杜诗为题材的。

我们还可以说，杜甫诗篇的光辉照耀着祖国的大好河山。杜甫一生走过很多地方，写过很多优美的诗句吟咏我们的大好河山。当大家登上山东泰山的时候，你会看到很多地方都刻着杜甫《望岳》中的句子，"齐鲁青未了"啊，"会当凌绝顶，一览众山小"啊，泰山上到处都刻着这些诗句。其实，即使没有把杜诗刻在石壁上，任何一个稍微有点文化常识的人登上泰山，心中自然会想到"一览众山小"的句子，这些诗句已经刻在人们心上了。假如你再走到洞庭湖畔，登上岳阳楼，你马上就会看到廊柱上刻着杜甫吟咏洞庭湖的句子："吴楚东南坼，乾坤日夜浮。"一句话，杜诗和它所吟咏过的祖国河山已经结为一体。中国人游览山水有一个习惯，总觉得有人文内涵的景点更有意思，更有趣味。我不喜欢袁子才的诗，但是袁子才有一句诗说得很好，他说"江山也要伟人扶"，就是说江山也需要名人的扶持。我觉得杜甫，当然还有李白，他们所吟咏过的祖国的大好河山，就因为那些杰出的诗篇而有了一种文化意义，不再是一个纯自然的东西。这是杜甫的一大贡献。

杜甫在后代的更大、更重要的影响，是关于后人的人格塑造或者道德建树的。一部杜诗，几乎可以用一句话来概括，就是"国家不幸诗家幸，赋到沧桑句便工"。也就是说，伟大的诗篇往往不是产生在一个和平幸福的年代，而是产生在国家多灾多难的时代。这时候，文学的任务、诗歌的任务才凸现出来。杜诗的意义也是这样凸现出来的。因此在后代，特别是宋代以后，每当中华民族遭受艰难困苦的时候，杜诗就成为人们的精神食粮，无数的爱国志士都从杜诗中吸收营养，汲取力量。

北宋将要灭亡的时候，爱国名将宗泽主张坚决抗金，但是报国无门，朝廷掣肘他，他没有办法渡过黄河去杀贼。所以他在临终的时候，吟诵着杜甫的诗句："出师未捷身先死，长使英雄泪满襟！"李纲也一样，在他担负起保家卫国的责任时，他亲笔题写杜诗，送给他的朋友，以此鼓励他的朋友。

最明显的例子当然是南宋末年的文天祥。文天祥被抓到燕京以后，在狱中关了三年，始终不屈，始终坚持民族气节，最后从容就义。他在燕京狱中熬过了一千多个日日夜夜，是什么东西支撑着他？皇帝都已经投降了，太后都已经投降了，家人都失散了，南宋已经灭亡了，他为什么还要在那里维护民族的尊严，坚持民族的气节，就是不投降呢？为什么呢？是一种怎样强大的精神力量在支撑着他？文天祥在他的《正气歌》中写道："风檐展书读，古道照颜色。"我在一个刮着大风的屋檐下面，就是在监狱里面，展开书本来读，古人的道德光辉照亮了我。文天祥所说的古人的著作，首先就是杜诗。所以文天祥在燕京狱中写了200首《集杜诗》。他把杜诗的句子从原诗中抽出来，重新组合成一首新的诗，一共写了200首，都是五言绝句。这说明一部杜诗就是支撑文天祥的精神源泉，一部杜诗就是文天祥民族气节的核心内涵。

我觉得，杜甫在这方面的巨大影响是怎么估价都不过分的。我曾经听很多位前辈说过，当年抗日战争胜利了，日本投降了，很多流亡到重庆、成都的前辈听到这个消息，都不约而同地吟诵起一首诗，就是杜甫的那首《闻官军收河南河北》："剑外忽传收蓟北，初闻涕泪满衣裳。"这个时候，大家觉得最能表达自己心情的就是杜诗。

刚才说的都是限于国内的影响，实际上杜甫的影响早就越出国界。从13世纪开始，杜诗就在我们的东亚邻国，如韩国、越南、日本，得到了广泛的传播。到了1481年，韩国就出现了世界上首部完整地把杜诗翻译过去的全译本，叫《杜诗谚解》。所以杜甫的影响早就越出了国界，他是一个世界文化人。我甚至在我不太喜欢的一个邻国也发现了这样的现象。说实话，我对很多日本汉学家的学术成果是相当尊重的，他们确实研究得很细、很透，但是我一直觉得他们那些人不可亲。但其中有一位是例外，这个人的名字叫吉川幸次郎，不知道大家有没有听说过。吉川幸次郎是一位一辈子研究杜诗的专家，写了很多关于杜甫的著作。他在他去世的一年以前或者两年以前，专程到中国来，到河南的巩县，到杜甫的出生地去朝拜杜甫。他专门用白布做了一件长袍，他认为唐朝人所穿的礼服就是那样子的，他准备到了巩县的杜甫出生地以后，就穿上这件长袍来行礼。可惜他到了郑州以后，在那里停留了好多天，要求到巩县去，但是我方没有同意。因为那时候有规定，县级以下的地方外国人是不准去的。巩县是一个县，所以吉川没能去成，最后很失望地回去了。因为这件小事，我就觉得吉川教授这个人很可亲。

西方人对我们的古典文学比较有隔膜，但有一位美国的现代诗人，名叫雷克斯罗斯，他曾经表达过这样一个判断——这是我们南京大学外文系的张子清教授告诉我的，他翻译过雷克斯罗斯的诗。这位诗人说，他读了很多杜甫的诗，认为杜甫的价值非常大，杜甫所关心的是人与人之间的爱、人与人之间的宽容和同情，他认为只有这种品格才能最后拯救我们这个世界。最后拯救世界的不是高科技，不是其他东西，而是人与人之间的爱、宽容和同情。他又认为，孕育了杜甫、给杜甫赋予这样一种品格的文化——当然是我们的传统文化——比孕育了《荷马史诗》的希腊文化更加伟大。因为《荷马史诗》中缺乏这种精神。这是外国朋友对杜甫的评价，我听了以后当然感到很高兴。

最后，我想用一句话作为我这次演讲的结束语，那就是刚才我引用过的闻一多先生的一句话：杜甫确实是我们"四千年文化中最庄严、最瑰丽、最永久的一道光彩"。

我的演讲完了，谢谢大家！

听众一：莫先生您好！我想向您请教的问题是：杜甫"诗圣"的称号是宋人确立的，这与宋代的理学思想之间有什么联系吗？

莫砺锋："诗圣"这个称号的意思就是诗中的圣人。这个称号最后的确立者是明人，是明末的王嗣奭在他的《杜臆》里首次提出来的。但是这个价值判断，这个概念，确实是宋人提出来的。宋人对杜甫有很多评价，其中主要的一个评价说他是"集大成"，他集诗歌之大成。"集大成"在儒家的术语中本来就是一个圣人的概念，因为这是孟子对孔子的称呼，孟子说孔子是"集大成"者。此外，南宋的杨万里说过杜甫是"圣于诗者"，说杜甫在诗歌这个领域已经超凡入圣了。宋人还说过，杜甫写的诗像"周公制作，不可拟议"，就是像周公在政治上的建树一样，后人不可妄加评议，因为太伟大了。这几个意思基本上已经接近"圣人"的意思了。但"诗圣"这个名称则是由明朝人提出来的。

这位同学刚才提的主要问题是这件事跟宋代的理学思想有没有什么关系。这个问题说起来有一些复杂，我简单地谈一谈。我本人对宋代理学思想研究得不多，但对宋代理学家的文学思想有一些研究，因为我研究过朱熹。我觉得宋代的理学作为一种道德伦理学说，或者作为一种哲学学说，在我们当代所受到的评价是偏低的。我们现在说杜甫的崇高地位是宋人确定的，而宋人又是受理学思想影响的，这样一种评价会不会有保守的意义在里面？会不会有不那么崇高、不那么伟大的成分在里面？我觉得不是这样的。大家所以会有这样的误解，可能是觉得理学思想是一种官方思想，是统治阶级的意识形态的理论表现，但事实不是这样的。理学思想在整个宋代，除了南宋的最后半个世纪以外，始终没有成为官方思想，它一直是民间思想，甚至在朱熹身后还是受到镇压的。朱熹死了以后，追悼会都不准开，他的弟子去送葬，都要受到朝廷的追查，那个时候理学完全是受镇压的，是一种民间思想。

我认为，最有生命力的思想是在民间的，民间思想才有活力，因为它能发展。而统治阶级所采纳的思想是固定的，是定于一尊的，它有权威解释，它不能再发展。宋人对于杜甫典范地位的确立，确实与理学思想有关，我们刚才提到的朱熹的那番言论就是一个明证。但是这主要是从积极的意义上来表现的，消极的意义很少。积极意义是什么呢？在理学家看来，在理学思想看来，要评价一个人物，不管是历史人物还是现在的人物，最主要的一个判断是道德判断。首先要看你是不是一个好人，然后才能说你是不是好的文学家，是不是好的政治家。这一切建立在你首先是一个好人这个基础上。道德判断是第一位的，审美判断是第二位的。所以宋人对杜甫那么推崇，事实上是从两个方向同时进行的，既有道德判断，也有审美判断，但是最核心的、最基本的是道德判断。也正因为如此，所以李白没有被确立为诗圣。在宋人看来，李白有很多缺点，而杜甫几乎是完美的。这样一来，如果说杜甫在宋代所受到的评价与理学思想有关的话，那么这种关系基本上是积极的，是应该肯定的。这里面并没有多少消极的东西。

听众二：金无足赤，人无完人。杜甫也写过"莫思身外无穷事，且尽生前有限杯"。我想请问的是，杜甫是不是对儒家思想有过动摇？特别是他在同谷以及后来在夔州穷困潦倒的时候，他有没有动摇过？第二个问题稍微小一点，或许与文化意义关系不是很大。我想，杜甫可以说是嗜酒如命，在家里非常穷的时候，他还那么喜欢喝酒，他的妻子会不会怪他？

莫砺锋：我先回答第二个问题，因为比较有趣一点。说杜甫"嗜酒如命"，这句话是郭沫若首先说的，是郭沫若在《李白与杜甫》这本书里首先提出来的。他用的就是"嗜酒如命"这四个字。应该说，中国古代的大诗人都喜欢喝酒，宋代苏东坡是酒量不好而喜欢喝酒，其他的大诗人都是既喜欢喝酒，酒量又大，能喝很多酒。所以有人说，陶渊明的儿子智商不高，杜甫的儿子好像也未见有什么好的表现，这就是酒精中毒而影响了遗传。现在回到郭沫若的观点。郭沫若的观点是偏颇的。说古人喜欢喝酒，古代的诗人喜欢喝酒，尤其说李白和杜甫喜欢喝酒，这都符合事实，但我觉得郭沫若的态度有问题。同样喜欢喝酒，他说李白喜欢喝酒是与劳动人民打成一片，因为劳动人民都喜欢喝酒，所以李白也喜欢。他说有一个证据，现在很多小酒店的那个招子，就是挂在酒店外面的酒幌，上面都写着"太白遗风"，劳动人民都认可李白喜欢喝酒。而杜甫喜欢喝酒，他说杜甫"嗜酒如命"，是地主阶级的腐朽生活形式。这个态度有点问题。

我们抛开这个问题不讲，我们就讲杜甫喜欢喝酒，他有没有受到妻子的责怪。杜甫受到妻子责怪的事，我们没有看到。当然，我们也没有在杜诗中看到像苏东坡在《赤壁赋》中所写的，他的朋友来了，又逮到一条鱼，要想喝酒却没有。苏东坡的妻子就说："我有斗酒，藏之久矣。"赶快拿出来给东坡和他的朋友喝。杜甫的妻子好像还没有这么贤惠，没有藏一些酒，等丈夫需要的时候拿出来，至少我没有看到这方面的描写。但是我们也没有看到妻子怪他喝酒。杜甫跟他的妻子杨氏夫人关系是非常好的，可以说是模范夫妻。杜甫一生只结过一次婚，不像李白结过很多次婚。杜甫始终只爱他的妻子。他在任何情况下都想念他的妻子，如果生活过得稍微安定一些，他就在诗中写他与妻子之间那种相亲相爱的生活："老妻画纸为棋局，稚子敲针作钓钩。"我的老妻给我画一张棋局，跟我下围棋。这类情景写了很多。

说到杜甫的喝酒，应该承认杜诗中写酒的非常多，这当然首先是古代诗人的一个共同习性，其次可能有借酒浇愁的意思。他在长安十年，在诗中多次写到他与好朋友郑虔或者毕曜之间的交往，经常是有了三百个青铜钱，有了一点点钱，就赶快买一点酒来喝。"径须相就饮一斗，恰有三百青铜钱。"口袋里好不容易有了几个钱，赶快邀上朋友一起到小酒店里去喝几杯。这恐怕不是什么腐朽生活，什么没落生活，确实是借酒浇愁。酒能使人暂时忘记他的忧虑，是能够宽慰人的。很多人喜欢喝酒，我想这没有什么太了不起。而且我们现在很难估计杜甫的酒量到底有多大，他的诗里没写。当然诗中写的都是夸张的，他写《饮中八仙歌》，描写李白他们喝酒，写得很有兴致，兴致勃勃。他本人喝酒也有那种情境，但应该说酒在杜甫的生活中不是最重要的内容，也不是杜诗中最重要的内容，这一点跟李白诗中的比例可能有点不一样。

下面讲一讲你的另外一个问题。就是杜甫对儒家的信念有没有怀疑过，有没有动摇过。当然有过，他有的时候动摇、怀疑，甚至感到痛苦，有的时候还为自己儒者的身份而感到困惑：我学问这么好，我是一个坚持儒家道德观念的人物，为什么现在这么穷困呢？他的理想没有办法实现。尽管如此，杜甫仍以他的儒家身份而自豪，我统计过，杜诗中用到"儒"这个字有45次，其中有一次是"侏儒"，那个不算，那是说身材矮小的人，其他44次都是在"儒家"这个意义上用的，他自称是儒，是老儒，有时候甚至称自己是"腐儒"，是一个很迂腐的儒生。他固守这样一种信念，在现实生活中怎么碰壁都不改变。但不可否认的是，杜甫有的时候，当他走投无路的时候，当他不但没有办法实现理想，甚至连生活都难以维持的时候，他有过痛苦，有过动摇。你刚才提到的"同谷七歌"，最后一首就是这样的，他有所动摇："山中儒生旧相识，但话宿昔伤怀抱。"山里面有一个老儒生，我跟他老早就认识的，现在见面了，说到我们的怀抱没有办法实现，大家都很伤心。但杜甫的可贵之处在于，即使在这个时候，他从来没有改变过他内心深处对于儒学的那种依恋，对儒学的那种理解，也没有改变过对儒学精神的实践。一直到最后，当他从四川出来，坐着一叶扁舟向东漂流，到了洞庭湖，到了湘江，在他走到生命的最后关头，彻底地穷困潦倒，人生已经没有任何希望，他依然很自豪地自称是儒："天地一腐儒。"我是天地之间一个迂腐的儒生！"腐儒"这个词，表面上看好像是说我自己很迂腐，是谦称，实际上是带有一种自豪感的。这表现为一种道德信仰上执着、坚定的追求，是至死不渝的精神。不管世界怎么变，不管我怎么穷困，我始终坚持自己的操守，这是杜甫自称"腐儒"的最核心的内涵。所以从根本的意义上讲，杜甫对于儒学的信仰是始终如一的，从没有真正地动摇过。

听众三：老师您好。刚才您说到唐代是中国思想史上比较弱的一个朝代，但是在思想史上唐代的佛学是非常兴盛的，我想说，刚才您反复提到杜甫的仁爱之心，是否可以从佛教的思想中找到很多的依据？比如说众生有性，万物都有佛性。也就是说，在杜甫的思想当中，佛教的这种思想资源占一个什么样的地位呢？

莫砺锋：我刚才好像没有说唐代在中国思想史上是一个衰落的阶段，我说是儒学发展史，就是中国本土传统的思想，以儒学为核心内容的思想发展史，唐代是一个比较低落的阶段。当然在整个思想史上，除了儒学还有其他思想，比如你提到的佛学思想。我不信仰佛教，也不研究佛学，我觉得，如果说唐代在佛教史上有重大的意义的话，这可能主要是指禅宗的确立。因为佛教思想本来是印度传来的思想，是一种外来的思想，任何一种外来思想传到中国以后，它如果要在这里生根发芽，成为一个能够流行起来的思想，按照陈寅恪先生的看法，必然要与本土文化结合起来，必然要把根扎在本土文化这个土壤里。否则的话，纯粹是外来的思想，不容易生根发芽。

佛教思想东汉末年就传进来了，但是以前一直还是外来的思想，因为唐以前的人所做的主要是翻译工作，把印度的佛教思想翻译成汉语文本。到了唐代，佛教就发生了一个根本性的革命，尤其是六祖惠能，他发动了一次根本性的革命，就是把这种思想改造成符合中国文化精神的佛教思想。当然，这没有偏离宗教的本来意义，因为宗教本来的意义都是主张人与人之间要爱，这一点并不冲突。

佛教实现中国化的主要内容，我想可能是这样的，第一还是要主张人伦。比如说，要孝顺父母，要照顾人间的种种感情。佛教本来是不主张这样的，佛教主张出家以后跟家人就没有关系了，好像南北朝时候的僧人还争论过，一个人出家以后见到他的父母，是他向父母行礼呢，还是父母向他行礼呢？这是佛教原来有争论的。但是传到中国以后，经过改造以后，就变成了要讲我们的传统伦理道德，要讲忠孝节义，这就跟我们的传统文化结合起来了。还有一点，可能把原来烦琐的，当然也可能是博大精深的一种理论体系超越了，它不再纠缠于很多的经典，不需要读很多的经书，进行很多原理的探讨，而变成了单刀直入，直见心性，直接获得一个禅，获得一种超越，获得精神上的一种感悟，这一点我想可能更符合中国传统的思维方式。

中国古人不重烦琐的逻辑推理，春秋诸子百家都是这样的。逻辑推理最强的不是儒家，而是墨家。儒家主张直接提出一个原理来，用生活、用实践来证明它。我认为后来的禅宗在其修养过程中实现了这一点。所以到后来，比如说经过晚唐五代到了宋代，禅宗思想确实成为整个士大夫阶层共有的一种思想资源，不管你信不信佛，不管你是不是皈依佛教，你都可以在思想上认可它、接受它。

那么，杜甫的仁爱精神有没有从佛教中获得资源？我想，佛教资源对杜甫形成仁爱精神肯定会有辅助作用，因为杜甫与很多僧人来往，他本人对于佛学还是有一些研究的，他的很多诗歌写过他对佛教的好感、亲切感。这可能是由于两者之间在仁爱这一点上是相通的，在关心生命这一点上是相通的。但我想强调的是，杜甫最根本的精神——仁爱精神——的出发点，还是来源于儒家，来源于孔孟为代表的那个原始儒家。我愿意称它为原始儒家，孔子死后，儒分为八，后来有很多不同的流派，而且经过后人的改造，特别是经过被称为汉代大儒的董仲舒的改造，把很多阴阳五行的思想加进去，变得很混杂，不那么纯洁了。实际上，杜甫所信仰的恰恰是董仲舒改造以前的儒家，也就是在《论语》《孟子》这些书中所记载的那些原始的儒家伦理观，它是以仁爱精神为核心内容的。所以，我觉得杜甫最重要的思想资源，或者他的仁爱精神的来源，还是儒家，佛教或者其他思想可能只是一个辅助的手段。

听众四： 我就想提一个问题。杜甫在一首诗中写道："愁极本凭诗遣兴，诗成吟咏转凄凉。"就是在他的生活中，在他的人生历程中，他唯一留下来的最重要的就是他的诗歌。从这句诗来说，诗在他生命中扮演着什么角色？从我们后来如何看待杜甫来说，这首诗又扮演着一个什么角色？

莫砺锋：这个"诗成吟咏转凄凉"，我想大概说的是这样一种状况，就是他本来想借诗解愁，因为在生活中不顺利，遭遇不好，所以想通过诗歌写作来抒发某种忧愁，但是没想到，诗写好以后，他更加愁了，觉得心境更加凄凉了。大概是这样一种意思。那么，诗歌在杜甫的一生中到底是什么地位？他把写诗作为他一生的事业，到底有什么意义？我想，从本质上讲，杜甫是一个诗人。我们虽然刚才说了很多诗歌以外的话，说他在文化上的贡献，但从最本质的价值上说，杜甫首先是一位诗人，是一位伟大的诗人。杜甫成为"诗圣"，成为中国文学史上最伟大的诗人，这绝不是偶然的，这与他对诗歌那种全心全意的、把整个生命都融化进去的态度分不开。喜欢文学的人不少，喜欢写诗的朋友也不少，但是很多人仅仅是在某种状态之下写诗，或者在人生的某个阶段写诗，很少有人是从小到老，一以贯之。而且在任何生活状态之下，在任何心境之下，都不放弃诗歌写作，都不放弃在诗歌艺术上的追求，这样的人是很少的。要说有的话，首先就是杜甫。他这个人从很小就开始写诗，他自己回忆说："七龄思即壮，开口咏凤凰。"他七岁的时候就写诗，写了一首咏凤凰的诗。他在长安十年期间，他向皇帝献赋的时候，已经写了好几千篇诗了。那时候他才三十几岁。他从青少年时代就接受诗歌的熏陶，就开始写诗。这也不奇怪，他的祖父杜审言就是当时的一位大诗人。他说"诗是吾家事"，诗就是我们家的事情，是我家的一个传统，一个光荣传统。所以他从小写诗。那么写到什么时候为止呢？写到他生命的终结。他在生命的最后一刻，到了湖南的耒阳，又泛舟北上，船行在湘江上将要进入洞庭湖的时候，他写下了那首绝笔诗，就是《风疾舟中伏枕书怀三十六韵奉呈湖南亲友》，这才最后画上了一个句号。他一生都在写诗，不是把写诗作为消遣、作为应酬，而是把写诗作为他最重要的事业在追求。他在诗歌艺术上孜孜不倦、千锤百炼，所以他说"语不惊人死不休"，如果句子还没写到惊人的程度，他是死也不肯罢休的。

一个人做任何事业，要想获得大成功的话，必须全心全意地去做，必须把自己的整个生命都融入进去。杜甫就是一个把整个生命都融化到他的诗歌写作中去的诗人。在杜甫看来，诗人是一种崇高的职业，做诗人、写诗是一种崇高的追求。这当然也是唐代大多数人的共同看法，诗人在唐代的地位，不是我们当代社会的人所能想象的。我们今天说某人是诗人，有点像是调侃。我经常听到有的年轻朋友说，散文写得不通顺就去写诗。这简直是对诗歌极大的亵渎。诗歌应该是最好的最精美的文学形式，用当代诗人艾青下的定义来说，诗歌是文学中的文学，是最具有文学本质的、最具有文学功能的文学样式。

我们评价古代的作品，说这个作品写得好，凭什么？我们说古典小说中《红楼梦》第一，《红楼梦》的地位无可比拟。其实，与《红楼梦》相比，《金瓶梅》在写人生百态、写日常生活以及描写功力方面，一点也不差，《金瓶梅》也写得很好，也很生动，但大家从来没有说《金瓶梅》是最好的小说。为什么呢？原因就在于《红楼梦》有诗的光辉，而《金瓶梅》完全没有。《金瓶梅》漆黑一团，污糟一团，一点诗的光辉都没有，而《红楼梦》是诗性的文学。还有剧本《西厢记》《牡丹亭》，《牡丹亭》为什么好？《西厢记》为什么好？它们是诗性的，虽然是剧本，但里面闪耀着诗的光辉。

诗是中国一切文学的极致，文学最高的境界就是诗。所以杜甫瞄准了这一点，把诗歌创作看作他一生最重要的事业、最崇高的事业。他实际上早就知道，他这一生注定在政治上不可能有所作为，他不可能实现自己的政治理想。他唯一能够留给后人的是诗，而写诗也是能够使他在历史上成为一位人物、使他的一生不致虚度的唯一事业。所以他说："千秋万岁名，寂寞身后事。"这虽然是他对朋友李白的评价，也未尝不可看作他对自己的评价。他知道自己生前冷落，身后凄凉，这一切都是注定的。但他觉得，凭借他的瑰丽的诗篇，凭借他在诗歌上的巨大贡献，他将能够千秋万代地垂名于世。而杜甫的这个预言确实很准确，他凭借诗歌永远活在我们的文学史上，成为中华文化史上的一位重要人物。

最后，我还是想表明一下这样的观点，杜甫首先是一位诗人，他的专业、他的贡献是在诗歌创作上，但是他的意义已经逸出了诗歌，逸出了文学，最后就旁泛到文化上去了。从更广的角度来看，杜甫确实是一位具有重大文化意义的历史人物。

（2003年11月12日讲于南京大学逸夫馆报告厅，2004年9月16日、17日中央电视台《百家讲坛》播出）

在喧嚣的世界里，

坚持以匠人心态认认真真打磨每一本书，

坚持为读者提供

有用、有趣、有品位、有价值的阅读。

愿我们在阅读中相知相遇，在阅读中成长蜕变！

好读，只为优质阅读。

杜甫十讲

策划出品：好读文化 　　　　　监　　制：姚常伟

责任编辑：牛炜征 　　　　　　　产品经理：程　斌

特邀编辑：孙　卉 　　　　　　　装帧设计：左左工作室